法律论证的逻辑研究

FALÜ LUNZHENG DE LUOJI YANJIU

孔 红◎著

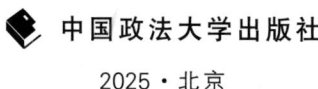

中国政法大学出版社

2025·北京

声　　明　　1. 版权所有，侵权必究。
　　　　　　2. 如有缺页、倒装问题，由出版社负责退换。

图书在版编目（CIP）数据

法律论证的逻辑研究 / 孔红著. -- 北京：中国政法大学出版社, 2025.7. -- ISBN 978-7-5764-2154-5
　Ⅰ. D90-051
中国国家版本馆CIP数据核字第2025S6Y995号

出 版 者	中国政法大学出版社	
地　　址	北京市海淀区西土城路25号	
邮　　箱	fadapress@163.com	
网　　址	http://www.cuplpress.com（网络实名：中国政法大学出版社）	
电　　话	010-58908435(第一编辑部) 58908334(邮购部)	
承　　印	固安华明印业有限公司	
开　　本	880mm×1230mm　1/32	
印　　张	10.125	
字　　数	227千字	
版　　次	2025年7月第1版	
印　　次	2025年7月第1次印刷	
定　　价	56.00元	

目 录

导 言 ··· 1

第一章 法律论证的程序与实质 ······································ 10
第一节 法律论证的程序正当性 ······································ 11
第二节 实践推理 ·· 19
第三节 法律论证方案 ·· 40

第二章 法律概念 ·· 44
第一节 概念的基本知识 ··· 44
第二节 概念的逻辑方法 ··· 57
第三节 法律概念的特征与方法 ······································ 65

第三章 道义逻辑及其存在的问题 ································· 81
第一节 道义逻辑的基本理论 ··· 83
第二节 标准道义逻辑存在的问题 ·································· 105
第三节 道义逻辑理论的发展 ·· 125

第四章 法律规范推理的一个逻辑系统 ········· 163
- 第一节 道义逻辑的两个基本问题 ············· 163
- 第二节 法律规范逻辑 Lln 的形式语言及语义 ········ 192
- 第三节 Lln 形式系统 ················· 206

第五章 法律规范适用推理 ················ 236
- 第一节 司法判决推理 ················· 236
- 第二节 用非单调逻辑研究法律规范适用推理的
  必要性 ···················· 243
- 第三节 非单调道义逻辑的研究现状及主要的
  研究方法 ··················· 247
- 第四节 非单调的法律规范适用推理 ··········· 254

第六章 类推论证与判例类比论证 ············· 264
- 第一节 类推论证 ··················· 265
- 第二节 判例类比论证 ················· 272

第七章 反向论证 ···················· 290
- 第一节 反向论证的逻辑 ················ 292
- 第二节 反向论证的图式 ················ 296
- 第三节 反向论证的法律原理 ·············· 304
- 第四节 可废止的反向论证 ··············· 310

对未来研究的展望 ···················· 316

导　言

20世纪以来，法学重心从立法转向司法，所孕育的一个必然结果，是法律论证理论的兴起和发展。伴随着价值推理和普遍论证理论的发展，人们认识到，司法裁判的性质既不完全符合基于机械司法三段论的确定主义，也不符合非理性的主观决断主义，[1]而是处在以确定论为一端、以决断论为另一端的连续谱的中间位置上。这就为法官的理性论证打开了空间，也为法律论证的理论研究注入了动力。

法律论证逻辑研究司法裁判形成与证立的内在逻辑，所要解决的核心问题是为裁判证立提供逻辑方法与判定标准。司法裁判是法官将法律适用于案件得出裁判结论的过程。这一过程涉及法律解释、利益衡量、价值判断、逻辑推理，所做出的每一个重要判断都需要提供理由加以论证。在《民法思维：请求权基础理论体系》一书中，王泽鉴指出："论证是法律适用的核心问题，法律适用是一个基于逻辑形式而为的评价，此乃一种论证，即以必

---

[1] 确定主义是指，案件已经发生，案件事实已然确定，实证法也是既存的、整体确定的，因而案件的裁判有唯一正解。决断主义是指，事实无法完全认知，法律也并非只有一种解释，裁判结果只是法官的主观决断，"符合逻辑"不过是正当性的外在修饰。

要充分的理由构成去支持其所作成的法律上的判断。"[1]实现司法公正要求案件裁判的"正确性",以看得见的方式实现法律的公平正义。裁判结果自身并不彰显是非对错,其正确性追问需要通过逻辑论证做出回答,由此引发了论证本身的正当性问题。逻辑学以推理和论证为研究对象,其应用意义在于对论证进行结构分析,评估论据的可靠性以及论据是否为所作论断提供了充分依据,这是回答论证正当性问题的必要方法。

一、法律论证研究概况

欧洲的司法长期采纳实证主义的教义式方法,即推定法律体系是内在协调的,法官从事先确定的法律渊源出发、通过大体上客观的方式获得个案的解决办法。从方法论的角度看,与法典中心主义相匹配的法律方法是以司法三段论为核心的演绎推理模式。在经历了19世纪以概念法学为代表的极端形式主义之后,欧洲的法律文化出现了相反的动向。1910年荷兰学者亨利·海斯曼(Henri Hijmans)发表题为"现实中的法律"演讲,对当时流行的形式主义进行猛烈抨击,呼吁一种走出成文法强制的"真正的活法"。德国自由主义法学则表达了对法律理性的彻底怀疑,公开批判逻辑推理的"虚假性"。而在20世纪20、30年代的美国,意在反抗形式主义的法律现实主义迅速兴起,规则怀疑论、司法决断论严重动摇了法律作为一门科学的信念和基于认知模式的演绎方法的根基,对包括欧洲在内的法学思想和法律实

---

[1] 王泽鉴:《民法思维:请求权基础理论体系》,北京大学出版社2009版,第150页。

践产生了深远的影响。从积极的方面看，这场运动启发人们从外在视角看待法律问题，促成了法与社会学、经济学等非法学科的融合，以及允许在法律论证中运用非严格法源的实质性论据的广义法律推理。反观欧洲，相对温和的反形式主义与美国法律现实主义形成共振，二战后的法哲学争论逐渐转为司法中心主义的方法论研究，这种变化导致了20世纪60年代以后法律论证理论的蓬勃发展。一方面，法律论证理论预设裁判发现与证立脉络之分立，将裁判发现归于非理性的直觉过程，以此区分于古典方法的认知模式。另一方面，受结果导向的美国实用主义法律观影响，司法裁判的纠纷解决功能更受重视，法律论证研究在哈贝马斯（Jurgen Habermas）实践商谈理论的基础上自然地转向了对话方法。

据此可以认为，欧洲大陆法律论证研究的主要方向是以罗伯特·阿列克西（Robert Alexy）为代表的商谈理论，其核心概念是理性主体、程序规则、共识。与此同时，英国则是以约瑟夫·拉兹（Joseph Raz）为代表的实践哲学，其关键词是实践推理、行动理由、规范、价值。法律论证的核心问题是：法官基于什么理由来支持他的裁判？哪些理由是可以使用的、哪些理由是不可以使用的？在所援引的理由之间是否存在优先的顺序？在这一视角下，论证的正确性或正当性取决于论证自身的品质，或者说取决于所提供理由的质量。而商谈理论是作为一种程序理论发展起来的，论证的正当性是根据结论得出的过程及事实上被接受的程度来评估的，得为正当程序之结果的命题即被证立。显然，法律论证仅具"程序正确"是不够的，极大的可能是英国实践哲学将与欧洲大陆商谈理论合流，为商谈理论注入论题与内容，发展出论证正确性的"实质性标准"。而这一合流必将凸显逻辑在法律论证研究中的重要性,毕竟,行动理由就是实践推理的前提。综上,当前法律论证的研究可以相对地分为两个方面:论证的程序理论研究和论证的理由理论研究,这两种理论研究分别从论证的规则与形式、论证的理由两个方面来研究法律论证的正确性或正当性,提出法律论证的分析和评价方法。

近几十年来,法律论证理论在法理学研究中逐渐占据了支配性地位。自20世纪末,国内法学理论开始重视法律方法论的译介和研究,系统梳理、介绍、推进论题学与法律论证、商谈理论,相关成果产生了一定影响,这些工作为法律论证的进一步探索奠定了良好的基础。但是专门从逻辑角度、特别是现代形式逻辑角度所作的研究还有欠缺,法律论证的一些重要理论问题亦未得到解决。同时,我国法律实务界逻辑意识不够强,裁判文书的说理论证整体上还有欠缺,现有理论对实践工作的指导作用有待加强。这就需要理论界加强法律论证与逻辑理论的交叉研究,为司法实践提供有效的方法指导。

二、法律论证与推理

在《法律论证原理——司法裁决之证立理论概览》一书中,荷兰学者伊芙琳·T. 菲特丽丝(T. Feteris)介绍了有较大影响的近十种法律论证学说,并梳理出三种研究路径:逻辑的、修辞的、理性商谈(对话)的。本书是关于法律论证的逻辑方面的研究。法律论证研究的方法路径如此多元,表明法律论证理论并不是某一个单一的理论,而是一个问题领域,研究者从不同的路径汇聚于这个问题领域。就方法而言,逻辑、修辞和商谈对话这三者并不是相互独立的。以说服听众为主要旨趣的新修辞学能自然地融入对话过程而成为互相说服的技术和策略。说服需要通过论证实现,逻辑推理则是修辞、商谈对话过程中达成共识的主要途径——只有基于推理的正确性,才能使接受前提的理性主体也接受其结论,才能从基本共识出发沿着逻辑链条向前推进。可以说,逻辑方法在法律论证研究中的地位举足轻重,不可或缺。

尽管有学者将逻辑学的研究对象称为"论证"——如柯匹(Irving M. Copi)的《逻辑导论》,但主流观点认为逻辑学的研究对象是推理。本书采纳狭义的"推理"用法,明确区分推理和论证,[1] 认为推理和论证都属于逻辑学研究的问题。

论证与推理密切关联,推理是论证的工具,论证是推理的应用。一方面,一个论证的论据对于其论题的支持是通过推理来完成的,任何论证都要运用推理,没有推理就无法进行论证。另一方面,论证又不同于推理。首先,推理所强调的是前提与结论之间的逻辑关系,这种关系是作为前提的句子与作为结论的句子之间的语义关系或语法关系,与做推理的是什么人没有关系。也可以说,逻辑推理是不具有主体性的。论证是用若干已得到确认的命题来证明或支持论题的过程,论证规则要求"论据必须为真",同时,论据的真实性还必须为参与论证的各方所认可,否则论证就起不到沟通说服的作用。其次,推理要基于明确的规则而展开,是确定的、封闭的。而论证则具有开放性,一个复杂的论证过程会包含一系列的推理,每一个推理步骤都对应着某个推理规则的一次使用。论证通常是先提出论题,然后再围绕着论题

---

[1] 英美法理学界所说"法律推理"是一种广义的用法,相当于法律论证。

来寻找论据组织论证。同样一个论题，我们有可能提出好的理由给出了一个好的论证，也有可能给不出一个好的论证。论证的意义就在于提供好的理由，这个过程具有一定的创造性。最后，推理的作用是证明结论的真实性，如果结论是一个真命题，它自身的真实性并不依赖于推理。为论证提供、组织论据是具有创造性的活动，论证的结论是否可接受，取决于是否为它提供了好的理由。此外，论证既可以确立一个命题的真，也可以用于择优——说明某个选择较其他选项而言是最优解。

法律论证逻辑研究论证及其包含的推理的结构与正确性。王泽鉴认为："法学中的论证是一种规范的论证，不在于证明真理的存在，而在于证明某种法律规范适用的妥当或正确性。在某种意义上法律适用就是正当化的论证。法学方法论提供法律解释及法治塑造的论证方法是一种正当化的理论。"[1]法律论证是关涉行动决定的，性质上属于实践推理。法律论证也包含大量的认识性推理，因此，除了逻辑学提供的方法，法律论证逻辑还需要从实践推理的角度切入。

三、形式逻辑与非形式逻辑

在传统法律方法论中，裁判的逻辑是三段论推理。德国学者乌尔弗里德·诺依曼（Ulfrid Neumann）在 2001 年的论文《法律方法与法律论证理论》中，开篇便宣告了法学界的这一判断：古典的法学方法论已经死亡。显然，法律论证理论将成为古典法学

---

[1] 王泽鉴：《民法思维：请求权基础理论体系》，北京大学出版社 2009 版，第 150 页。

方法论的继任者。与菲特丽丝所阐述的形式逻辑不同，目前（法律）论证研究主要是在非形式逻辑框架下展开的。非形式逻辑产生于20世纪60年代的北美，在80年代产生了一定影响，是作为对形式逻辑的理论反动、以现实生活中的论证为研究对象的一个理论。它采用自然语言，以图式表示论证的宏观结构。以色列学者约瑟夫·霍尔维茨（Joseph Horovitz）曾经发出这样的疑问：形式化的逻辑是否本质上就不适于评估法律领域的推理、因而需要一种能更有效地担负这一任务的非形式逻辑？现代逻辑形式化的发展与近年逻辑学取得的新进展对霍尔维茨之问做出了明确回答。

形式逻辑提供将正确推理与错误推理区分开来的客观方法，从而使推理的对错问题不再依赖于主体的直觉感受。现代逻辑创始人弗雷格（Gottlob Frege）倡导的"将逻辑学与心理学区分开来"正是出于对此逻辑研究方法的强调。实现这一目标的关键在于将推理视为可观察、分析、评价的句子之间的转换过程。弗雷格发现了句子表层语法结构背后的深层语法结构（后由维特根斯坦、乔姆斯基分别从哲学和语言学上进一步阐释），并基于深层语法构造了现代逻辑的形式语言。形式语言超越任何一种自然语言的语法，其句法结构直接对应所描述事物对象的关系结构，从而基于形式语言的句子转换能够保真性地反映客观事物的关系规律和存在状态。从这个意义上说，形式语言比自然语言更接近于思维对象，三者之间的关系可以图示为：

20世纪以来现代逻辑的巨大成功归功于弗雷格所发现的语言结构的组合原理：由几条句法规则就能从基本语言成分组合出无穷多句子，同样根据这几条规则就能表达出全部的推理规律，由此奠定了所有现代逻辑分支形式化方法的基础。非形式逻辑放弃形式语言也就放弃了逻辑学根本的方法优势，其论证图式中的符号因缺乏精确意义而使所示关系不得不诉诸感觉，是一种仅在宏观层面分析论证结构的方法。尽管非形式逻辑关于论证在形式逻辑之外提出了一些有价值的语用分析工具，但仅有非形式逻辑显然是不充分的。本书主要基于形式逻辑的理论从法官角度研究法律论证。

四、本书的内容与结构

法律论证的逻辑方面研究司法裁判论证及其中的推理。在经典逻辑基本理论框架中，演绎推理包括两种类型：基于概念关系的推理和基于命题关系的推理。法律中的推理也同样包括这两种类型，需要从概念和命题逻辑层面展开研究。舒国滢教授在谈到法律论证的逻辑难题时说："我们应从两个方面来看法律论证及其逻辑难题的性质。第一个方面：法律（规范或规则）系统本身作为对象的法律论证（法律系统论证）；第二个方面：法律实践［法律规范（包括法律规则适用）］行为（活动）作为对象的法律论证（法律实践论证）。"[1] 这两类问题涉及两类推理——法律规范推理与法律规范适用推理。前者是基于法律规范命题之间的逻辑关系、不直接包含事实命题的推理，这类推理可以用道

---

[1] 舒国滢：《法学的知识谱系》，商务印书馆2021年版，第1329页。

义逻辑加以研究。法律规范适用推理是既包含法律规范命题、也包含事实命题的推理，其中涉及概念涵摄的一些方法。本书第一章总体阐述法律论证的程序与实质两个方面。第二章介绍法律概念的理论和方法。第三章梳理了道义逻辑的基本理论及其存在的问题。第四章提出了关于法律规范推理的一个逻辑系统。第五章至第七章的内容属于法律规范适用推理。第五章探讨了涵摄-三段论以及处理法律规范冲突与例外的非单调推理，第六章和第七章探讨填补法律漏洞的两种方法，分别是类推与类比论证、法律适用的反向论证。[1]

---

[1] 第四章和第五章的主要内容出自笔者的博士论文《关于法律规范推理的道义逻辑》。第六章第二节、第七章的内容分别在《湖北大学学报》和《政法论丛》以论文的形式发表过。

第一章 法律论证的程序与实质

法律论证研究的核心问题是法律论证的正当性，各种法律论证理论从不同的角度出发，试图对此做出回答。相关研究可以相对地分为两个方面：论证的程序理论研究和论证的理由理论研究，前者以罗伯特·阿列克西的法律论证理论为代表，后者以约瑟夫·拉兹的实践理性理论为代表。阿列克西从实践言说的角度提出了法律论证程序的规则和论证形式。据此，某一主张得为该程序之结果，则其为可接受的、合乎理性的。但是，仅有程序合理性还不足以满足论证的正确性要求，完全符合程序规则的结论也可能是一个集体错误。

论证的实质方面指一个论证自身的品质。一个论证的品质取决于其理由的质量，而法律对话、辩论的过程就是运用理由进行论证的过程，因此，基于理由来分析、评价论证的实质正当性构成法律论证另一重要的研究方法。这方面的研究以英国拉兹的法哲学为代表，与欧洲大陆势头强劲的法律论证理论平行发展。"自20世纪70年代以来，这个以'实践哲学的复归'为特征的哲学和法哲学运动逐渐获得了它的影响力。在法学领域，法哲学家们承接亚里士多德以来的实践哲学（尤其是康德实践哲学）、修辞学、逻辑学（特别是现代逻辑学）、语言哲学的研究，为法

第一章 法律论证的程序与实质

与道德哲学寻找新的理论生长点,推动了法律规范、法律制度、法律推理、法与道德等问题的理论探讨,形成了新的法学研究思潮。J. 拉兹的《实践理性与规范》、《实践推理》……等著作,是这一研究的最具代表性的成果。"[1] 从目前的情况看,法律论证的程序理论和理由理论相对独立地发展,两种理论有待于融合。

第一节 法律论证的程序正当性

探讨法律论证的实践意义在于促进司法裁判结果的正当性。传统上认为论证是推理的应用,论证的质量取决于理由和结论之间的逻辑关系,并不注重作为论证者的人的作用和影响。法律论证发生在案件审理的语境中,即使是采取法官视角去看法律论证,也必须承认最终的结果是在诉讼参与各方对话的基础上由原被告或控辩双方和裁判者共同塑造出来的。与孤立地对一个论证本身进行评价不同,法律论证的评价需要考虑论证的过程——结论是怎样做出来的,即需要考量法律论证的程序正当性。麦考密克(Neil MacComick)说:"法律中的程序法相当重要,其内容也纷繁复杂。程序法规定在审判中哪一方有责任提出争论点,以及谁有责任对提出的主张加以证明或反驳。这里对适用规则的逻辑进行的说明,清楚地表明了为什么这类程序法应当被律师们予以慎重对待。因为程序法为纠纷的处理制定规则,也正是由于这

---

[1] [德] 罗伯特·阿列克西:《法律论证理论——作为法律证立理论的理性论辩理论》,舒国滢译,中国法制出版社 2002 年版,第 3 页。

种原因,制定程序性规则就成为一种紧迫的需要了。那些法学家以及法律实践者们,无一例外的认识到了程序法规则的重要性所在"。[1] 为了能恰当地评估法律论证的程序正当性,应当先理解法律论证程序的基本性质。法律论证程序有以下几个特征:

一、实践性

人们所从事的活动有不同的类型,例如组织一场物理学的研讨活动是为了讨论科学理论难题,回答"是什么"的问题,所涉及的命题是有客观真假的。在这种语境下人们关心的是论证的正确性,以保证所得出的结论能达到或趋近于真理。司法活动则是要解决一个具体的法律问题,其结果是决定"怎么做",这个决定又直接关系着当事人的现实利益。正是由于观察到这两类活动的不同性质,哈贝马斯区分了实践商谈与理论商谈。我们展示一个实践商谈的简单的生活场景:夫妻二人外出就餐,丈夫想吃中餐,妻子想吃西餐。尽管双方都有各自的理由,但究竟按谁的想法来,并没有是非对错,只要双方达成一致意见,问题就解决了。在这种语境下,论证的"正当性"等同于"可接受性"。由于考虑到认识主体的因素,哈贝马斯相对于真之符合论提出了真之合意论。倘若没有了"真"的客观标准,甚至连行为目标的正确与否都谈不上,呈现在人们面前的,只有各方不同的喜好、愿望和需求,此时唯有意见的一致性成了最终的标准,"应当怎么做"似乎就是由当事人说了算。当涉及多个当事人的时候,这

---

[1] [英]尼尔·麦考密克:《法律推理与法律理论》,姜峰译,法律出版社2005年版,第42页。

些当事人的合意也可以理解为虚拟的"单一当事人"意志。在一些较为复杂的实践场景中，仅有合意显然是不够的。例如甲、乙双方共同出资经营谋取经济利益，在如何经营的问题上双方产生了分歧。这种情况下，需要基于市场调查和了解经济规律来评估双方意见的合理性，这时，论证的评价就具有了一定的客观标准。要明智地决定"怎么做"，既需要相关理论的指导，又要以获得对现实条件的认识、正确地理解"是什么"为前提。此时某一方所提出的论证，需要为其论据提供有效性说明。否则，即使一个决定是双方都赞同的，但与其追求的经济利益目标相悖，这个合意也是一个错误。在有多个主体参与的情况下，这个合议就是一个集体错误。解决实践问题的商谈既要符合主体的目的、欲求，又要符合客观事物的规律，好的程序应当能够充分体现这两个方面的要求。

二、基于对抗的合一

商谈程序的意义在于就各方意见达成目标的基本共识，这种共识有时是合意，有时是意见的合一。哈贝马斯的真理共识论预设真理与所有人相关，因而需要所有人的潜在合意。法律论证处理的是实践问题，需要考虑所有相关实践主体的意思表达。特别是法律争议的解决直接关涉到当事人的切身利益，更需要充分尊重利益相关方的意见。实践商谈可以区分为合作型和对抗型。合作型是指商谈的双方谋取达成一个利益平衡点，双方的意见最终统一在这个平衡点上，合意的达成意味着程序的结束。对抗型商谈是指一方谋求实现的结果，恰恰是另一方努力避免的。双方的对抗持续到最后，通常以一方获胜、另一方失败的结果结束程序。法律诉讼程序除了一些特别情况，如刑事和解、认罪认罚程序以及民事诉讼中的和解、调解之外，一般都是对抗型的。法律问题的争议常常起源于一方重视自己的利益而忽视他人的利益。一方在从事经济活动为自己创造利益的过程中，给他人造成了损失和浪费，比如经营者事先没有采取防范措施而导致的事故损失。一家棒球场的主人不安装防护网，因此节省了安装防护网的钱，但是偶尔飞出场地的棒球打碎了邻居房屋上的窗户玻璃。合一的思维方式是，假设这些财产都属于同一个所有人，这样他就会同等地关心窗户玻璃被打破而需维修所产生的成本与安装防护网的成本，如果修理窗户的成本大于安装防护网的成本，那么理性人的选择是事先安装防护网。裁判者运用合一思维，通过要求被告赔偿原告的损失，迫使他像珍视自己的利益一样重视他人的利益，从而把两个对立的利益诉求结合到一起。这是实体意义上的合一。实体意义上的合一要在法律程序中通过诉讼双方辩论意见的合一而实现。

　　对抗式辩论需要从双方都能够接受的命题出发，以此作为论证的起点。在事实论证的部分，这些共识性命题包括可采证据和相关的知识，包括专业知识和常识。法律方面则包括相关的法律规则、法律原则等可作为法律渊源的命题。在这种辩论的过程中，被采纳的某个观点最终经受住了各种形式的批评，相当于从反面确立了这个结论的合理性。特别是在疑难案件中，围绕着某个有争议的观点，裁判者应充分考虑论辩双方在各个阶段中的具体表现，他们所提出的各种备选项以及对于这些选择所做出的论证，裁判者对于双方的论证进行分析和评价，在这样的基础上构造了一个司法裁判的论证结构。以民事诉讼为例，诉讼对话始于

第一章　法律论证的程序与实质

原告提出诉讼请求且对这些请求的有效性提出事实或法律的论据。例如在因产品瑕疵造成的损害赔偿请求案件中，原告提出证据来证明他所受到的伤害，以及伤害结果与产品质量瑕疵之间的因果关系，以表明生产商未尽合理注意，应负赔偿责任。对此，生产商需要证明他已经采取了合理的预防措施，尽到了应当的注意义务。如果生产商没有运用证据来证明这一点，完成对原告诉求的抗辩，那么他就应当承担赔偿责任。在合作型商谈中，一方所表达内容之成立是被默认的。而在对抗性对话中，由于双方的利益和诉求针锋相对，一方主张的正当性始终处于另一方的质疑之下，不断得到辨析和澄清。在一个正当的诉讼程序中，双方在平等的地位上展开充分的辩论。所有能够保留下来的议题都经过了正反两面的充分辩驳。当反对方无法提出有效反驳、辩无可辩时，可以认为对话的程序阶段性地完成。法律论辩应当是一种理性的论辩，其理性是由程序的规则来保证的。程序规则能够保证最终的裁决在特定的时间内做出以及保证结论的合理性。阿列克西在《法律论证理论》一书中提出了一个法律论证的程序理论，其中的商谈规则具有正反两方面的意义。例如诚实表达规则正面要求诚实表达；反面的意义在于，当一方的表达是不诚实的，另一方就有理由质疑和反驳。逻辑一致性规则正面要求符合逻辑；反面的意义在于赋予对方揭露其逻辑矛盾的权利。对抗型商谈的结果不是意见的合意，而是意见的合一，这种合一是裁判者在综合辩论双方意见的基础上，同时在符合法律要求的前提下所达成的合一结论。好的司法程序应当充分反映诉讼双方的意思表达。

三、法定性和权威性

司法审判是一种法律活动,是在法律规制的框架之内展开的,裁判者只能行使司法权。麦考密克说:"法定的司法活动是要受到限制的,法官们需要遵从法律来实现正义,而无权对他们自认为理想的社会公正模式进行立法。尽管这不会、也不能被简单地说成他们只能通过演绎既定的生效法律规则来做判决。但这的确意味着在某种意义或某种程度上无论一个判决在后果主义考量看来多么易于接受或者令人心驰神往,都必须同时找到法律上的依据才行。"[1] 法律正义既要求实质正义,又要求程序正义。司法程序是连接实体法与案件的桥梁,对于案件的处理不仅要遵守实体法的规定,同时也要严格遵循法定程序。例如在案件事实的认定中,必须运用程序法规定的证明手段,证据不仅要内容真实、形式合法,证据的取得也要符合法律规定的要求。如果证据的收集方法违反法定程序,即便有助于证明案件事实,这样的证据也不能采用,因为某些法律价值优先于客观真实。在争议双方无法达成一致的情况下,外在力量的介入是必要的。案件审理过程由裁判者主导,法官代表国家以中立第三方的身份介入并主导整个司法审判过程。原告的诉讼请求是面向裁判者提出的,其主张之根据最终要得到裁判者的认可。在司法程序中,裁判者最终判断的并非客观真实,而是负担证明责任的一方是否履行了证明责任、达到了证明要求的标准。这就对程序设计的合理性提出了

---

[1] [英]尼尔·麦考密克:《法律推理与法律理论》,姜峰译,法律出版社2005年版,第101页。

很高的要求。司法程序的权威性不仅体现于法官控制审判过程，更体现于法律论证的结论具有法定约束力。裁判者既是法律专家，又是被赋予了司法权力的人，司法裁判是法律理性与权威性的结合。好的司法程序应当充分体现程序的法定性和权威性。

法律论证是实现法律之"应当"的过程。"应当"是一个多义词，基本含义有"明智""正确"之意，但不同的人对"应当"可能有着不同的理解，由此导致冲突在不同主体之间发生。假如在不同的"应当"之间存在或能找到一个统一的标准，那么，程序合理性或程序正当性在这个标准中占据多大的比例？对此问题有两种不同的理论——程序正义工具论（程序工具主义）和程序正义本体论（程序本位主义）。程序正义工具论认为程序法是附属于实体法的，实体法针对具体的法律问题规定了正确答案，司法程序是到达这个唯一正解的手段。程序正义本体论认可法律问题作为一种实践问题，其解决方式具有开放性，强调解决问题的过程本身即具有独立的意义，程序不正义就是法律的不正义。这两种理论在法律史上都有其适用的场景。早期英国法符合程序本位主义，而继受罗马法传统的法律制度，则更多地体现程序工具主义。程序工具主义和程序本位主义似乎代表了两种不同的司法理念，前者代表了法官职权主义，即法官在诉讼双方的帮助下找到并宣布法律的正确答案；后者代表了法律本位主义，其理念是在法官代表法律控制诉讼过程的前提下，诉讼双方各尽所能去竞争一个有利于自己的裁判结果。法律程序越是独立、公正，裁判结果就越是具有不确定性和不可预测性。本书对程序正义工具论和程序正义本体论采取折中立场。

在现代民主法治国家，以制定法形式存在的法律是由全体公民（或其代言人）共同制定的，可以视为虚拟单一主体意志的体现。司法程序的作用是在每一个具体的案件场景中将这个意志表达出来。但是另一方面，法律理性又是有限理性。制定法本身就是不完善的，法律结果的正确只是相对的正确，司法实践只能努力地趋近于"法律的要求"。在这个意义上说，法律程序具有极其重要的作用，特别是程序的设置会影响甚至决定实体结果。尽管一般人注意的焦点通常放在实体问题而非程序问题上面，程序的设计确实会影响到实质的结果。设想在一个案件中，原告基于理由一和理由二提出了一个诉讼请求。审理案件的三位法官中，第一位法官认可理由一，不认可理由二，并基于理由一认为应当支持原告的诉讼请求。第二位法官认可理由二，不认可理由一，并基于理由二认为应当支持原告的诉讼请求。第三位法官既不认可理由一，也不认可理由二，认为不应当支持原告的诉讼请求。在这种情况下，案件的结果取决于以哪种方式算多数——如果问每位法官是否支持原告，则原告会胜诉；如果问每位法官是否认可理由一、是否认可理由二，那么这两个理由都不会得到多数人的认可，因而原告不会胜诉。这个例子有助于我们理解，在法律中为得到某一种实质性的结果，可能会选择某种程序性方法。运行良好的程序能够化解当事人的不满，也能最大限度地预防错误，降低法官个人因素的影响。在最为理想的情况下，不同的法官走完同一个程序能够到达同样的结果，这个结果是参与诉讼各方意志在法律上的"合一"。

论证的实质方面是区分好理由与坏理由，识别论证中的推理是否符合逻辑。理由是好的还是不好的，这本身又属于评价问题，需要在实践商谈程序中完成。法律论证的程序和实质始终是融为一体的,即使从实质方面考虑理由的运用,也是在一个程序中完成的。正是出于这样的观察,哈贝马斯和阿列克西的商谈理论采取了程序本位主义立场,将论证的实质问题以程序规则的形式明确规定下来。在阿列克西的理性商谈程序中,论证符合逻辑的要求通过"一致性"规则实现。作为一个论辩规则,其运用也意味着,如果在商谈过程中未指出对方论证中的逻辑错误,那么违反逻辑的论证事实上也是被接受的。尽管哈贝马斯和阿列克西通过"一致性"规则将符合逻辑纳入理性商谈要求,但是逻辑推理的正确性要求无法仅以这样一条简单的规则展现出来。本书的大部分内容都是从规范推理的角度来展现具体的逻辑内容,可视为"一致性"规则在具体逻辑理论上的展开。

第二节 实践推理

司法判决推理旨在得出判决结论、解决法律纠纷,是实践推理的一种。实践推理(practical reasoning)是亚里士多德最早提出并加以研究的,但此后直至弗雷格、罗素发展起来的现代逻辑学体系中,这种推理类型都几乎完全没有被触及。20世纪60年代以来随着实践哲学的复兴,实践推理重新受到关注。但是关于什么是实践推理,实践推理的逻辑结构是怎样的,实践推理与理论推理(theoretical reasoning)之间是什么关系,这些基本问题都尚未取得一致的认识。

一、实践推理与理论推理

亚里士多德的逻辑学著作被命名为《工具论》,意味着推理被视为用于解决实际问题的思维工具。人们在现实生活中所遇到的问题大体上可以分为两类：一类是知识性的问题，如欧几里得几何学的第五条公理能否由前四条公理证明出来；另一种是事务性的问题，如詹天佑解决铁路爬坡的设计难题。面对知识性问题，人作为认识主体要运用推理证明找出正确的答案；面对事务性问题，实践主体要运用推理论证找出最优的方案。用于解决知识性问题的推理为认识性质的理论推理，用于解决事务性问题的推理为实践推理。这里做出的区分仅仅是相对于推理的用途而言。实际上，人们在解决事务性问题时也大量使用理论推理，例如工程设计要运用数学和力学的理论推理。

人们认识世界不仅仅是为了满足好奇心，更是为了付诸行动创造美好的生活。人们基于理性明智地决定该如何行动，就需要不断地进行实践推理，当然其中也包含着大量的理论推理。实践推理就是基于理由得出"应当做……"的推理。与理论推理相比，实践推理呈现出一些非常不同的特点：

1. 理论推理旨在求真，实践推理旨在求当

命题有真假，理由有强弱。"真"是没有程度的，"当"则有程度、可比较，比如"这样做"比"那样做"更为合理、正当。理论推理依据的是前提与结论之间的结构关系和真值关系，与推理者完全无关，是理想化的无主体推理。实践推理是实践主体为解决问题而进行的、决定该如何行动的推理，只有为主体所相信、接受的情况才能成为其行动决策的理由。实践主体有自己的价值判断和信念系统，有其个人对事物的关切点、关注度，有其进行推理、判断时的现实处境，有其个人对问题的"前理解"，这些因素都影响着一个情况能否成为理由、成为一个强理

由还是弱理由。

2. 理论推理不依赖语境，实践推理则是语境化的动态推理

一个理论推理 α，β ⊨ γ 是有效的，当且仅当对任意模型 M 来说，如果 α 和 β 在 M 上为真，则 γ 在 M 上也必定为真。理论推理一般都是单调的，一个前提集的结论也是该前提集任一扩张集的结论。实践推理则必定发生于一个特定场合，描述该场合事实的全体命题构成了一个模型，该模型上的信息有一些是主体已经知道的，还有大量信息是主体在某个时点所不知道的。动态地看，主体基于当前已知的信息进行推理，往往需要对某些相关情况予以默认。如果他又获知了新的情况，原来推出的结论就可能被废止。因此，实践推理是一种非单调推理，其结论具有可废止性。

3. 理论推理的前提集应满足一致性要求，实践推理的理由集则可以且常常是不一致的

理论推理的前提集描述一种事实情况，由于客观情况不可能既如此这般又非如此这般，描述一种事实情况的前提集也应当是一致的，不一致的命题集一定不是对客观情况的正确描述。因此命题逻辑包含一条"假推全"定理：{α，非α} ⊨ β，以制止任一从不一致的前提集出发的推理。实践推理的理由集则常常充满相互冲突的理由。

4. 实践推理具有后果评价维度，理论推理则不作后果评价

实践推理的结论是"应当如何行动"，一旦行动付诸实施就会直接导致外在世界的变化。这种变化是有利的还是不利的，是否造成对他人的影响及所应承担的责任，结果是可接受的还是不可接受的，这些反馈又构成了对实践推理的结论进而对实践推理

本身的合理性评价的重要维度。反过来看，有利的结果和影响构成支持一个行动的理由，不利的结果和影响构成反对一个行动的理由，且结果造成的影响越大，相应的理由就越强。

二、两种不同的实践推理观

在《尼各马可伦理学》中，亚里士多德提出并探讨了实践推理。亚里士多德并没有直接使用"实践推理"这个表达，不过他详细探讨的慎思（deliberation）、实践三段论实际上就是实践推理。亚里士多德的实践推理是面向问题的，是实践主体为解决一个具体问题、实现一个具体目标而进行的行动决策的推理，是基于理由推出应当如何行动的一个推理链。实践推理的理由是主观性的（subjective），一个行动理由是实践主体个人的理由，因而与他的意志、愿望等密切相关。

拉兹在《实践理性与规范》一书中阐述的实践推理与亚里士多德的概念有所不同。拉兹认为实践推理是从事实推出事实的过程："一个其结论为'有理由做……'或'应当做……'的陈述的推论是一个实践推论。"[1] 这种推理可以表示为"p 是 x 做 Φ 的理由"。"行动理由是在一定条件成立时一个人实施一个行动的理由。行动者在一定条件下实施一个行动可以视为一个事实，而理由则可以认为是事实之间的关系。"拉兹实践推理的理由是客观性的（objective），如果 p 是某人做 Φ 的理由，那么对任何人来说 p 都是做 Φ 的理由。

---

[1] ［英］约瑟夫·拉兹：《实践理性与规范》，朱学平译，中国法制出版社2011年版，第19页。

可以用一个相同题材的简单例子说明亚里士多德与拉兹的实践推理之间的不同：

亚里士多德的推理：为了完成积压下来的大量工作，我应当加班。

拉兹的推理：由于积压下来大量的工作，所以 x 应当加班。

前者的关注点在于，为解决积压下来的这些工作，什么样的行动选择是最合理的。后者的关注点在于，该理由是否是结论的一个正当、合理的理由，主体的结论能否被前提合乎理性地证成。

拉兹用公式 R（Φ）p，x 来表示"p 是 x 做 Φ 的理由"。R（Φ）p，x 相当于一个以'p'为前提、以'对 x 来说有理由做 Φ'为结论的推理。[1] 这个推理可以表示为：

$$p$$
$$\overline{}$$

所以，x 应当做 Φ。

一个实践推理的前提可能包含多个陈述，而 p 是所有这些陈述的合取。用拉兹的术语说，p 是这个推理的完整理由。p 是一个原子的完整理由或者说最小的完整理由，当且仅当从 p 中减去任何一个成分都使其不再对结论充分。在实践推理的一个完整理

---

〔1〕［英］约瑟夫·拉兹：《实践理性与规范》，朱学平译，中国法制出版社2011年版，第10页。

由中，拉兹又区分了两种成分：一种是操作性理由（operative reasons），另一种是辅助性理由（auxiliary reasons）。操作性理由提示行为者的目的导向，反映其实践性态度。一个操作性理由可能是价值理由，也可能是主体的欲望、利益方面的理由。不是操作性理由的理由都是辅助性理由。辅助性理由的功能在于，表明基于特定事实情况从操作性理由反映的实践态度到结论的转化是合理的、恰当的。例如：①张三收藏宋代古瓷。②这是一件宋代瓷瓶。③这件瓷瓶的售价是张三可接受的。结论是，张三应当购买并收藏这件瓷瓶。在这个推理中，①是操作性理由，②和③是辅助性理由。容易看出，操作性理由和辅助性理由的性质是迥然不同的，操作性理由代表了一个目标，可以是价值、欲求、职责、行动指令等。不同的操作性理由具有不同的分量。辅助性理由是关于特定情境下的事实情况或事实关系，或者是主体对这些情况的认识或信念。

拉兹对于两类行动理由的区分是富有启发性的，可以解释实践推理的基本结构。上述亚里士多德与拉兹推理的例子都可以重构为包含操作性理由和辅助性理由的形式：

亚里士多德的推理：

  目标：及时完成工作保持工作量不积压（操作性理由）
  现实情况：积压下来了大量工作　　　　（辅助性理由）
  结论：我应当加班。

拉兹的推理：

目标：及时完成工作保持工作量不积压（操作性理由）
现实情况：积压下来了大量工作　　　　（辅助性理由）
结论：x应当加班。

可以看出，实践推理的基本逻辑关系是：

现实条件＋（结论中的）行动⇒目标

基于这一基本逻辑关系，还可以进一步考虑行动与目标的其他复杂因素，进行更为精细的分析。例如，实践推理既可能是主体自己对目标、手段与结论的理性分析，也可能是被动地服从某个权威性指令，因而涉及高阶理由。

三、理由的性质

在实践推理中，理由为结论提供正当性依据，理由是人运用理性的具体体现。实践理性的一个基本假设是，人是有自由意志的，可以根据自己的意志自主安排自己的行动。根据前面的分析，实践推理的理由包括操作性理由和辅助性理由，相应地，这两种理由都应当内在地具有合理性。操作性理由属于人的目的、意图，反映作为个体的人生存、发展和自我实现的需要，操作性理由的合理性意味着人所欲求达到的目标是合理的，有助于个体的生存、发展和自我实现。为了能够实现这个目标，人的行动方式又必须尊重现实条件和客观事物的规律，契合情境。因此，实践主体要具备客观事物的相关知识，并能够把抽象的知识恰当地运用到当下的现实场景中来，所以辅助性理由确保方法手段的合理性。一方面，人通过认识来获取对于客观事物的正确信念和知识，因此实践理性包含着对于认识理性的要求。另一方面，人又是社会性的存在，人始终生活在各种社会关系中，在追求自己的目标时，需要兼顾他人的利益，使自己的行为符合道德和法律的要求，具备社会意义的合理性。人类社会在漫长的社会实践中逐渐形成了具有一定文化特色的交往习惯，在法治国家，有体系化的法律规则和原则，这些行为规范保障了不同个体的行动大致是协调统合的。实际上，现行法律也是一种事实。道德和法律是从个别实践活动中抽象出来的普遍的行动理由。

作为一种行为规范，道德是调整人们之间关系的伦理准则，在这个意义上，道德内在地包含理性。道德的一个基本原则是，个体人所追求的目标应当与全体人的福祉保持一致。在道德准则的引导下，人的行为要符合人类整体的良善目标，一个符合道德的行为是基本人类良善的一个示例。

如果说道德是从正面予以引导，那么法律则是从反面制止和防范那些有违人类基本良善的行为，以促成社会成员具体行动的实践协调性。法律语境下的"行动"指的是意志自由预设下的合意志的行动，包括与行动有关的因素如主体、能力、意图、目标、现实条件等。理性的作用在于约束、制约那些纯粹由感情冲动引起的有害行动，如贪婪导致的抢劫、仇恨引起的谋杀。在探讨行动理由时，通常假设实践主体具备相关能力，因此能力因素是隐含的，不会明确地加以讨论。法律与道德是内在一致的，道德准则构成了人类基本权利以及刑事法律及某些民事法律如侵权法的基础。在疑难案件中，法律论证往往需要回溯至道德意义上的价值判断。

抽象的道德规范和法律规范的基本精神是促进公平公正和公共利益，而这个目标又要通过社会秩序、效率等次级价值来实现。行动理由既要符合目的合理性，又要体现手段合理性。例如，为了促进社会财富增长，法律要求的行为方式应当符合经济活动规律。法律会不断吸收经济学等各门科学的思想，体现这些智力成果与社会生活常识，将人们的实践智慧内化到法律规范中来。例如，为了提高道路通行效率，交通法规要求所有的机动车都沿着道路的左侧或右侧行驶。为保护生命健康和财产安全，交通法规对道路上行驶的车辆规定速度限制，同时兼顾其他利益。以车辆限速为例，我们能看到，在生命健康安全与时间、效率之间存在着一个张力，限速80km/h仍然会存在一些交通事故，造成一定的生命健康和财产损失，如果说我们把这个限速降到10km/h，则可以大幅减少甚至完全消除交通事故引发的损失，但由此付出的代价是极低的通行效率，这又是人们不愿意承受的，最终的规定取决于各种利益的平衡。经济理性的特点是成本收益分析，尽可能降低成本提高产出。从技术角度看，进行成本收益分析的前提是成本和收益均可以被量化或可以被比较。在经济学视角下，钱或者说价格成为比较的参照标准，运用价格尺度来实现不同价值之间通约。当然，以价格尺度来比较和衡量也有局限性，比如无法比较主观方面的善意和恶意，在"购买"故意伤害的损失与"购买"疏忽大意导致的意外伤害的损失之间，主观方面的善恶程度就无法被比较。所谓疑难案件是指存在两种或更多的价值标准，这些价值标准之间是不可通约的，相关问题需要诉诸程序理性，通过实践商谈来解决。

四、客观理由与主观理由

关于行动理由是什么，常见的有两种看法：①行动理由是事实。②行动理由是主体的信念。这两种观点分别是客观理由说和主观理由说。亚里士多德认为理由是主观的，拉兹则坚持客观理由说。拉兹认为："（在实践推理中）指导人的是事实，而非他对事实的信念。"[1] 他认为主体是否知道、相信一件事并不妨碍这件事成为他的理由："我不相信 p 这个事实，并不证明对于我来说，p 不是我实施某一行动的理由。'我没有意识到任何理由'这一事实并不表明就没有理由。"例如，一个人接到哈佛大学的录取通知是他向哈佛大学账户转入一笔学费的理由，而他相信他被哈佛大学录取这一点则不是理由。当他被问及为什么向学校账户转入学费时，他通常会回答："因为我被哈佛大学录取了。""因为"之后所描述的那个情况就是一个人行动的理由。

但拉兹对"理由是事实而不是信念"的论证和概念使用是不一致的，他否认行动理由是主体的信念，却又承认相信一件事是这件事成为理由的必要前提："诚然，事实（对行动）的指导以一个人相信事实就是如此为前提。"[2] 对于规范性理由，他更是反复强调只有为主体相信的才能成为其理由："它是一个理由，只是因为此人相信它是理由。"[3] 实际上，行动理由必定是行动主体的理由，它回答的问题是，主体 x 为什么认为应当那样做。这个理由也许是 x 明确意识到的，也许是他没有明确意识到的。但假如 x 根本不相信 p 是事实，那么事实 p 是不太可能成为他的

---

[1] ［英］约瑟夫·拉兹：《实践理性与规范》，朱学平译，中国法制出版社2011年版，第4页。

[2] ［英］约瑟夫·拉兹：《实践理性与规范》，朱学平译，中国法制出版社2011年版，第4页。

[3] ［英］约瑟夫·拉兹：《实践理性与规范》，朱学平译，中国法制出版社2011年版，第90页。

行动理由并对他的决定产生影响的。当主体基于错误的信念而行动时，将理由界定为事实便陷入了解释的困境。针对上述例子，我们设想另一种情形：实际情况是哈佛大学发出的这批录取通知是由于计算机系统出错所致，这个人实际上并没有被哈佛大学录取。当他知道这一情况时，他对自己向哈佛大学转账的解释通常是："因为我以为（曾相信）我被录取了。"比较正反两种情形，我们会认为导致他做出转账这同一个行动的理由有所不同吗？难道不可以认为，在第一种情形中，他所说的"因为我被哈佛大学录取了"只是"因为我相信我被哈佛大学录取了"的缩略表达？

笔者认为拉兹混淆了 reason 一词的两种用法。reason 一词既可以表示"原因"，也可以表示"理由"。在"我不相信 p 这个事实，并不证明对于我来说，p 不是我实施某一行动的理由。'我没有意识到任何理由'这一事实并不表明就没有理由"这个说法中，只有将 reason 理解为"原因"才能解释得通。[1] 拉兹也意识到了 reason 一词的不同用法："应当承认，我们以这两种方式使用 reason。我们甚至能区分 reason 的两种观念。"其中一种是纯解释性的（原因），但拉兹说这种纯解释性的用法对于他的目的来说并不重要。但是他的论述并没有始终贯彻、坚持这一区分。在《Studies in Legal Logic》[2] 中，哈赫（Jaap Hage）明确区分了 reason 一词的四种用法：①原因。例如：绳子断裂的原因是张力太大。②构成性理由（constructive reason）。例如：x 有很多钱且没有人比他有更多的钱这些事实是"x 是最富有的人"

---

[1] 朱学平将 reason 统一译为"理由"似乎欠妥。
[2] Jaap Hage: Studies in Legal Logic, Springer 2005, P7.

的构成性理由。③相信的理由。④行动的理由。哈赫说他的理由逻辑研究的是构成性理由。实践推理中的理由指的是相信和行动的理由。

拉兹坚持客观理由说的另一个可能的原因是，他认为实践推理应当体现实践主体的理性，而只有当这些理由是客观事实而非个人的信念，才能保证实践推理是符合理性的。拉兹坚持理由是事实，就相当于将"理由"置于还存在问题的"事实"概念之上，会给"理由"带来许多不必要的麻烦。而且，拉兹的要求是过于理想化的，在现实生活中很难达成。以法律问题为例，在法律论证语境下，援引理由是为了在对话过程中说服别人。诉讼参与人从己方立场出发、为了实现特定的目的提出理由，而司法程序则提供了一种以偏制偏的机制。根据证明责任分配原则，某一方应当提供什么理由、能够提供什么理由与其主体身份密切相关。司法裁判过程也不可避免地受到裁判者个人对案件是非曲直的判断的影响，这种影响又会反映在裁判者对判决理由的运用上。正如卡多佐所说，法官的论证不可避免地受其个性特征的影响。拉兹以理由的客观性来要求实践推理符合理性，属于实践推理的规范性研究，但现实实践推理中的理由一定是主体所采信的理由，体现他的个性特征。不同主体之间存在的这种差异和冲突，才使得法律或其他实践商谈具有存在的必要性。综上，本书采纳主观理由说，并且在下文就拉兹的客观理由说提出进一步的质疑。

五、理由之间的关系

为方便表述，首先介绍拉兹给出的关于理由关系的一组概念。

如果 p 逻辑蕴涵 p′、q 逻辑蕴涵 q′，并且 R（Φ）p′, x 和 R（非Φ）q′, x 都成立，则称理由 p′与 q′相对于 x 和 Φ 严格冲突，p 与 q 相对于 x 和 Φ 相互冲突。如果 p 与 q 相对于 x 和 Φ 相互冲突，并且 R（Φ）p 且 q, x 成立而 R（非Φ）p 且 q, x 不成立，则称 p 相对于 x 和 Φ 胜出 q。如果 p 和 q 是相互冲突的理由，并且 p 包含的全部理由胜出 q 所包含的所有与之严格冲突的理由，则称理由 p 强于理由 q。

对于是否应当做 Φ，一个人常常面对多个不同的完整理由，因而会做出多个以"应当做 Φ"或"应当不做 Φ"为结论的推理，最终的结论则需要在相互冲突的完整理由之间评估理由的强弱并基于最强的理由做出。但是拉兹告诉我们，行动理由之间的关系远比如此描绘的图景复杂，因为存在着各种不同位阶的行动理由和更为复杂的理由关系。对此，他主要讨论了一阶理由、二阶理由及排除性理由。

一阶理由是一个人从确定的情境出发所考虑到的应当做 Φ 或应当不做 Φ 的各种理由。二阶理由指是否遵循一阶理由而行动，即采纳或不采纳一阶理由的理由。如果 p 是不依某个或某些一阶理由而行动的二阶理由，则称 p 是一个排除性理由。例如，在服兵役期间，士兵杰米里接到指挥官命令，要他强行征用一辆马车。他自己认为征用马车是有一定道理的，不征用也有道理，但不征用的理由更强。但是面对上级的命令，杰米里认为从他自己的判断来看其行为的对错已经不重要了。命令就是命令，即便命令是错的，他也应当服从，因为服从命令是一个士兵的职责。在这个例子里，杰米里所考虑的应当征用和应当不征用马车的理由属于一阶理由，指挥官的命令则是一个二阶理由，这个二阶理由排除了应当不征用马车的一阶理由，因而也是一个排除性理由。

法律推理中也常使用二阶理由，例如刑事诉讼中的疑罪从无原则。疑罪成疑，是因为所提出的全部证据不能推出犯罪事实是否存在的确定结论。控方的证明没有达到排除合理怀疑的证明标准，辩方也没能做出令人信服的反驳和无罪辩护。在这种情况下，如果没有疑罪从无原则，法官就只能权衡双方理由的强弱，判令证据优势方胜诉。疑罪从无原则就是法官做出判决所依赖的一个二阶理由，它也是一个排除性理由。法律中的冲突规则是法律适用过程中可能用到的二阶的排除性理由。

上述两个例子展示了排除性理由的两种不同类型。杰米里的例子中的排除性理由是基于权威的，疑罪从无作为排除性理由则是基于判断能力不足、起补充作用的。基于权威的排除性理由排除所有的一阶理由，基于判断能力不足的排除性理由仅排除与之不相容的一阶理由。为什么不能把上级命令与杰米里的其他考虑放在同一个层面上？又或者，为什么不能把疑罪从无原则看成法官的一个一阶理由？对于这些可能的质疑，拉兹提出了一个主体反应测试证明：如果至少有一个理由不再被考虑、不再起作用，那么决定结论的就是一个二阶理由；而如果所有的理由都仍然在考虑的范围之内且要比较它们之间的强弱关系，那么所有的理由都是一阶的。这也表明，强弱关系只存在于相同位阶理由之间，不同位阶的理由不存在冲突和强弱关系。如果指向不同的结论，高阶理由永远是胜出的那个决定性理由。

拉兹提出行动理由和排除性理由的概念，是为了用它们来分析法律规范。

六、作为二阶理由的命令性规范

法律通过规范人的行为来实现其社会功能，因此，理解法律的一个途径是看法律规范如何作为理由在推理中起作用。由于命令性规范的规范特质最为典型，因此本书中我们主要探讨命令性规范。拉兹持法律规范四要素说，认为一个法律规范包含规范算子、规范主体、规范指向的行为以及规范的适用条件四个要素。按照恩吉施（Karl Engisch）的处理，[1] 这四个要素可以组织在一个条件句形式中：适用条件是条件句的前件，规范算子、规范主体和规范指向的行为作为法律后果出现在条件句的后件。义务性规范的规范词通常用"应当"一词表示。这样，一个义务性的法律规范可以表示为：如果 p，那么 x 应当做 Φ。其中，p 表示规范的适用条件，x 是一个变元符号，不确定地指称主体。有些学者认为义务性规范包含制裁或其他强制性要素，按照这种看法，一个义务性的法律规范可以表示为：如果 p，那么 x 应当做 Φ，否则 q。这里的 q 表示一个法律制裁或其他强制性后果。本书将这种带有明确的制裁后果的规范称为"裁判规范"。从一个裁判规范可以推出一个行为规范。其推理形式为：

如果 p，那么 x 应当做 Φ，否则 q。

p 成立。

x 期望不发生后果 q。

---

[1] ［德］卡尔·恩吉施：《法律思维导论》，郑永流译，法律出版社 2004 年版，第 12~15 页。

所以：x 应当做 Φ。

由于 x 是对一个论域内任意主体的泛指，在表达时可以省略，因此以下将命令性行为规范的形式表示为：如果 p，那么应当做 Φ，记为：p ⇒OΦ。

应当指出的是，法律规范表达式"如果 p，那么应当做 Φ"中的"应当"与实践推理的结论"某人应当做 Φ"中的"应当"意义是不同的。后者相当于"有理由""应该"。而法律规范"如果 p，那么应当做 Φ"中的"应当"是一个规范词，正是这个规范词赋予整个表达式以法律意义的规范力。"x 应当做 Φ"宣称存在、有一个行动理由，而一个命令性法律规范则潜在地给出了一个行动理由，即规范本身。同时，法律规范"如果 p，那么应当做 Φ"与拉兹理由公式"R（Φ）p，x"中的"p"和"Φ"的意义也不相同，法律规范"如果 p，那么应当做 Φ"中的"p"和"Φ"是抽象表达，而按照拉兹的用法，理由公式"R（Φ）p，x"中的"p"和"Φ"指称一个具体的事实和一个具体的行动。

拉兹强调，从实践理性的角度理解规范，其核心问题是分析一个规范是何种行动理由，这种理由与其他理由的区别何在。拉兹忽略了抽象规范与具体行动理由之间的区别，将命令性规范直接当作一种行动理由，认为命令性规范与其他行动理由的不同在于，它"要么是一个排除性理由，要么，更一般地说，既是一个实施规范性行为的一阶理由，又是一个不因特定的与之冲突的理由而行动的排除性理由。"[1]。我们借用拉兹论证二阶理由的两

---

[1] ［英］约瑟夫·拉兹：《实践理性与规范》，朱学平译，中国法制出版社 2011 年版，第 57 页。

个例子来辅助理解"要么"列出的两种情况。一个例子是安妮在极其疲惫的状态下需要在很短的时间内做出是否投资一个项目的决定。尽管她努力地权衡所有支持和反对投资的理由,但最终她认为自己当前的状态如此之差,没有办法做出明智的判断,因此放弃做决定。另一个例子是士兵杰米里接到上级命令要他征用商人的马车,尽管他自己认为征用马车是错误的,但他仍然决定执行命令。

在安妮的例子中,"当前状态太差导致无法信赖自己的判断"仅是一个排除性理由,它唯一的作用是排除了所有的一阶理由,是一个不依一阶理由行动的二阶理由,但它没有就是否投资提供任何理由。司法程序中的无罪推定即属于这类判断能力不足的情形。但是与安妮的例子不同,即使所有的证据都不足以证明一个事实结论,法官也必须做出一个裁判,此时法官需要根据证明责任和证明标准做出无罪判断。在士兵杰米里的例子中,上级命令同时具有两个作用,一是排除了杰米里自己关于是否征用马车的所有一阶理由,因而是一个二阶理由。二是它又做出了实施某个行动(即征用马车)的明确指示,拉兹认为在这个意义上它又是一个一阶理由。

拉兹上述"要么……要么……"命题的一个推论是,所有命令性规范都是二阶理由。对此,他给出了两个论证:权威性证明和主体反应测试证明。法律规范是由有立法权的机构制定的,法律的权威不是学术专家的理论权威,而是一种实践权威,即一种即便你认为其不合理也必须服从的权威。拉兹认为:"除非我们把这些规范视为排除性理由,否则它们就不能够实现它们(法律)的目的。"[1] 霍布斯、洛克等古典政治哲学家为实践权威的有效性提供了一个理论解释：对于权威的需要植根于人类的理性，政治权威、法律权威的效力基于公民对部分权利的自愿让渡。而从"权威"一词的意义看，说 x 有权威，意味着其他人认为 x 有权威并且感到这种认识是应当的。那么，以 x 为权威，就意味着将 x 的指令视为一种排除性的行动理由。而如果所有权威性指令都是排除性理由，那么基于法律权威的法律规范也都是排除性理由。所谓主体反应测试证明，是指根据行动主体在实际或假想的冲突情境中的反应来判断他是否将一个理由当作排除性理由。"如果在面临互不相容的理由的情形下，一个人的反应与存在一个更强理由或更有分量而胜出其他理由这种冲突下的反应不同，那么说明他认为这个理由是排除性理由。其间的差别在于，相关的个人认为互不相容的理由属于两种不同的类型或层次。"[2]

拉兹的主体反应测试证明也说明，"存在着规范 r"这一事实本身并不一定构成行动理由。一个规范能否转化为某个人的行动理由，以及能转化为什么性质、什么强度的理由，取决于他对该规范的接受程度。对于一个认可、接受法律义务并自觉遵守法律的人来说，命令性法律规范的确是他的一个二阶的排除性理由。但是，对一个不认同法律权威的人来说，同一个规范可能仅仅是他的一个一阶理由，甚至根本不是行动理由。下面主要从制

---

[1] [英] 约瑟夫·拉兹：《实践理性与规范》，朱学平译，中国法制出版社2011年版，第62页。

[2] [英] 约瑟夫·拉兹：《实践理性与规范》，朱学平译，中国法制出版社2011年版，第77页。

第一章　法律论证的程序与实质

裁角度说明命令性法律规范如何作为一阶理由起作用。制裁并不是命令性法律规范的本质特征，但的确是一个非常重要的特征。在现实的社会生活中，法律的制裁手段通常起着十分重要的作用。正如哈特（Herber L. A. Hart）所说："在任何特定时间，依据规则（法律规则和非法律规则）的任何社会的生活都可能存在于两种人之间的张力之中：一方面是接受规则和自愿合作以维护规则，并因而从规则的观点来看待他们本人和他人行为的人；另一方面是拒绝这种规则，仅从把规则作为可能惩罚之征兆的外在观点出发才注意这些规则的人。"[1] 对于后一种人来说，一个法律规范仅是他决定如何行动的一阶理由而不会是排除性理由。其推理形式为：

如果 p，那么 x 应当做 Φ，否则 q。

p 成立。

我期望不发生后果 q。

──────────────

所以：我应当做 Φ。

在这个推理中，"我期望不发生后果 q"是操作性理由，而法律规范"如果 p，那么 x 应当做 Φ，否则 q"是辅助性理由。实际上，命令性规范以什么方式转化为一个行动理由，取决于主体对于命令性规范的态度，这一点不仅对受法律规范约束的一般社会成员是成立的，在一些特殊情形下对作为裁判者的法官而言也是如此。这一看法也符合主体反应测试证明。拉兹的权威性证明和

──────────────

〔1〕［英］哈特：《法律的概念》，张文显等译，中国大百科全书出版社1996年版，第92页。

主体反应测试证明都佐证了行动理由的主观性。

拉兹对于命令性法律规范所做的"要么……要么……"断定是很强的。这一断定的错误不仅在于它完全否定了命令性规范独立地作为一阶理由的可能性，还在于第二个"要么"所断定的既是一个一阶理由、又是一个二阶的排除性理由在逻辑上是不成立的。下面将证明，一个义务性规范或者是一个一阶理由、或者是一个二阶理由，但不可能既是一个一阶理由、又是一个二阶理由。

根据拉兹的主体测试反应方法，假设 R（Φ）p，x 和 R（非Φ）q，x 都成立，并且 p 是一个具有"如果 p′，那么 x 应当做Φ"形式的命令性法律规范。如果 p 是一个一阶理由，那么与之冲突的 q 是被考虑的、与之比较的理由；而如果 p 是一个二阶理由，那么 q 就是被排除的、不再给予考虑和比较的理由。而同一个理由不可能既被考虑又不被考虑，结论就是，任一规范都不可能既是一个一阶理由又是一个二阶理由。简言之，如果规范 r 要求做 Φ，作为一阶理由它和要求做非 Φ 的理由比如 q 是冲突的。由于均为一阶理由，r 和 q 位阶相同。但同时 r 又是一个二阶理由，所以 r 的位阶又高于 q。这显然是矛盾的。

拉兹的问题源于一个不正确的假设：直接支配行动的只能是一阶理由。拉兹认为理由的二阶性质反映理由与其他理由之间的关系，理由的一阶性质反映理由与行动之间的关系。简言之，一阶理由支配行动，二阶理由支配一阶理由。实际上，没有任何因素妨碍二阶理由直接支配行动。对行动产生影响的不是"一阶"，而是"理由"。一个二阶理由只要有明确的行动指向，就能直接支配行动，就是该行动的一个理由，但不必是其一阶理由。二阶理由是行动的一个高阶理由，否则就无法理解为什么它对于行动总是具有胜出其他一阶理由的力量。

一个命令性规范"p ⇒OΦ"作为二阶的行动理由同时具有正反两方面的意义。从反面看,它要求在任一属于p的情形(以下将这样的情形称为一个p-情境)下,行动主体不可依自己关于行动理由的考量而行动。从正面看,它要求在任一个p-情境,行动主体应当做Φ指向的行动,这又相当于,它要求主体将一个p-情境作为"应当做Φ"的理由。与其他一阶理由相比,源于规范"p ⇒OΦ"的理由的位阶更高。所以,如果暂时忽略规范只是潜在的理由这一点,拉兹关于命令性规范的表述"要么是一个排除性理由,要么,更一般地说,既是一个实施规范性行为的一阶理由,又是一个不因特定的与之冲突的理由而行动的排除性理由"应当修改为:通常情况下,命令性规范是一个二阶理由。

哈赫的理由逻辑承认抽象时态和抽象理由,但拉兹不认可抽象理由,他的理由公式R(Φ)p, x中的p和Φ分别指一个具体事实和一个具体行动。他举例说:"在像'对财政大臣来说,这次货币贬值是加强外汇管制的理由'这样的句子中,……只有当所言的货币贬值发生时,以通常的方式使用这一句子作出的陈述才是真的。像'对财政大臣来说,货币贬值是加强外汇管制的理由'这类句子并不预设发生了货币贬值。它可以重新表述为:'无论何时发生了货币贬值,对财政大臣来说,这都是加强外汇管制的理由'。"[1] 同样道理,在一个命令性规范"p ⇒OΦ"

---

[1] [英]约瑟夫·拉兹:《实践理性与规范》,朱学平译,中国法制出版社2011年版,第8页。

中，p仅仅是事实构成，并不表示某个已发生的事实，即使在某个具体的p-情境中，p也并不是OΦ的理由。只有通过将一个案件事实和行动代入到p和Φ的位置上，才能生成一个理由关系。这个过程属于法律规范的具体化，或者称为法律规范向判决理由的"转化"。一个抽象的法律规范在具体化以后才成为案件的判决理由。

第三节　法律论证方案

法律论证的作用是为法律问题的解决方案提供理由，法律论证是实践理性的一种应用，其核心部分是司法判决推理。司法判决推理是以相关的法律规范和案件事实为前提推出判决结论的推理。根据给出理由的方式的不同，法律论证方案可以分为以下三种：一是基于规则的论证，二是基于判例的论证，三是基于后果的论证。

一、基于规则的论证

麦考米克认为："适用规则的过程对于法律活动来说是中心环节，所以研究这一过程中的理由构成对于解释作为实践理性之分支的法律推理的角色来说，是至关重要的，尽管一些博学之士一直认为法律并未为演绎推理留有余地，甚至认为逻辑在法律活动中根本就没有用武之地，但是本书依然坚信某种形式的演绎推理是法律推理的核心所在。"[1]法律论证最简洁明晰的形式就是

---

[1] [英]尼尔·麦考密克:《法律推理与法律理论》，姜峰译，法律出版社2005年版，第1页。

第一章 法律论证的程序与实质

司法判决的三段论推理。例如：[1]

  大前提：如果未经他人同意，以营利为目的使用他人肖像的，那么，应当停止使用，并赔偿肖像人的损失；
  小前提：本案被告甲公司未经原告乙同意，以营利为目的使用了原告乙的肖像；
  判决结论：本案被告甲公司应当停止使用原告乙的肖像，并赔偿乙的损失。

  为了得出判决结论，必须经过三个过程：确认案件事实、得出判决推理的小前提；从一般的法律规定推出适用于本案件的法律规范，得出判决推理的大前提；运用法律大前提和案件事实小前提推出司法判决结论。以案件事实与相关的法律规范为前提的推理属于法律规范适用的推理。这样的论证我们称为涵摄-三段论论证模式。将论证重构为一个逻辑有效的推理结构的重要意义在于，能够将论证者隐含地使用的前提条件明确地表达出来，以便对论证者所持的这种主张加以评估。
  演绎推理的法律论证并非自足和自我支持的，在法律实践中经常出现法律规定含混不明、法律有冲突、法律有漏洞，或者法律对此类事实有规定，但是结论明显不公等问题。如果我们把司法三段论看作法律论证的内部推理，它的前提通常又需要基于法律原则和价值的外部推理来支持，通过法律概念的解释及法律规范命题的推理来建构司法三段论的大前提，同时参照法律条文将

---

[1] 参见雍琦主编：《法律适用中的逻辑》，中国政法大学出版社2002版，第72页。

案件事实进行恰当归类，以便待决案件能够归入这个大前提的事实构成之下。

有时候，法律给出的答案是明显不恰当的，如麦考密克所说："基于规则的推理活动只能带领我们走这么远了，而且推理是仅仅属于法律活动内部的一个特征，因为，规则在使用过程中经常不能够实现自身的实际功效，对于给定的一个具体情境也起不到确定无疑的规约作用。"[1] 这时需要针对法律规则创制一个例外，或者是分拆法律规范的前提集，通过权衡、择优来建构法律大前提，进而将案件事实涵摄于这个法律大前提的事实构成以得出裁判结论。还有些时候，对于所发生的案件事实，法律没有给出答案，那么法官要考虑能否从已有的规定通过类推或从制定法的整体反向推论，建构一个法律大前提以填补法律漏洞。

二、基于判例的论证

同案同判是司法公正的体现。在英美法系国家，援引权威判例被视为法官的义务。2010 年最高人民法院发布《关于案例指导工作的规定》以来，司法判例在我国法律实践中的作用也越来越重要。判例体现法官的审判经验和司法智慧，参照同类案件的判决有助于处理疑难案件中的法律冲突、法律模糊或法律漏洞等问题，是司法裁判中一种重要的说理论证方式。

三、基于后果的论证

实践推理不同于认识性推理的一个重要方面在于，需要考虑

---

[1] [英]尼尔·麦考密克：《法律推理与法律理论》，姜峰译，法律出版社 2005 年版，第 5 页。

一项决定的社会效果,在实践过程中去验证法律规制的实际效果,反向判断这种规制是否合理。这种论证就是基于后果的论证。

卡尔·波普(Karl Popper)的科学证明理论有助于我们理解法律的基于后果的论证。在波普看来,科学发现中的逻辑因素就是指对经验进行逻辑检测。科学家对某一特定现象做出解释,会与可能存在的相同现象的其他解释形成对立。逻辑检测的过程就是对于对立解释各自的那些假设进行检验。科学家从两个相互对立的前提中得出的结论,经过检验会发现至少有一个结论的前提是假的。同样道理,实证法也需要在法律实践中经受检验。一般来说,用来衡量裁判后果的那些正义观念已经基本体现在诸多的法律规则和原则之中,但是法律所追求的公共利益、正义等观念,并不是由某个单一的抽象标准来衡量的,尤其在具体的案件情境之下,这些公共利益和正义等观念的衡量尺度要结合具体的事实情况来加以衡量,以促使法律不断修正和发展。

基于后果的论证是法律论证的辅助手段。由于这种论证的逻辑形式比较简单,本书不作专门论述。

综上,法律论证方案包括:

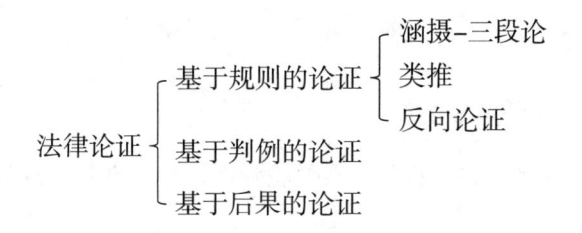

法律论证 ┤
- 基于规则的论证 ┤
  - 涵摄-三段论
  - 类推
  - 反向论证
- 基于判例的论证
- 基于后果的论证

第二章　法律概念

《法律思维小学堂》一书的作者普珀（Ingeborg Puppe）开篇就讲："一直以来，我们法律人都在为了概念争执。"[1] 概念是理性思维的基本单位，法律概念是构成法律的基本要素，是法律实践和法学研究中不可或缺的思维工具。在法律适用之前，通常都需要对法律做出解释，发现或形成法律规范作为裁判的大前提。如果法律概念不明确，造成法律规定歧义或者含混，那么应当运用法律概念解释的方法予以阐明。又或者，法律虽有规定，但依此规定将导向不正义结果，此时也应尽可能运用法律解释来加以转化，以适合社会的要求，贯彻法的目的。

本章介绍概念的基本知识、运用概念的一般方法以及法律适用中的概念方法。

第一节　概念的基本知识

一、什么是概念

我们生活在这个世界，会经验到不计其数的事物和现象：自

---

[1] ［德］英格博格·普珀：《法律思维小学堂——法律人的6堂思维训练课》，蔡圣伟译，北京大学出版社2011年版，第1页。

然界的山川草木、风雷雨电，日常生活中的房屋、手机等人造物品，各种行为、意识和社会现象更是林林总总、纷繁复杂。某些事物和现象呈现出明显的相似性，使得我们能够分门别类地认识它们、理解它们。忽略事物对象的个体差异，抽象提取出为它们所共有而其他事物所不具有的一组特征，依据此特征将这种事物归为一类，就形成了关于这类事物的概念。例如桌子，不论每张桌子的大小、颜色、材质如何，都由若干条腿支撑着一个平面组成，用来支撑其他物品，由此，具有这种结构和功能特征的东西被统称为"桌子"，我们就拥有了"桌子"的概念，借助于这个概念就可以将桌子和其他事物区别开来。一个概念提供了一个二分法，例如"桌子"这个概念将所有的对象区分为"是桌子的"与"不是桌子的"两类。麦考密克认为分类问题是法律证明中非常重要的一个问题，该问题指的就是依据法律概念进行的分类。

通常认为，概念是反映事物特有属性的思维形式。事物的特有属性是指为这一类对象所共有而其他事物所不具有的属性，其中，决定着该事物成为该事物的那些属性又称为本质属性。从语言的角度说，用 F 代表一个语词，如果将某个名词放在"（　）是 F"这个表达式的括号中就生成一个符合语法的句子，那么 F 就表达了一个概念。例如，将"亚里士多德"放在"（　）是哲学家"这个表达式的括号中，就得到了"亚里士多德是哲学家"这个句子，其中的"哲学家"表达了一个概念。概念形成的前期，相关思想的表达方式是句子函项，即"（　）是……"，其中"……"是一个词组，其谓述的对象可以理解为事物的某种"类型"。

概念是内在于思想的认识成果，借助于声音或文字符号的语言形式表达出来。表达概念的语词称为"概念词"。概念词是对一个概念多方面意义的浓缩和固定，以便于人们简单高效地表达和交流思想。在一个概念明确地确立之前，相关的思想通常会以不确定的句子函项表达式被反复谈论。当人们越来越意识到这个思想的重要性，就会考虑用一个语词将这个思想固定下来。语言中的实词都可以表达概念。最初形成的概念是实体概念，以名词或名词性短语来表达。实体所具有的属性、实体的运动、运动的性质分别用形容词、动词、副词来表示，这些语词的名词化形式可以表达属性概念。表示实体间关系的语词的名词化形式可以表达关系概念。还有一些语词表示主体的内在意识活动，这些语词表达的概念包括"观察""记忆"等认识性概念以及"评价""愿望"等情感或价值性概念。概念词既可以是一个名词，如"律师"，也可以是一个名词性的词组或短语，如"青年律师""中国的青年律师"。概念是理性思维的结晶，属于知识论的范畴。语词是语言的基本单位，属于语言学的范畴。语词是概念的载体，概念是语词的内容。由于存在一词多义的语言现象，同一个语词在不同的语境中可以用来表达不同的概念，如"火"可以表示燃烧，也可以表示愤怒的情绪。另一方面，同一个概念可以用不同的语词来表达，例如英语中的"river"和汉语中的"河流"表达的是同一个概念。即使在同一个语言中，也可以不同的语词来表示同一个概念，例如"母亲"和"妈妈"。"母亲"和"妈妈"虽然所指相同，但两者表达的感情色彩是不同的。由此可以看出，一个语词可以同时具有多方面的意义，除了表达认识性的概念内容，还可以表达主体的情绪感受、褒贬评价。正如语言是人类的共同财富，概念也是人类共同的思想财富。

人类的知识首先是以概念的形式获得并保存的。大量的常识概念形成于日常生活中，人类在某些特定领域的专门研究中还产生了各种理论的专业概念，例如物理学的质量、速度、力，经济学的价格、供给、需求、货币等。任何一个概念都不是孤立存在的，而是从属于一个特定的概念网络。概念是在人类知识发展的过程中形成的，是理性认识的成果，随着人类认识水平的提高而不断发展。以"水"这个概念为例，从透明液体到 H_2O，我们对水的认识从古至今是不断深入的。这并不是说水的性质在不断变化，而是我们关于水的认识、我们赋予"水"的内涵在不断变化。又如"专利权"这个法律概念，它产生于为鼓励、保护和充分利用发明创造来推动生产力发展的一种制度设计。法律体现为由法律规则构成的体系，法律规则包含着法律概念。法律概念具有普赫塔所说的概念金字塔结构，法律运作就是借助于法律概念的秩序以实现社会秩序的过程。与自然科学的概念不同，法律概念具有规范性，它既反映事物本质，又体现人的意志性。法律的有效性依赖于法律概念的有效性——恰当地理解事物对象。就像科学假说的检验一样，一个法律概念所代表的思想也需要不断地接受社会生活实践的检验。可以说，法律人一边运用既有的概念思考问题、解决问题，一边参照具体案件检验这些概念的效用，在必要的时候对法律概念的意义做出修正。

概念是人理解、把握万事万物的尺子，借助于概念，我们就能将已有的经验认识推及所遇到的新事物，将无限的未来世界纳入到有限的人类知识中来，使世界成为可理解的甚至是可控的。哈贝马斯认为事实是依赖于语言的："事实是命题（假如是真实的话）所陈述的东西，它们不是命题存在所涉及的东西，它们不是像物或眼前发生的事情那样被目击、亲耳所听或亲眼所见。""没有语句则不可能有事实，事实在本质上是语言依赖的。"[1]这里的"语言"实际上是指语言所表达的概念，准确地说，事实本质上是概念依赖的，人们以所掌握的系统化的概念来塑造事实。

二、概念的内涵和外延

概念的基本功能是指谓对象。一个概念指谓的对象具有一些共同的属性，这些属性是其他对象所不具有的。对象的特有属性和具有这些属性的对象构成了概念不可分割的两个方面，这两个方面分别称为概念的内涵和外延。理解了一个概念的内涵和外延，就掌握了这个概念并知道如何正确地运用它。

概念的内涵是人们基于对事物属性的认识而提取出来的一组特征。例如："刑事诉讼证据"的内涵是"可以用于证明刑事案件真实情况的材料"；"正当防卫"的内涵是"为了使国家、公共利益、本人或者他人的人身财产和其他权利免受正在进行的不法侵害，而采取的制止不法侵害的、未明显超过必要限度、对不法侵害人造成损害的行为"。概念的内涵是人的认识所把握的、使一类对象区别于其他类事物的特征属性。内涵提供了某一对象是否属于一个概念外延的判断标准，依据此标准可以判断一个材料是不是刑事诉讼证据，或者一个行为是否属于正当防卫。概念

---

[1] ［德］罗伯特·阿列克西：《法律论证理论：作为法律证立理论的理性论辩理论》，舒国滢译，中国法制出版社 2003 年版，第 136~137 页。

内涵的各个特征之间通常是并列关系。例如"正当防卫"作为一种"行为",其目的特征是"使国家、公共利益、本人或者他人的人身财产和其他权利免受不法侵害",时间特征是"正在进行的",程度特征是"未明显超过必要限度",结果特征是"对不法侵害人造成损害"。这些特征之间的关系是并列关系,一个行为必须同时具备这些特征才被认定为"正当防卫"。也有些概念的几个特征属性之间的关系是选择关系。例如我国《刑法》[1]第26条规定"组织、领导犯罪集团进行犯罪活动的或者在共同犯罪中起主要作用的,是主犯",其中列出了两个特征属性:"组织、领导犯罪集团进行犯罪活动的人"、"在共同犯罪中起主要作用的人",只要具备其中之一,就构成主犯。概念的内涵往往反映了概念用法的目的性,由此可以辨析相近概念之间的区别。

概念的外延是指一个概念所指谓的一类对象。共同具有某些特征属性的、可以用一个概念来称谓的对象构成了这个概念的外延。用F表示一个概念,将某个对象的名称放在"(　　)是F"这个表达式的括号中得到的句子可能为真,也可能为假。所有使句子为真的对象构成了F这个概念的外延。例如就"刑事诉讼证据"这一概念而言,仅仅知道什么性质的东西是刑事诉讼证据还不足以理解"刑事诉讼证据"这个概念,还需要知道哪些东西算是一个刑事诉讼证据。这个概念的外延包括物证,书证,证人证言,被害人陈述,犯罪嫌疑人、被告人供述和辩解,鉴定意见,勘验、检查、辨认、侦查试验等笔录,视听资料、电子数据

---

[1] 为表述方便,本书涉及我国法律名称省去"中华人民共和国"字样。

的每一个材料。大多数概念的外延都不具有完全明确的边界,但概念外延的核心部分和边缘部分可以被区分。处于核心部分的对象是典型的、无争议的,处于边缘部分的对象则常常引发争议。例如苹果处于"水果"这个概念的核心部分,而西红柿是不是水果,则取决于"水果"的外延是否延伸至覆盖西红柿。

概念的内涵和外延之间是密切相关的。在集合论中,人们用集合来表示一类对象的整体。一个集合既可以通过列举所有元素的方式给出,例如A＝{6,7,8},也可以通过描述对象特征的方式给出,例如A＝{x：x是大于5小于9的自然数}。对象特征给定了,有哪些对象也就明确了。同样道理,一个概念的内涵确定了,外延也就随之确定了。在概念的内涵中实质性地增加一些属性特征,其外延就会相应地减少;在内涵中减少一些属性特征,其外延就会相应地增加,这被称为内涵与外延之间的反变规律。例如对"人"这个概念增加"成年"的属性,就得到了"成年人"。当依次递增地改变概念的内涵时,其外延方面就会依次递减,呈现出一个从大类到它所包含的一个子类、再到该子类的子类的序列,这一过程越来越趋向于思维的具体。在相反方向上的过渡,对应的是思维越来越趋向于抽象。

三、个体与概念

人们认识世界是从对个体对象的感知开始的。在能够对一类事物的相似性进行整合之前,人必须首先能意识到个体的存在以及它所具有的属性,能够对个体之间属性的异同进行比较,这个过程就需要认识个体并运用语言谈论个体。用来指称个体的语词称为"个体词"。个体词包括专有名词和限定摹状词。专有名词

第二章 法律概念

就是名字,例如"珠穆朗玛峰"。"地球上最高的山峰"则是一个限定摹状词。个体词与概念词的不同首先在于,个体词是一个个体的语言代号,概念词则是一个概念的语言代号。概念的形成经过了思维的概括,概念是抽象的。个体可能是具体的,如"珠穆朗玛峰",也可能是抽象的,如自然数"3"。其次,个体词指称的对象是确定的、单一的。概念词指谓的对象的数目是不确定的,通常是多个,也可能是一个对象或者没有对象。例如,"地球的天然卫星"这个概念实际上仅指谓一个对象,即月亮。"月亮"是个体词,用来指称一个特定的天体。"地球的天然卫星"是概念词,只是由于偶然的事实,它只有一个对象。如果将"地球"替换成"木星","木星的天然卫星"则指谓很多对象。最后,个体词与概念词在构造命题时所起的作用不同。知识具有普遍性,陈述知识的命题使用概念词、不使用个体词,个体词用于表达具体情况的命题。

如果一个概念的外延是一个空类,或者说概念所指谓的对象在现实世界不存在,那么这个概念为虚概念,例如"大于5小于3的自然数""永动机"等。虚概念也称为"空概念"。判断一个概念是否为虚概念是正确认识事物的前提。例如在一起火灾发生后,公安人员需要判断"这场火灾的纵火人"这个概念是实概念还是虚概念。如果这是一个虚概念,意味着纵火的人是不存在的,这起火灾是一个意外事件。在某些情况下,也存在着与某个虚概念对应的虚假"个体",如"《西游记》中的妖怪"与"白骨精"。尽管虚概念所指谓的对象在现实世界中不存在,但这些概念通常仍然有确定的内涵,在表达和交流思想时具有独特的意义并被广泛运用。

一个个案是事件意义上的个体。个案概念化是指将一个个案归属于某个概念的外延，这一过程被称为"涵摄"。涵摄是非常重要的一种逻辑方法。在谈到涵摄的逻辑与认识论问题时，恩吉施说："人们说过，把一个具体的现实案件置于一个概念之下，是逻辑的胡闹……只有一个概念才能反复地根据概念被推论出来……那个重要的法律逻辑问题只是在下面的情况中被提出：具体的事实行为被归在由法律概念标明的共同的类别中，究竟基于什么呢？在我看来，答案应当是：它建立在把新的案件与已经确立了类别归属的案件进行等置的基础之上。"[1] 显然，"等置"并不能替代"涵摄"以解决"涵摄的逻辑与认识论问题"。在认识层面，概念的外延是一个事物对象的类，将一个个体对象归于一个类，与认为这个个体对象与这个类里的其他个体具有等价关系，是同一件事的两种说法。从语言层面说，概念是用语词来表达的，个体是用名称来指称的，将一个个案归属于某个概念的外延或者说将一个个案置于某个概念之下，就形成了一个简单的主谓句判断。恩吉施所谓"涵摄的逻辑与认识论问题"是一个伪问题。

四、描述性概念和评价性概念

同一个语词可以兼具描述和评价两方面的意义，因此，描述性概念和评价性概念并不是对概念做出的二分法的划分，但是做出这种区分有助于准确理解概念和恰当使用概念。所谓评价，是

---

[1] [德]卡尔·恩吉施：《法律思维导论》，郑永流译，法律出版社2004年版，第61~62页。

第二章 法律概念

指主体基于事物能否满足自身需要或符合个人偏好而对事物做出的好坏、善恶、美丑的价值判断。根据是否明确包含评价性因素,可以将概念区分为描述性概念和评价性概念。

描述性概念不包含主体的评价性因素,仅依据事物具有的特征属性来指谓对象。描述性概念指谓的对象可以是外在世界可观察的事物,如"汽车""跑步",也可以是内在于主体的意识状态,如"希望""知道",还可以是基于制度设计或约定俗成的一类事物,如"养子""犯罪""商业秘密"。伴随形成和运用描述性概念的过程的是认识性的精神活动。尽管对描述性概念的理解也经常出现分歧,但原则上说,描述性概念的意义是可以统一确定下来的。只要明确了描述性概念 F 的内涵,同时了解事物对象 a 的所有相关属性,就足以判断出"a 是 F"这个命题的真假。如果 F 是表示人的内在意识状态的概念,例如 F 表示"知道",相关命题"a 知道……"的真假就无法直接被证明,只能依据外在证据加以推断,这类概念也被称为"论断性概念"。描述性概念的意义并不完全是客观的,特别是表示制度性事实的概念,通常与使用概念的目的密切相关。例如,在纯粹自然的意义上并不存在"犯罪"的概念,刑法确定某些行为是犯罪,与其进行社会规制的目的相关。

评价性概念既包含对事物属性的认识,也包含主体对事物做出的评价。对于同一个事物和现象,不同主体的态度和评价往往因人而异、因立场而异。即使两个人对概念 F 的内涵和对象 a 的属性特征持有完全相同的认识,他们对"a 是 F"是否成立也可能做出相反的判断,并且每个人都不能说对方的判断是错误的。例如第二次世界大战时,德国海军战舰的舰长朗斯多夫上校在发现敌军拥有绝对武力优势时，不顾上级战至最后一兵一卒的命令，下令舰上的官兵乘救生艇离开，然后炸沉了自己的舰艇。当两位学者关于该舰长的行为究竟是勇敢还是懦弱的发生争执时，他们对于事件的所有事实有着相同的了解，对于"勇敢"这个概念的内涵理解也没有分歧，"勇敢"就是指临危不惧，但是在看待这个事件时，一位学者更看重服从命令的军人职责，另一位学者更看重官兵的生命，视角的差异导致了两个人对同一行为做出了相反的评价。一个人对某事物的价值评价可依据他愿意为之付出的金钱和时间的多少来衡量。例如被拍卖的一件艺术品，不同的人愿意支付的价格是不一样的。法律中有大量的评价性概念，例如"正当防卫"中的"正当"，"情节严重"中的"严重"，"显失公平"中的"公平"，"数额巨大"中的"巨大"，它们的界限都是不确定的。

　　由于法律具有规范性，出现在法律规范中的描述性概念也会带有一定的评价性，例如"盗窃"。由于运用评价性概念做出的判断因人而异，在司法实践中就有可能出现法官个人的恣意专断，导致适用法律的尺度不统一、标准不一致。为了合理限制法官的自由裁量权，裁判案件必须遵从法律评价，以法律为准绳，依法裁判。所谓法律评价，是指超越个人意见、从制定法整体和公共立场出发，基于法律所追求的价值和目的而对某种事物或现象赋予特定的社会意义、做出的符合法律的价值判断。例如河南大学生掏鸟案，由于涉案的燕隼被鉴定为国家二级保护动物，这个掏鸟的事实就被赋予了破坏生态环境、侵犯国家野生动物资源保护制度的负面意义，被认定为非法猎捕珍贵、濒危野生动物罪。法律评价是隐含在法律条文之中的。不同时代不同国家的法律对同一事物现象的评价也会发生变化，例如安乐死在某些国家已经合法化，在某些国家还是犯罪行为。

为使评价尽可能合理恰当，一方面需要在个案中全面细致地掌握被评价对象的事实特征，另一方面也可以一般性地将评价性概念转化为描述性的表达。例如，我国现行司法解释规定盗窃公私财物价值 1000 元至 3000 元以上的，应当认定为盗窃罪中规定的"数额较大"。德国刑法规定的"由于服用酒精饮料而无法安全驾驶汽车"中的"安全驾驶"本身是一个评价性概念，在法律实务中被解释为"驾驶员血液中酒精含量低于 0.1%"这个描述性概念。运用这类描述性的表达有助于保持法律适用的确定性和一致性。

五、概念之间的关系

如果不涉及虚概念，则任意两个概念 S 和 P 在外延方面的关系包括以下五种情况：

1. 全同关系

如果概念 S 和 P 的外延完全相同，即凡 S 是 P 并且凡 P 是 S，则 S、P 之间是全同关系。例如 S 表示"成年人"，P 表示"年满 18 周岁的人"，S 和 P 之间是全同关系。

2. 种属关系

如果概念 S 的外延包含于 P 的外延，并且 P 的外延大于 S 的外延，即凡 S 是 P 并且有 P 不是 S，则 S 和 P 之间是种属关系。例如 S 表示"成年人"，P 表示"人"，S 和 P 之间是种属关系。

3. 属种关系

如果概念 S 的外延包含了概念 P 的全部外延，并且 S 的外延大于 P 的外延，即凡 P 是 S 并且有 S 不是 P，则 S 和 P 之间是属种关系。例如 S 表示"人"，P 表示"成年人"，S 和 P 之间是属种关系。

4. 交叉关系

如果概念 S 和 P 的外延有一部分相同，又各有一部分不同，即有 S 是 P 并且有 S 不是 P 并且有 P 不是 S，则 S 和 P 之间是交叉关系。例如 S 表示"数学家"，P 表示"哲学家"，S 和 P 之间是交叉关系。

5. 全异关系

如果概念 S 和 P 的外延完全不同，即没有 S 是 P，则 S 和 P 之间是全异关系。例如 S 表示"自然人"，P 表示"法人"，S 和 P 之间是全异关系。

如果 S 和 P 之间是全异关系，并且 S 和 P 有共同的邻近属概念 I，那么还可以相对于 I 的外延来讨论 S 和 P 的外延关系。据此，全异关系可以进一步区分为反对关系和矛盾关系：

（1）反对关系。当 S 和 P 两个概念的外延之间是全异关系，并且 S 和 P 的外延之和小于它们共同的属概念 I 的外延时，S 和 P 之间是反对关系。例如 S 表示"民法"，P 表示"刑法"，I 表示"法律"，S 和 P 相对于 I 是反对关系。

（2）矛盾关系。当 S 和 P 两个概念的外延之间是全异关系，并且 S 和 P 的外延之和等于它们共同的属概念 I 的外延时，S 和 P 之间是矛盾关系。例如 S 表示"成年人"，P 表示"未成年人"，I 表示"人"，S 和 P 相对于 I 是矛盾关系。

全同、种属、属种、交叉、全异列出了概念外延关系所有可能的情况。这五种关系是穷尽的，又是互斥的，任何两个概念外延之间的关系只居其一且必居其一。为了准确理解命题中概念之间的关系，有时还需要区分相容关系和不相容关系。S 和 P 之间是相容关系，是指至少有一个对象既是 S 也是 P，S 和 P 的外延有重合的部分。S 和 P 之间是不相容关系，是指没有任何一个对象既是 S 也是 P，S 和 P 的外延没有重合的部分。显然，相容关系包括全同、种属、属种、交叉四种关系，不相容关系是指全异关系。

第二节　概念的逻辑方法

概念是构成命题的基本成分，是表达思想、交流思想的工具。在使用概念的过程中，要保持概念的明确性和确定性。法律概念的明确性和确定性尤为重要，如果法律概念不明确，就无法恰当地适用法律。明确概念的意义要从内涵和外延两个方面进行，给一个概念下定义是从内涵方面明确这个概念，对一个概念做划分是从外延方面明确这个概念。麦考密克说："分类问题与解释问题尽管紧密相关，还是有所不同。我们是能够找到将二者区分开来的法律原因的。所以我们打算将问题 r、t、s 可否被视为 p 的情形、以能够适用'如果 p，那么 q'规则视为分类问题的标准形式，并使之区别于解释问题的标准形式，尽管二者在逻辑上实际上是一样的。"[1]他所说的"分类问题的标准形式"是概念外延方面的工作，"解释问题"是概念内涵方面的工作。使

---

〔1〕　[英]尼尔·麦考密克：《法律推理与法律理论》，姜峰译，法律出版社2005年版，第89页。

用概念还要保持范围的宽窄适当,调整概念外延大小的方法是限制和概括。

一、定义

定义是明确概念内涵的逻辑方法。概念内涵反映人们对于一类事物的理解,借助于定义可以澄清对该类事物的认识。经由概念,这个世界对于人而言才具有了可理解性。从这个意义上说,事实是被人定义出来的。

一个完整的定义由被定义项、定义项和定义联项三个部分组成:

【例1】合同是平等主体间设立、变更、终止民事权利义务关系的协议。

【例2】刑法是规定犯罪、刑事责任和刑罚的法律。

"被定义项"就是内涵需要明确解释、说明的概念,如上述例子中的"合同""刑法"。"定义项"指用来揭示被定义项内涵的那个短语。

定义包括实质定义和语词定义两种类型。实质定义通过揭示概念所指谓事物的特有属性来明确这个概念的内涵,实质定义中的被定义项是一个概念。语词定义是对一个语词的用法所作的说明或规定,语词定义中的被定义项是一个语词。广义而言,所有的定义都是在说明语词的意义。在狭义的用法上,语词定义是一类特殊的定义。语词定义发生在语言表达式之间,不直接涉及事物对象。

实质定义传达了关于事物情况的相关信息，具有知识性。人类的知识首先是以概念的形式获得并保存的，学习者习得概念的过程就是增长知识、提升概念思维能力的过程。法学专业的学生掌握了一系列的法律概念之后，就能运用这些概念去理解相应的行为、事件。例如，如果一个人掌握了正当防卫这个概念的法律知识，那么，当他看到某人为防御正在进行的不法攻击而合理自卫致使对方受到伤害，就能知道这个行为的法律性质及其后果。知识体系中的概念具有层次关系，学习者掌握概念也要由浅入深、由具体到抽象地依次进行。下定义要符合概念层次和人的理解力的规律，用相对简单的概念去解释说明复杂的概念。

人与人之间的分歧和争议可能源于认识层面、态度层面，也可能源于语言用法的不一致。后一种情况就属于言辞之争。为了有效地沟通交流，需要借助于语词定义来澄清和统一语词的用法。

为了给概念下一个准确适当的定义，不仅需要具备关于事物根本特征的知识，还必须遵守定义的规则：

（1）定义不能循环，被定义项不能出现在定义项中。

（2）被定义项和定义项必须相称，被定义项和定义项的外延保持全同关系，以免定义过宽或定义过窄。

（3）定义应当采取肯定的形式，以"是"来充当定义联项。

（4）定义的表述必须简洁明确，不赘语、无歧义，不使用含混的语词，不使用比喻等修辞手法。

二、划分

划分是明确概念外延的逻辑方法。概念的外延是概念所指谓的对象组成的类。将一类对象既不遗漏也不重复地分成若干小类的过程就是划分。

【例1】犯罪分为故意犯罪和过失犯罪。
【例2】按照债发生的根据的不同，债分为合同之债与非合同之债。

被划分的概念称为"母项"，如上述例子中的"犯罪""债"。划分后得到若干子项。划分的依据即是划分标准。

划分具有认识事物和区别处置两方面的作用。生物学家运用划分将地球上的生物分门别类地组织起来，体现了划分在认识对象中的作用。法律概念划分的目的主要是区别处置。例如我国《刑法》总则规定了犯罪未遂的概念，与刑法分则中各罪行条款的既遂犯相对应，这一划分的目的在于对既遂犯和未遂犯在处罚轻重上区别对待。

划分最常用的方法是二分法，即依据某种属性特征将母项外延中的对象一分为二，所有具有这种属性特征的对象归为一类，其他不具有这种特征的对象归为另一类，这两个子类是互补互斥的关系，任一对象非此即彼。例如，根据是否年满18周岁，将"人"分为"成年人"和"未成年人"。

为了清楚地说明一个概念的外延，有时需要对概念做多层级的连续划分。比如在给大学生安排宿舍时，既要考虑学生的性别，又要考虑年级，还要考虑专业，这些标准如果放在同一级别，划分的结果就会混乱不清，因此需要每次选择一个划分标准，然后分层级依次进行划分，上一级划分的一个或几个子项又充当下一级划分的母项。我国《民法典》中"民事主体"可以作如下连续划分（其中加着重号的概念是《民法典》未明确列出，但逻辑上存在着的概念）：

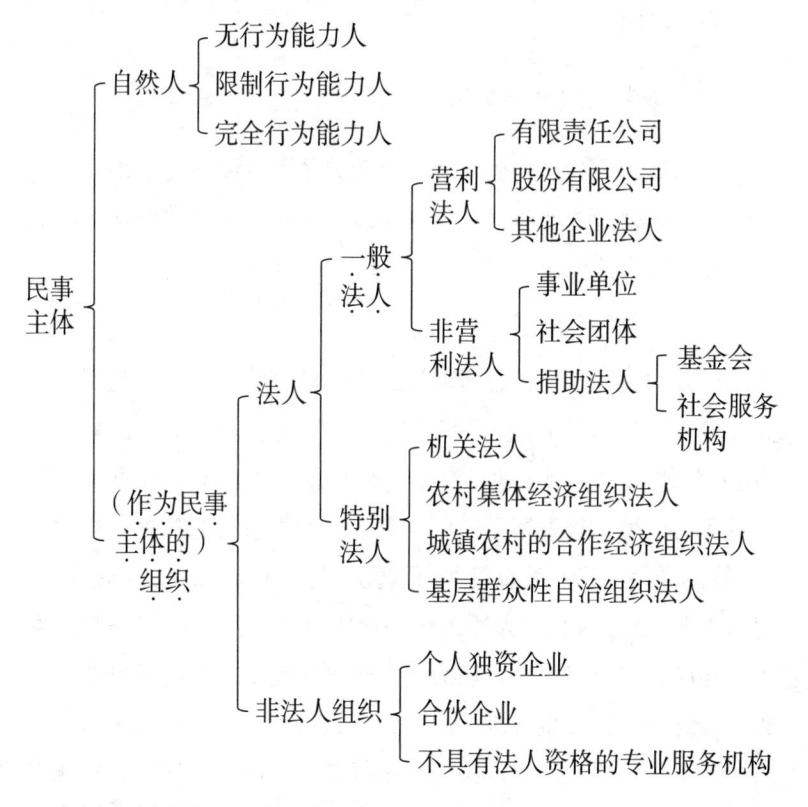

```
民事主体
├─ 自然人
│   ├─ 无行为能力人
│   ├─ 限制行为能力人
│   └─ 完全行为能力人
└─ （作为民事主体的）组织
    ├─ 法人
    │   ├─ 一般法人
    │   │   ├─ 营利法人
    │   │   │   ├─ 有限责任公司
    │   │   │   ├─ 股份有限公司
    │   │   │   └─ 其他企业法人
    │   │   └─ 非营利法人
    │   │       ├─ 事业单位
    │   │       ├─ 社会团体
    │   │       └─ 捐助法人
    │   │           ├─ 基金会
    │   │           └─ 社会服务机构
    │   └─ 特别法人
    │       ├─ 机关法人
    │       ├─ 农村集体经济组织法人
    │       ├─ 城镇农村的合作经济组织法人
    │       └─ 基层群众性自治组织法人
    └─ 非法人组织
        ├─ 个人独资企业
        ├─ 合伙企业
        └─ 不具有法人资格的专业服务机构
```

划分须遵守以下规则：

（1）子项外延之和必须和母项外延相等，以免子项不全或多出子项。

（2）各子项外延之间必须不相容，即各个子项外延之间必须是全异关系。

(3）划分标准必须同一，每一级划分必须采用同一个划分标准，不允许同时采用两个及以上的划分标准。如果需要考虑两个及以上的划分标准，则必须运用连续划分的方法，确保每一级的划分标准同一。

三、概念的限制与概括

根据概念内涵与外延之间的反变关系，可以通过增加概念的内涵以缩小外延或者通过减少内涵以扩大外延，用宽窄适当的概念来准确地表达思想。

（一）概念的限制

概念的限制是指通过增加概念的内涵来缩小概念的外延，从外延较大的属概念过渡到外延较小的种概念的方法。例如，对"犯罪"增加"主观上故意"这一属性就过渡到了"故意犯罪"。对概念可以做一级限制，也可以沿着属种关系的链条进行连续的限制。例如，犯罪-故意犯罪-侵犯公民人身权利的故意犯罪-故意杀人罪-直接故意杀人罪，每一次限制都是通过增加一些内涵属性相应地缩小了外延，从而使思想表达越来越趋向于具体。是否需要对一个概念做限制、限制到什么程度，取决于思维的实际需要。例如，要从网上购买一台小家电作为母亲节的礼物，就需要先从小家电中确定一个品类，再按照品牌、价格等因素设定选择标准，逐渐缩小搜索范围。不断增加信息的过程就是对"小家电"这个概念进行连续限制的过程。

概念的限制是法律思维中重要的逻辑方法。侦查人员对案件的侦破经常是先根据已有证据信息锁定一个侦查范围，再根据进一步掌握的情况逐渐缩小范围,最终找到涉案目标,这个过程是对概念进行连续的限制。当限制进行到概念的指谓只有一个单独对象时,就达到了限制的极限,不能再进行限制了。法律条文中的除外规定也是对概念所作的一种限制。运用概念的限制,可以对法律概念进行限缩解释。如果法律条文中的概念过宽,将不应受到规制的对象也包含在法律规定的范围之中,与立法者的立法意图不符,这时就需要对相关的概念进行限制,以保障法律效果的妥当性。例如,我国《著作权法》第 25 条第 1 款规定:"为实施义务教育和国家教育规划而编写出版教科书,可以不经著作权人许可,在教科书中汇编已经发表的作品片段或者短小的文字作品、音乐作品或者单幅的美术作品、摄影作品、图形作品,但应当按照规定向著作权人支付报酬,指明作者姓名或者名称、作品名称,并且不得侵犯著作权人依照本法享有的其他权利。"其中的"教科书"过于笼统,容易引起纠纷。在丁某诉南通市教育局、江苏美术出版社侵犯著作权一案中,法院将其中的教科书解释为"经省级以上教育行政部门批准编写、经国家专门设立的学科审查委员会通过,并报送审定委员会批准后,由国家教育委员会列入全国普通中小学教学用书目录的中小学课堂正式用书",就是对"教科书"进行了限制。对法律概念进行适当的限制,有助于准确理解法律、适用法律。

(二)概念的概括

概念的概括是指通过减少概念的内涵来扩大概念的外延,从外延较小的种概念过渡到外延较大的属概念的方法。例如,对"故意犯罪"减掉"主观上故意"这一属性就过渡到了"犯罪"。

对概念可以做一级概括，也可以沿着种属关系的链条进行连续的概括。每一次概括都是通过减少一些内涵属性相应地扩大了外延，从而使思想表达越来越趋向于抽象。

概念的概括是法律思维中重要的逻辑方法。运用概念的概括，可以对法律概念进行扩张解释。如果法律条文中的概念过窄，将本应受到规制的对象排除在法律规定的范围之外，与立法者的立法意图不符，这时可能就需要对相关的概念进行概括，以避免法律效果的明显不当。例如，我国《民法典》第1245条规定："饲养的动物造成他人损害的，动物饲养人或者管理人应当承担侵权责任；但是，能够证明损害是因被侵权人故意或者重大过失造成的，可以不承担或者减轻责任。"一个3岁的小孩逗弄公鸡，结果被公鸡啄掉了一只眼球。受害人向法院提起诉讼，要求公鸡的主人承担赔偿责任。本案损害结果是由小孩故意逗弄公鸡引起的，但由于他只有3岁，不具备相应的认知能力，所以谈不上有重大过失。按照法律条文规定似乎不具备减轻公鸡主人责任的条件。但是，本案中小孩的监护人具有明显过失，按照过失相抵的原则，对本案适用《民法典》第1245条就应当采用概念的概括的方法进行解释，将"被侵权人"概括为"被侵权方的责任人"。对法律概念进行概括必须注意以下几点：首先，要参照立法意图，确有必要加以概括的才可以进行概括。其次，对概念进行概括时扩展的范围要尽量小，并且只能概括到密切相关的情况。再次，法律概念的概括要以保护当事人权利为基本原则，概括的结果不能与其他法律规定相冲突。最后，例外条款一般不做概括，因为例外条款的规定往往是综合考虑各种特殊情况以后做出的，应严格遵守。

第二章 法律概念

第三节 法律概念的特征与方法

制定法是一套行为规范，法律概念有着与一般概念不同的特征和功能。一般概念的逻辑方法如定义、划分、限制和概括，也适用于法律概念。除此之外，明确法律概念还有一些特殊的方法。

一、法律概念的特征

法律是一种社会调控手段。在任何大规模的社会群体中，一般不会针对个人的个别行为分别做出规范指示，而会通过制定一些普遍的规则（即法律），通过司法过程，对具体情境下的特定行为做出具体指引。哈特在《法律的概念》一书中指出："法对广泛社会领域的成功运作取决于把个别行为、事物和情况认定为法所做的一般分类的实例"。[1] 而法对行为、事物和情况所做的一般分类，就是通过法律概念来表达的。立法、司法、执法、法学研究以及法学教育等法律、法学活动都必须借助法律概念这一工具而展开，法律概念是法律思维有效运作不可或缺的工具。

法律概念是出现在法律规范中、用来指谓那些受法律规范调整的事件和行为的概念。法律概念是人们在长期法律实践中、通过对法律现象进行概括和抽象而形成的。它既是人们对那些需要通过法律予以规范的行为和事件的总结，又是法律思维和法律实践的出发点和工具。正如美国学者博登海默（Edgar Bodenhei-

---

[1] [英]哈特：《法律的概念》，张文显等译，中国大百科全书出版社1996年版，第124页。

mer）所说："法律概念乃是解决法律问题所必需的和必不可少的工具。没有限定严格的专门概念，我们就不能清楚地、理性地思考法律问题。没有概念，我们便无法将我们对于法律问题的思考转变为语言，也无法以一种可理解的方式把这些思想传达给他人。如果我们试图完全抛弃概念，那么，整个法律大厦将化为灰烬。"[1]

静态地看，法律是一套系统化的规定，法律概念是构成该规定的基本成分。动态地看，法律规范是对社会生活的一套运作，这种运作始终在法律概念之上展开。

在立法环节，法律概念是建构法律体系的基本单位，法律中所有的规则和原则都需要通过法律概念来表达，一个法律体系的建构必须以一套既有的法律概念为前提。这些法律概念之间具有确定的逻辑关系，形成了多层次的纵横交织的概念网络，由此，法律呈现出一定的体系秩序和内在统一性。处于法律概念网络第一层的是反映法律根本价值的概念，包括合法与不合法、法律利益等。法律的根本价值还要通过法律的各个组成部分逐级细化、具体地表达出来，相应地产生了第二层法律概念、第三层法律概念……

在司法环节，法律概念是传达法律思想、实现法治的工具。法律概念是法律思想的浓缩和固定，例如"正当防卫"浓缩了"为了使国家、公共利益、本人或者他人的人身财产和其他权利免受正在进行的不法侵害，而采取的制止不法侵害的、未明显超

---

[1]［美］博登海默：《法理学——法哲学及其方法》，邓正来、姬敬武译，华夏出版社1987年版，第465页。

第二章 法律概念

过必要限度、对不法侵害人造成损害的行为"这样一些意义，涵盖了所有具有这些特征的具体行为。立法者将法律的价值取向和意图蕴含在法律概念的意义之中，司法者借助法律概念理解、实现立法者的法律意图，将应然状态的法律规范运用、落实到具体案件之上，法治由此得以实现。一方面，法律概念承载着一个社会的价值共识，保障了法治的稳定和效率，正如学者黄茂荣所说："当法律概念负载了价值，便可应用法律概念来传递信息，并利用逻辑的运作来减轻思维的负担，盖将法律所肯定的价值概念化后，可把很多复杂的考虑隐藏在法律所运用的用语里头，使得后来者不必再重复去考虑这些情势。"[1] 另一方面，法律概念又具有一定的解释空间和弹性，法律也不断吸收其他社会科学的一些概念，与时俱进地发展法律思想，以适应社会的不断变化。

与自然科学的概念相比，法律概念有以下几个特征：

1. 法律概念的实践性

一个概念是对于事物对象的二分法，这种区分具有认识和区别处置两方面的作用。例如将在校大学生分为不同的年级，既可以从学习时间的长短认识他们，更重要的是可以针对其整个学业过程进行科学的管理。与一般科学概念不同，法律概念的主要作用在于指导实践。例如，刑法分则的各章节条款规定了各种行为类型，不仅可以从认识角度确立某种犯罪的行为特征，还明确了对这种行为进行量刑处罚的法律依据。一个概念之所以被立法者采纳，是由于他们意识到基于这一概念的区分具有法律意义，这

---

[1] 黄茂荣：《法学方法与现代民法》，中国政法大学出版社 2001 年版，第 54 页。

种意义应当在司法实践中得以实现。法律概念的实践性是指,法律需要借助概念而运行,法律概念对事物的区分直接影响人们的利益分配,动辄涉及人的生命、财产安全,进而直接或间接地影响人们的行为方式和选择。

法律概念的形成是以对法律拟调整事物对象的类型化为基础的,这一过程受到了法律观念的引导和制约。法律观念的核心是法的基本价值,包括秩序、公平、正义、效率等。所谓类型化,是对于在细节上有着千差万别的个别事物或对象抽象出其共同的特征,将其归为一类。类型化的过程既包含对客观事物的本质属性的认识,同时也包含基于特定法律价值和目的做出的评价。与其他学科的分类方法不同,主导法律类型化的评价因素是人与人之间的权利义务关系。

由于法律概念具有实践性特征,对法律概念的界定就必须符合法律的目的和要求。例如,为了设计一个对含糖饮料征税的法律规则,现在需要从法律上对"含糖饮料"下定义。作为一个日常语词,将"含糖饮料"定义为"含有糖分的饮料"不会有什么问题,但是作为一个法律概念,就必须充分考虑立法意图。之所以动议对含糖饮料征税,是因为当前高糖饮料的大量消费导致肥胖的人数增加,进而由肥胖引发的糖尿病等疾病的发病率攀升。对含糖饮料征税的目的是通过提高价格抑制消费,以保护公众健康。那么哪些饮料应被视为含糖饮料并因此纳入征税范围呢?首先,有益于健康的饮料不应当归入需纳税的"含糖饮料"。其次,含糖量的计算应当基于一个正常人每日健康饮食的卡路里与每盎司糖所含卡路里的数量。从这两方面说,尽管果汁的含糖量不低,但由于果汁还含有对健康有益的维生素和抗氧化剂，因此，果汁不应归入需纳税的含糖饮料之内。另外，含糖量低于每盎司 2 克的饮料也不应算作需纳税的含糖饮料。[1]

2. 法律概念的规范性

法律是一个规范系统，对人们的社会行为分门别类地加以规范。法律规范处于一种意志性的应然状态，通过司法活动对实际发生的事实和行为予以调整。德国法学家考夫曼认为，只有在规范与生活事实，应然与实然，彼此互相对应时，才产生实际的法律：法律是应然与实然的对应。[2] 而这一对应是借助法律概念的中介作用实现的。作为构成法律规范的基本成分，法律概念一端连接着规范性要求，另一端通过涵摄与生活事实连接，实现了应然对于事实的规范功能。例如，我国《刑法》第 21 条第 1 款规定："为了使国家、公共利益、本人或者他人的人身、财产和其他权利免受正在发生的危险，不得已采取的紧急避险行为，造成损害的，不负刑事责任。"这个法律条文可以分解成两个部分：①为了使国家、公共利益、本人或者他人的人身、财产和其他权利免受正在发生的危险，不得已采取的紧急避险行为造成损害的，为"紧急避险"；②紧急避险，不负刑事责任。在司法实践中，为防止因法官个人恣意专断而导致适用法律尺度不统一，要求法官在裁判案件时必须从制定法的要求和公共立场出发，基于法律追求的价值和目的，以法律评价代替个人评价，以法律为准绳做出裁判。

---

[1] 引自［美］唐纳德·谬森，安德鲁·布莱克：《推理的要素》，孔红译，中国轻工业出版社 2018 年版，第 230 页。

[2] ［德］亚图·考夫曼：《法律哲学》，刘幸义等译，五南图书出版有限公司 2000 年版，第 148 页。

3. 法律概念的不确定性和开放性

相对于科学概念、尤其是自然科学概念而言,除表示时间、身份等具有确定意义的概念外,法律概念的外延边界大多是不确定的。法律概念是借助语词表达的,而自然语言具有模糊性、歧义性,这导致了法律概念的不确定性,以及对法律概念进行不同解释的可能性。"模糊"是指概念没有明确的界限标准,如"淫秽作品""紧急避险",其中"淫秽""紧急"都是有程度的,究竟达到什么程度才构成法律意义上的"淫秽作品""紧急避险"呢?"歧义"是指语词有两种及以上可能的解释,如"应当为旅客提供饮用白开水",其中的"提供"既可以指有偿提供,也可以指无偿提供。"利用职务之便"既可能仅指直接利用职务之便,又可能包括间接利用职务之便。

法律中包含大量评价性概念,其评价标准和尺度并不是固定不变的。例如,"不正当竞争"中的"不正当"概念,其含义会随着社会的发展而发展,随着价值判断、法律目标和意图的变化而变化。可以说,法律概念的意义总是处于未完结状态,需要在司法实践中经受一次又一次的测试和校正。只要法律活动没有终结,法律概念的用法就会不断发展、变化。法学研究和司法实践中的大量工作就是不断澄清和修正法律概念的含义。

由于社会环境的不断发展变化,法律需要具备一定的灵活性,以便适应新的情况。正如德国学者伯恩·魏德士(Bernd Rüthers)所说,在立法过程中,必须有计划地使用一些不确定的法律概念和条款。换言之,法律概念的不确定性是预料中的事,通过这种方式,可以为相应的法律规则提供比较大的适用范围和裁量空间,法律也因此具备了灵活性。当然,法律概念的不

第二章　法律概念

确定性是相对的，自由裁量并非没有限度。一方面，自由裁量和法律决定必须严格遵守程序，符合共识；另一方面，人们需要借助一定的法律方法，使主观评价尽量客观化，更具有可操作性。例如，法律上禁止醉酒驾驶，是为了防止不安全驾驶对公共安全造成危害，但"醉酒驾驶"是一个不确定的概念。为便于统一执法，法律上把"醉酒驾驶"的认定标准规定为血液中酒精含量达到某个数值，从而使一个不确定的法律概念转化为确定的法律概念。

哈特认为，我们无法消除语词的"开放性结构"，"因为我们是人，不是神。当我们设计出一般化规则，它所使用的语言已经决定了要成为其范围内的任何事物所必须满足的必要条件，也就自然地决定了必然位于其范围内的某些清楚的例子。这些清楚的例子就是范例，亦即清楚的个案；我们立法的目标到目前为止是确定的，因为我们做了某个选择。"[1]"人类的法律创制者们无法知晓未来可能发生的相关情形。这意味着所有的法律规则与概念都是'开放的'；当一种未曾预见的情形发生时，我们必须做出一个全新的选择，并且以此阐述我们的法律概念，使它们更符合社会所预期的目的。"[2]

法律概念的开放性结构具体表现为：其一，一些法律概念存在未列举穷尽的情形。法律概念在列举一些行为时，对于无法穷尽列举的行为经常采用"等"来表达，此时即意味着该法律概

---

[1][英]H.L.A.哈特：《法律的概念》，许家馨、李冠宜译，法律出版社2008年版，第123页。

[2][英]H.L.A.哈特：《法律的概念》，许家馨、李冠宜译，法律出版社2008年版，第124页。

念是开放的;其二,在立法设定某一法律概念时,因技术或认识方面的原因,未预想到某些行为或情形会出现,故未将之纳入其中,这种情形被称为"法律概念向未来开放"。如"寻衅滋事罪"中"公共场所"概念的外延就是开放的,在立法之初只指车站、码头、学校、行政机关等有形空间,但随着社会的发展,出现了网络等虚拟空间,此时,可通过解释的方法将之纳入"公共场所"的外延之中。

二、法律概念的解释

法律论证的一个极其重要的问题是如何将案件事实恰当地归属于法律规则的事实构成之下,这又要求事实构成中的法律概念具有明确性。如前所述,由于法律概念存在不确定性和开放性,相应的法律解释方法就是至关重要的。法律解释的目的在于确定法律规定的意义。例如我国《消费者权益保护法》第55条第1款规定:"经营者提供商品或者服务有欺诈行为的,应当按照消费者的要求增加赔偿其受到的损失,增加赔偿的金额为消费者购买商品的价款或者接受服务的费用的三倍……"这条规定的意义依赖于对其中的"经营者""欺诈行为""消费者""损失"等概念所作的解释。法律解释的核心是法律概念的解释。法律概念的解释方法包括文义解释、法理解释等,其中,法理解释又主要包括体系解释和目的解释。以下说明文义解释、体系解释和目的解释。

1. 文义解释

文义解释是指根据语言的常规用法对表达法律概念的语词所做的语义解释。法律以文本为载体,以书面语言来表达,不理解文字词句就不可能理解法律。文义解释可以说是最基本的解释方法。造成法律概念含义不明的原因，有可能是立法者的认识不足、思虑不周，也有可能是词不达意，立法时采用的语词意义含混。对法律概念进行文义解释，就是要将含混的语词明确化，将过于笼统的表达具体化，对有歧义的情况结合语境选择确定其中的一种用法，以决定某个法律条文能否适用于一个案件。例如，有商人将散装白酒包装成茅台酒售卖，牟利200万元，这一行为是否构成《刑法》第140条规定的"生产者、销售者在产品中掺杂、掺假，以假充真，以次充好或者以不合格产品冒充合格产品"的生产、销售伪劣商品罪？这个条文中的"真"应作何解释？是指"真酒"还是"真茅台酒"？不从文义上解释清楚，就无法确定法律的适用。

文义解释必须尊重语言的常规用法，这种方法也因此被称为"词典解释"。进行文义解释还要注意区别语词的一般用法和法律的特殊用法，法律有特别规定和说明的要遵照规定。例如我国《民法典》中的"住所"既包括法人的住所，也包括自然人的住所，自然人的住所则特指户籍登记或者其他有效身份登记记载的居所，或者与住所不一致的经常居所。文义解释设置了解释的界限，法律概念的解释通常不能超越这个界限。文义解释有助于保持法律的安定性和权威性。

2. 体系解释

体系解释是指依据法律概念所处的法律条文以及法律条文在法律体系中的位置，根据该条文与其他条文的逻辑关系来解释其中法律概念意义的方法。根据语境原则，语词的意义和用法需要借助于语境才能确定。正如梁慧星在《裁判的方法》中指出的：

"法律是由许多概念、原则、制度所构成的，这些概念、原则、制度不是任意的、杂乱无章的堆砌，而是依据一定的逻辑关系构成的完整体系，各个法律条文所在位置及与前后相关法律条文之间均有某种逻辑关系的存在。因此，当我们对某个法律条文作解释时，不能不考虑该条文在法律上的位置及其前后相关条文之间的逻辑关系。"例如，我国《民法典》第1086条第1款规定"离婚后，不直接抚养子女的父或者母，有探望子女的权利，另一方有协助的义务"，其中的"父或者母"是否包括养父和养母？就这条法律条文本身来说是不清楚的。但如果参照第1111条规定的"养父母与养子女之间的权利义务关系，适用本法关于父母子女关系的规定"，就可以由此推断出第1086条所规定的"父或者母"指的是生父、生母。从广义上说，合宪性解释是将一国法律视为一个整体，要求对法律的理解必须与最高位阶的法律相符，也属于一种体系解释。体系解释保障了法律解释符合法律的整体性原则，以保持法律体系的一致性和融贯性。

3. 目的解释

目的解释是指探求并依据立法意图或法律目的来解释法律概念的方法。广义上说，历史解释、当然解释、后果考量都属于目的解释。历史解释是根据立法的历史资料等去探寻立法当时的社会条件以及立法者通过法律所要实现的目的。当然解释是指"举重以明轻，举轻以明重"，是从程度上保证立法意图的实现。如果法律对结果较轻的行为都明确提出了强制性要求，当然也会对结果较重的行为提出要求；如果对结果较重的行为都明确允许，当然也会允许结果较轻的行为。后果考量是从社会效果的角度考量某种法律解释是否适当，如果一种解释导向不好的结果，或者说这一结果与法律的意图不符，那么这种解释就是不可取的。目的是法律的灵魂，立法者通过语言来传达其意图。面对法律文本，法律人必须透过法律词句的字面意思去思考法律为什么做出这样的规定，其真实意图是什么，再按符合法律目的的方式去解释法律规定和其中的法律概念。一部法律往往在第一条就阐明其立法目的，例如我国《消费者权益保护法》第 1 条就规定了"为保护消费者的合法权益，维护社会经济秩序，促进社会主义市场经济健康发展"的立法宗旨，在理解每一个法律条文时都要贯彻这一法律意图。《消费者权益保护法》第 55 条在法律实践中经常会产生争议，例如知假买假的行为是否适用该条文。有一个顾客发现超市货架上的香肠过了保质期，就购买了很多，付款后直接去服务台要求三倍赔偿，双方发生争议引发诉讼。关于案件中知假买假的顾客是否属于《消费者权益保护法》中的"消费者"，就要追溯立法意图，依据法律目的做出解释。2013 年修正的《消费者权益保护法》第 55 条是由 2009 年《消费者权益保护法》中第 49 条"经营者提供商品或者服务有欺诈行为的，应当按照消费者的要求增加赔偿其受到的损失，增加赔偿的金额为消费者购买商品的价款或者接受服务的费用的一倍"的规定修正而来的。这条规定在立法时突破了民事法律的损害弥补原则，规定了经营者的赔偿加惩罚的责任。之所以这样规定，是因为我国在发展市场经济的一段历史时期，市场上盛行生产、销售假冒伪劣商品或者服务等严重损害消费者合法权益的不法行为，这在当时已经成为一个突出的社会问题。为了鼓励消费者积极维权以遏制经营者的不法行为，立法者制定了这一条款。就其立法目的而言，购买过期香肠案应当适用《消费者权益保护法》第 55 条。

又比如，这条法律规定是否适用于商品房买卖纠纷案？尽管商品房也是为生活需要而购买的商品，但由于商品房买卖通常金额巨大，如果适用《消费者权益保护法》第 55 条，将会引起一系列不良后果。再者，立法者在制定这条法律时也没有考虑到商品房的情况，所以一般不认为购买商品房的人是《消费者权益保护法》意义上的"消费者"，这条规定不适用于商品房买卖纠纷。

三、涵摄

涵摄是将一个个体对象归入一个概念外延之中的思维过程。其中的个体可能是一个人、机构、物，也可能是一个行为、事件。

以《刑法》分则中的法律条文为例，其逻辑结构是一个条件句，可以表示为"如果 F 则 OΦ"，其中 F 表示一个犯罪罪名的事实构成，OΦ 表示法律后果。例如《刑法》第 279 条规定，"冒充国家机关工作人员招摇撞骗的，处三年以下有期徒刑、拘役、管制或者剥夺政治权利"，在适用这个法律规定时，就需要先将涉案个体纳入相关法律概念的外延，说明被告人所实施的行为是"冒充国家机关工作人员招摇撞骗"。为此，又必须先明确什么是"冒充"，什么是"国家机关工作人员"，什么是"招摇撞骗"。法律概念多数是不精确的，法律人总是致力于澄清相关概念的意义，以证立其所作的裁判，因为正当的裁判要以正确的涵摄为前提。将个体 a 置于概念 F 外延之中的涵摄是正确的，当且仅当"a 是 F"这个判断是真的或是恰当的，能得到某个范围内所有人的一致认可。应当注意区别两种不同的关系，一是个体与概念之间的关系，另一个是种概念与属概念之间的关系。如果

第二章　法律概念

用集合论的语言类比说明，则前者相当于个体对集合的"属于"关系，后者相当于子集对扩集的"包含于"关系。

根据涵摄操作层级的多少，将涵摄分为直接涵摄和多层涵摄。

1. 直接涵摄

直接涵摄是指根据已掌握的个体对象的属性特征以及概念的内涵要素，直接将个体纳入概念外延的思维方法。直接涵摄包含概念和个体两个层级。法律规则的事实构成通常都包含多个内涵要素。例如在我国刑法理论和实践中，需要从犯罪主体、客体、犯罪的主观方面、客观方面来判断一个行为是否构成某种犯罪。为了判定某行为是否构成招摇撞骗罪，需要判断行为人是否为不具有所冒称身份的自然人；是否以牟取非法利益为目的；是否有冒充国家机关工作人员进行招摇撞骗的行为；是否损害了国家机关的威信及公共利益。

在法律实践中，直接涵摄是从两个层面入手的，一是查明事实情况，准确提取案件的属性特征；二是分析拆解法律概念的内涵要素并确定各要素之间的逻辑关系。这两个层面的工作是相互参照、彼此调适、协同推进的，既要依法律规定判断案件各种情况的相关性、重要性，剥离不具有法律意义的细节，对案件事实进行塑造，又要将法律规定与案件事实联系起来以深化对法律概念意义的理解。当案件事实和法律概念都基本明确之后，再判断能否将案件的各个特征分别与法律概念的内涵要素一一对接起来，得出涵摄成功与否的结论。

查明案件事实就是运用证据和证明方法获知实际上发生了什么，而涵摄则进一步表明所发生的事情从法律上应如何看待。在这一过程中,案件中的关键细节至关重要。我国曾发生一起电梯劝阻吸烟致死案。医生杨某乘电梯时发现一位老人在电梯内吸烟,即予劝阻,二人发生争执,两分钟后两人一起走出电梯并继续争辩,三分钟后被物业工作人员拉开。老人遂至物业办公处休息,一分钟后昏倒,抢救无效,心脏病猝发死亡。在这个案件中,为了判断杨某是否有致人死亡的过失、劝阻行为是否超过必要限度,就需要知道杨某劝烟时说话的内容、措辞、声音、语气甚至面部表情,有无肢体动作等各种细节,缺失了这些细节就无法准确判断劝阻行为有没有超过必要限度、杨某的行为有无过失。

法律概念的各个内涵要素之间通常是并列关系。我们将每一个要素称为一个"并列项"。最简单的概念的内涵要素可能只包含一项。一个并列项内部又可能包含多个因素,这些因素之间为选择关系,例如"犯罪中止"是指"在犯罪过程中,自动放弃犯罪或自动有效地防止犯罪结果发生的"行为,这个概念的逻辑关系可以表示为:$A * (B_1 或 B_2)$,其中 A 表示"在犯罪过程中"的时间要素,B_1 表示"自动放弃犯罪",B_2 表示"自动有效地防止犯罪结果发生"。我们用下划线标示由多个选择因素构成的并列项,以表明其整体上是一个并列项。只要个体 a 与其中的一个选项对接成功,就实现了与整个并列项的对接。以"犯罪中止"为例,直接涵摄可以图示为:

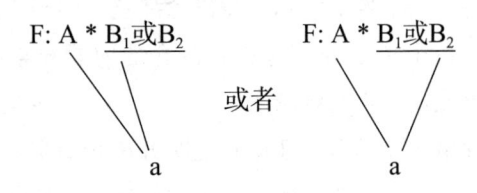

$$F: A * \underline{B_1 或 B_2} \qquad F: A * \underline{B_1 或 B_2}$$

或者

$$a \qquad\qquad\qquad a$$

如果 a 与概念 F 的每一个并列项都对接成功，a 就直接涵摄于 F。

2. 多层涵摄

多层涵摄是指通过在个体对象与概念之间插入若干中间概念，借助这些概念之间连续的种属关系以及最下位概念与个体对象的直接涵摄，而将个体归入最上位概念外延的思维方法。根据插入中间概念的多少，多层涵摄的复杂程度也不相同。例如，《德国刑法典》第 243 条第 1 款第 1 项规定："行为人侵入建筑物、住宅或其他封闭的空间盗窃的，为严重盗窃"。有人拆掉了一辆汽车的车顶，从车中盗走了一些物品，那么，这起盗窃是否属于侵入一个"封闭的空间"而实施的呢？对此，德国帝国法院的回答是否定的。他们认为，"封闭的空间"应当是指从地面或水面向上构造的一个有限范围的空间。德国联邦最高法院则认为第 243 条意义上的"封闭的空间"是指人工建造的、能抵御无权者进入的修建物或容器，在这个意义上说，一辆锁起来的汽车就是"封闭的空间"。就这个案件所涉及的锁起来的汽车是否属于"封闭的空间"的问题，两个法院的认识是不一致的，这时就不能运用直接涵摄，主张涵摄成立的一方必须作出论证。联邦法院借用"人工建造的、抵御无权者进入的修建物"这个中间概念构造了一个多层涵摄，过程如下：

（1）如果侵入一个封闭的空间盗窃，那么就构成严重盗窃。

（2）如果侵入一个人工建造的、抵御无权者进入的修建物，那么就进入了一个封闭的空间。

（3）如果侵入了一辆锁起来的汽车，那么就侵入了一个人工建造的、抵御无权者进入的修建物。

（4）作案人侵入了这辆锁起来的汽车盗窃。

（5）作案人的行为构成严重盗窃。

对于 a 涵摄于概念 F 的问题，我们以插入两个中间概念 B、C 的情况为例，将多层涵摄表示为：

（1）概念 F

（2）A 包含于 F（或：A 与 F 是种属关系）

（3）B 包含于 A（或：B 与 A 是种属关系）

（4）a 直接涵摄于 B

（5）所以，a 涵摄于 F

多层涵摄适用于无法直接涵摄或对直接涵摄存在争议的情况。在多层涵摄的过程中，如果每个环节的逻辑关系都显而易见地成立，则"a 涵摄于 F"被证立。

逻辑学研究的演绎推理可以分为两种类型：一种是基于概念之间关系的谓词逻辑的推理，另一种是基于命题之间关系的命题逻辑的推理。本章讨论了概念方法，下一章将转入命题逻辑层面的推理。

第三章　道义逻辑及其存在的问题

　　司法裁判需要依据一个法律规范大前提做出。一个法律规范往往不是由制定法的一个法律条文直接表达出来的，需要基于案件事实和法秩序的整体要求，找到案件牵涉到的所有法律条文，从这些命题出发运用逻辑推理建构出司法裁判的法律规范大前提。卡尔·恩吉施曾举过一个转卖军马的案例，[1] 案件事实并不复杂，却牵涉到《德国民法典》中的若干法律条文，这些法律条文之间有着各种复杂的关系。从若干规范命题推出一个新的规范命题的推理称为"规范命题推理"，属于道义逻辑研究的内容。道义逻辑也称"规范逻辑"，是20世纪50年代发展起来的现代逻辑学的一个分支。齐佩利乌斯（Reinhold Zippelius）曾说："如果法整体上能够用一种形式化的、清晰的语言来表达的话，则法的精确性无疑将大为提高。为此人们首先必须以形式化的方式表明，较为复杂的命题是如何由最简单的命题按照逻辑规则组合而成的，此种情况下，这些命题应被视为一个演算体系的构成要素。"[2] 本章主要讨论道义逻辑的基本理论及其存在的一

---

　　[1]　[德]卡尔·恩吉施：《法律思维导论》，郑永流译，法律出版社2004年版，第74页。

　　[2]　[德]齐佩利乌斯：《法学方法论》，金振豹译，法律出版社2009年版，156页。

些问题，在第四章构造一个刻画法律规范推理的逻辑系统。

道义逻辑最初是模拟真势模态逻辑（alethic modal logic）建立起来的。冯·赖特（von Wright）构造经典道义逻辑系统正是基于道义词"允许""禁止""应当"与真势模态词"可能""不可能""必然"之间具有类似性这一想法。之后产生了道义逻辑中最有影响的标准道义逻辑（standard deontic logic）。不论是语法方面还是语义方面，标准道义逻辑都非常类似于真势模态逻辑。安德森（A. R. Anderson）、康格尔（Stig. Kanger）提出的真值道义逻辑代表了道义逻辑研究的另一条路线：将道义逻辑（不完全地）归约为真势模态逻辑。1963年，R. M. 齐硕姆（R. M. Chisholm）提出了齐硕姆悖论，表明一元道义系统在表达反职责义务方面是有缺陷的。一系列的二元道义系统被构造出来，最具影响力的语义成果是汉森-刘易斯优先语义学。

尽管这一阶段的道义逻辑提出了不少道义系统，但是这些系统一般都含有道义悖论。这些道义悖论反映出道义逻辑的理论基础存在问题。为了解决这些问题，人们提出了许多新的道义逻辑理论。20世纪80年代以后的道义逻辑研究主要包括两方面的工作：一是扩充、丰富原有的道义系统，通过提高道义逻辑的表达能力来解决道义悖论等问题。其中主要有引入时态概念的道义逻辑、引入主体概念的道义逻辑、引入多个"应当"算子的道义逻辑，也有由道义命题逻辑扩充出来的道义谓词逻辑。二是采用非经典逻辑或非模态逻辑的方法研究道义逻辑。主要有弗协调道义逻辑、非单调道义逻辑、动态的道义逻辑，还有摒弃了模态逻辑方法、研究规范推导的道义逻辑理论。

道义逻辑之所以面临许多问题，根本原因在于采用了真势模态逻辑的理论和方法来建构道义逻辑，从而忽略了道义模态自身的性质和特点。随着道义逻辑的发展，人们逐渐认识到这些问题并试图解决它们。希尔皮南（Risto Hilpinen）将道义逻辑的主要问题概括为两点：一是如何解释道义系统中的道义算子O、P、F及非逻辑符号p、q、r…；另一点是如何在道义语境下理解"真""有效""逻辑后承"这些语义概念和元逻辑概念。仅仅对原有的道义系统进行扩充是不能解决这些问题的，必须根据道义模态自身的性质和特点重新解释道义系统中的道义算子及非逻辑符号，并定义道义语境下的"真""有效""逻辑后承"这些语义概念。在采用新的逻辑方法来构造道义逻辑的新理论中，麦金森（David Makinson）等人的道义逻辑仍然对规范表达式采取了"应当是"的解释；梅耶（J. J. Meyer）的动态道义逻辑沿用安德森的归约方法，用真势模态算子定义道义算子；stit-道义逻辑则仍旧采用标准道义逻辑的语义方法定义模态算子。此外，梅耶的动态道义逻辑和stit-道义逻辑都只包含一个初始的道义算子，这对于刻画法律规范命题的一致性和法律规范推理是不充分的。

第一节 道义逻辑的基本理论

1951年，冯·赖特在《心灵》杂志上发表论文《道义逻辑》，提出了第一个可行的道义逻辑系统（或称道义系统），[1]标志着道义逻辑作为一个逻辑分支学科的创立。道义逻辑早期理论的显著特征是对真势模态逻辑的模拟。不论是语法方面还是语

---

［1］ Von Wright, "Deontic Logic", in *Mind* (60), 1951, pp. 1~15.

义方面，道义逻辑都非常类似于真势模态逻辑。事实上，如果不考虑逻辑算子直观背景的不同，道义逻辑中最有影响力的标准道义逻辑系统 SDL 就等同于模态命题逻辑系统 K。道义逻辑与真势模态逻辑的密切关系还表现为前者向后者的归约。如此构造起来的道义逻辑是否充分地刻画了规范命题、规范推理的逻辑特征呢？并非如此。这种道义逻辑理论将道义逻辑的基本原则看成真势模态逻辑一般原则的特殊情况，忽略了道义模态不同于其他模态的许多重要的性质和特征，从而导致若干的道义悖论以及其他与道义直观相冲突的结果。为了解决道义逻辑中出现的问题（主要是针对齐硕姆悖论所反映的反职责义务的表达问题），二元道义系统被构造出来。在语义方面，20 世纪 70 年代，汉森（Hansson Bengt）提出了一种新的语义理论来刻画道义的模态，[1] 这种语义理论被称作优先语义学。为了解决标准道义逻辑的各种困难，人们从各个角度出发试图完善道义逻辑理论。20 世纪 90 年代以来，道义逻辑与计算机科学研究的关系日益密切，研究人工智能的学者将道义逻辑用作刻画法律推理的技术手段，研究道义逻辑的学者也吸收、借鉴人工智能领域发展起来的新的逻辑方法。学者们陆续构造了动态的道义逻辑、非单调的道义逻辑、带义务主体的道义逻辑、基于时态的道义逻辑、道义谓词逻辑等，这些研究使道义逻辑成为一个充满活力、富有成果的逻辑学分支。

---

[1] Hansson Bengt, "An Analysis of Some Deontic Logics", in *Deontic Logic: Introductory and Systematic Readings*, Reidel, 1971.

第三章 道义逻辑及其存在的问题

一、标准道义逻辑

在《道义逻辑》一文中，冯·赖特首先说明道义词"允许""禁止""应当"与真势模态词"可能""不可能""必然"之间存在类似的相互关系，并基于不同模态之间的类比构造了一个道义逻辑的公理系统，这个系统被称为道义逻辑的经典系统。

经典系统 CS（Classical System）有以下公理（"P"读作"允许"，"O"读作"应当"）：

CS0　命题逻辑的全体重言式
CS1　$Pp \vee P\neg p$
CS2　$P(p \vee q) \leftrightarrow Pp \vee Pq$
CS3　$Op \leftrightarrow \neg P\neg p$

其中，CS1 最早由边沁（Jeremy Bentham）提出，被称为"边沁法则"。根据 CS3，CS1 等值于 $Op \rightarrow Pp$，也等值于 $\neg(Op \wedge O\neg p)$。对于 $Op \rightarrow Pp$ 来说，如果把公式中的道义算子替换成真势模态算子，所得到的 $\Box P \rightarrow \Diamond P$ 正是正规模态系统 KD 的特征公理。公式 $\neg(Op \wedge O\neg p)$ 则表明经典系统是不能容忍冲突的义务（"冲突的义务"也称"道义二难"）的。CS2 被称为"道义分配原则"，冯·赖特认为该原则对规范逻辑有非常重要的作用。

冯·赖特认为，道义算子应当置于行为的名称之前，而不应置于命题之前。早在 1939 年，库特·格雷林在其构造的道义逻辑系统中就采取了类似的处理。但是冯·赖特发现"行为"这个词有歧义："行为"既可以用来表征一般行为，也可以指个别的行为。为了排除歧义，冯·赖特将其所用的符号 p、q、… 解释为一般行为的名称。这导致了经典系统在语法方面的一些特征：含叠置规范词的表达式不是合式公式，此外，命题联结词与道义算子嵌套造成的"混合"的表达式也不是公式。而在冯·赖特看来，关于某一行为的否定、两个行为的合取、析取、蕴涵、等值，都还是有意义的。可见，作为经典系统的基础的，已不是一般的命题逻辑，而是增加了关于行为名称的逻辑。经典系统是一个可判定的理论。

此后关于道义逻辑的研究成果多是受冯·赖特的论文直接或间接激发所提出来的。

在经典系统中，冯·赖特采纳了他所谓的"道义论偶然性原则"：O（p∨¬p）不是有效的〔或¬P（p∧¬p）不是有效的〕。后来许多学者放弃了这条原则，而将公式 O（p∨¬p）〔或¬P（p∧¬p）〕作为道义逻辑的定理加到经典系统上，由此形成了道义逻辑的标准系统。

标准道义系统 SDL 有以下公理和变形规则（"F"读作"禁止"）：

OK∗0　命题逻辑的全体重言式

OK∗1　O（p→q）→（Op→Oq）

OK∗2　Op→¬O¬p

OK∗3　Pp↔¬O¬p

OK∗4　Fp↔O¬p

OK∗5　分离规则：α, α→β / β

OK∗6　O-必然化规则：α / Oα

OK∗7　代入规则

标准道义系统是对冯·赖特经典系统加以改造的结果，改造的目的是使标准道义系统在理论上更加精致,但是在可靠地表达规范推理方面,标准道义系统并不比经典系统更成功。经典系统与标准道义系统的两点不同是耐人寻味的:

第一,标准道义系统包含 O-必然化规则,这使其成为一个正规模态逻辑,从而确认每个逻辑真的命题都是一种义务;而经典系统拒绝 O（p∨¬p）,不认为逻辑真的命题是义务。

第二,冯·赖特出于表达规范的直观考虑,将系统中的变元 p、q、……解释为一般行为的名称,道义算子就成了加在类行为上的谓词。同时,他又将经典系统构筑于命题逻辑之上,用真值联结词来联结行为变元,这造成了语义方面的困难。p、q 不再有命题逻辑意义上的真值,合理的说法只能是:如果行为 p 事实上被实施,则 p 为真。"p∧q"作为一般行为,其被实施相当于 p∧q 的某个具体行为被实施。那么,从 p 的一个具体行为和 q 的一个具体行为分别被实施,推不出 p∧q 的一个具体行为被实施,这意味着从 p 和 q 推不出 p∧q,除非将这种行为谓词逻辑的解释严格地限制在同一时间、同一个行为主体上。但这种限制太严格了,为了规避技术处理上的困难,大多数道义逻辑学家放弃了冯·赖特的解释,而把 p、q、……解释为描述事态的一般命题。这样,道义算子的语法功能发生了改变——不再是关于行为的,而是关于事态的。经典系统是"应当做"的逻辑,标准道义系统是"应当是"的逻辑。后者的好处在于使道义逻辑与命题逻辑自然地结合起来。曾经被冯·赖特排除掉的"混合"的表达式现在成了合式公式,含叠置模态词的表达式也成了合式公式。除了逻辑算子直观背景的不同,从系统本身来看,道义逻辑与真势模态逻辑并没有本质的不同。这样的道义逻辑导致许多悖论或反直观的结果是不足为怪的。标准道义系统包含以下定理和规则：

(1) $Op \leftrightarrow \neg P \neg p$

(2) $O(p \wedge q) \leftrightarrow Op \wedge Oq$

(3) $\neg(Op \wedge O \neg p)$

(4) $P(p \vee q) \leftrightarrow Pp \vee Pq$

(5) $Op \vee Oq \rightarrow O(p \vee q)$

(6) $Op \rightarrow O(p \vee q)$

(7) $P(p \wedge q) \rightarrow Pp \wedge Pq$

(8) $Fp \rightarrow F(p \wedge q)$

(9) $(Op \wedge Pq) \rightarrow P(p \wedge q)$

(10) $Op \wedge O(p \rightarrow q) \rightarrow Oq$

(11) $Pp \wedge O(p \rightarrow q) \rightarrow Pq$

(12) $Fq \wedge O(p \rightarrow q) \rightarrow Fp$

(13) $Fq \wedge Fr \wedge O(p \rightarrow (q \vee r)) \rightarrow Fq$

(14) $\neg(O(p \vee q) \wedge Fp \wedge Fq)$

(15) $Op \wedge P(p \wedge q \rightarrow r) \rightarrow O(q \rightarrow r)$

(16) $O(\neg p \rightarrow p) \rightarrow Op$

(17) $Oq \rightarrow O(p \rightarrow q)$

(18) $Fp \rightarrow O(p \rightarrow q)$

(19) $O \neg p \rightarrow O(p \rightarrow q)$

(20) $\neg p \rightarrow (p \rightarrow Oq)$

(21) $\neg O(p \wedge \neg p)$

(22) $\alpha \rightarrow \beta / O\alpha \rightarrow O\beta$

这些公式中，有些与规范推理的直观是一致的，如（2）：

p∧q 是应当的，当且仅当 p 是应当的并且 q 是应当的。但有些公式显然是与直观相悖的。

（3）与（21）表明：任何人都不会同时负有冲突的义务，而事实情况往往并非如此。

（4）表明：p 或 q 被允许，逻辑上等值于 p 被允许或 q 被允许。但在自然语言中，"允许 p 或 q" 的含义常常是"允许 p 并且允许 q"。例如，"允许甲喝果汁或喝水"，一般认为在"喝果汁"和"喝水"之间甲有自由选择的权利，因此，"甲喝果汁是允许的"，同时，"甲喝水"也是允许的。冯·赖特将这种含义的 P（p∨q）称为自由选择的允许。（4）与"自由选择的允许"形成了对照。

（6）被称为"罗斯悖论"（Ross's paradox）。罗斯给出的例子是："如果我应当寄出这封信，那么，我应当寄出这封信或者烧掉这封信"，这与自然语言中对选择性的义务的理解是不一致的。关于罗斯悖论的性质，第四章第二节将有详细的讨论。

（8）是"忏悔者悖论"（Penitent Paradox）。根据（8），如果损坏别人的东西是被禁止的，那么损坏了别人的东西并予以赔偿是被禁止的。

（19）是"普赖尔悖论"（Prior's Paradox）。该悖论表明，当违反了一项义务时，则任何事情都是应当的。例如，应当依法纳税，那么，如果一个人偷税漏税，则他应当做任何事情。普赖尔悖论实际上是罗斯悖论的另一种表现形式，因为 p→q↔¬p∨q，因此（19）可以等价地写成：O¬p→O（¬p∨q）。

（20）是有条件的义务悖论。其直观解释显得十分荒唐：如果实际上我没做某件事，那么，做了这件事便使一切都成为我的义务。

（22）与"善良的撒玛利顿人悖论"（the Good Samaritan Paradox）有关。根据（22），如果 p 蕴涵 q，那么，"p 是应当的"蕴涵"q 是应当的"。"the Good Samaritan"指"见义勇为者""乐善好施、慈悲怜悯者"，因此，也有人将其译作"乐善好施者悖论"。其内容为：如果帮助被抢劫了的人，则有人被抢劫了。而帮助被抢劫的人是应当的，因此，有人被抢劫是应当的。

上面列举的这些道义悖论中的一部分可以通过语言解释得以消除。标准道义系统的形式语言并不能完全按自然语言的用法解读，而应当严格遵守标准道义逻辑的语义解释。这样一来，多数原本显得悖理的公式其实都是可以接受的。真正威胁和挑战标准道义逻辑的，是像齐硕姆悖论（Chisholm's paradox）那样的道义悖论。

20 世纪 60 年代，通过 S. 康格尔（S. Kanger）、S. A. 克里普克（S. A. Kripke）、J. 欣迪卡（J. Hintikka）等人的工作，现代模态逻辑的语义方法被推广到道义逻辑中。下文以最通用的克里普克模型理论来说明标准道义逻辑的语义理论。

一个克里普克框架 U 是一个二元组：U = 〈W，R〉，其中，W 是一个非空的可能世界的集合，R 是 W 上的一个二元关系，R⊆W×W。有了 R，我们就可以把一个可能世界 w 与一个可能世界的集合 S 联系起来：S = {w′ | wRw′}。按照欣迪卡的说法，S 中的元素是 w 的"道义接替世界"。可以理解为，S 中的元素是相对于 w 的完美世界，在 w 中所有应当的，在 w 的道义接替世界中都是现实的。

如果〈W，R〉是一个克里普克框架，而 V 是一个赋值函数，相对于每一个可能世界为每一个命题变元指派一个真值，则〈W，R，V〉是一个克里普克模型。用 Form 表示标准道义逻辑公式集，则 V 为映射：Form×W→{1，0}，且 V 满足：

(1) V(¬α，w) = 1，当且仅当 V(α，w) = 0

(2) V(α→β，w) = 1，当且仅当 V(α，w) = 0 或 V(β，w) = 1

(3) V(Oα，w) = 1，当且仅当对任意 w′∈W，如果 wRw′，则 V(α，w′) = 1

道义算子 P 是 O 的对偶算子，其赋值定义为：

(4) V(Pα，w) = 1，当且仅当存在 w′∈W，wRw′ 且 V(α，w′) = 1。

如果对于任意 w∈W，都有 V(α，w) = 1，则称公式 α 在克里普克模型 M 上是真的，记作 M⊨α。公式 α 在一个克里普克框架上是有效的，如果对于该框架上的任意模型 M，有 M⊨α。公式 α 在一个克里普克框架类上是有效的，如果 α 在该框架类中的任意框架上有效。

与公式 Op→¬O¬p 的有效性对应的是关系 R 的持续性，即对于任意 w∈W，存在 w′∈W 且 wRw′。

可以证明，标准道义逻辑系统对于 R 具有持续性的克里普克框架类来说是可靠的、完全的。[1] 如果给 R 增加某些性质，就可以刻画更强的道义逻辑系统。

---

[1] 参见 Lennart Aquist："Deontic Logic"，in Handbook of Philosophical Logic，vol Ⅱ，Gabbay and F. Guenthner（eds），D Reidel pul. Co，1984。

二、道义逻辑的归约系统

对于道义模态与真势模态关系的探究,可以追溯到中世纪。14世纪的哲学家司各脱(John Duns Scotus)、威廉·奥卡姆(William Ockham)等人就注意到了道义模态与真势模态的可类比性,并研究了各种真势模态规律的道义解释。莱布尼兹也明确表达了类似的思想。他把"应当的""允许的""禁止的"这样一组概念称作"法律的模态(Iuris Modalia)",认为真势模态逻辑的基本原则对于法律的模态也同样成立。他还提出了如何用真势模态词来定义道义模态词:

"允许的"就是"一个好人所可能做的"
"应当的"就是"一个好人所必然做的"

这些思想在当代道义逻辑的发展表现为安德森与康格尔的真值道义逻辑系统。与冯·赖特的道义逻辑相比,安德森、康格尔的逻辑代表了道义逻辑研究的另一种思路。

安德森在1956年发表的《规范系统的形式分析》[1]中,通过对真势模态系统补充命题常项S及相关的公理和对规范词的定义,提出了自己的道义系统。安德森是基于真势模态系统T、S4、S5来构建道义系统的。他认为规范的本质在于对不合乎规范的情形进行制裁或惩罚,因此他引入命题常元"S",并将

---

[1] A. R. Anderson, "The Formal Analysis of Normative System", in V. Rescher: *The Logic of Decision and Action*, The University of Pittsburgh Press, 1956.

"S"解释为由于不履行义务而引致的"惩罚""制裁"或者"违反道德或法律要求",进而运用真势模态词和 S 将规范词定义为:

$$Op = df \Box (\neg p \to S)$$
$$Fp = df \Box (p \to S)$$
$$Pp = df \Diamond (p \land \neg S)$$

此外,安德森在其道义系统中还使用了一个与 S 有关的公理:

$$\neg \Box S$$

将上面的定义和公理分别添加到真势模态命题系统 T、S4、S5 上就得到了安德森的道义系统 OT′、OS4′、OS5′。

康格尔则使用了命题常元"Q"表示"道德或法律所要求的",并将"应当"算子定义为:

$$Op = df \Box (Q \to p)$$

运用假言易位律,Op 可以等价地被定义为 $\Box (\neg p \to \neg Q)$。如果说¬ Q(并非"道德或法律所要求的")就相当于 S("违反道德或法律要求的"),则康格尔对道义词的处理方法与安德森是相同的。

为了解释 S 或 Q、从而给出道义形式 Op、Fp、Pp 的赋值定义,真值道义逻辑在标准道义逻辑语义框架上增加了一个元素,记为 Opt。一个真值道义逻辑的语义框架是一个三元组〈W,R,Opt〉,其中 W 仍然是一个非空的集合,R 是用于解释真势模态词的 W 上的一个二元关系。Opt 是 W 的一个非空的子集,用来解释引入的命题常元 S 或 Q:对于 $w \in W$,$V(\neg S, w) = 1$ 当且仅当 $w \in Opt$;或者,对于 $w \in W$,$V(Q, w) = 1$ 当且仅当 $w \in$

Opt。直观上可以将 Opt 理解为 W 中全体理想的可能世界的集合。

从真值道义逻辑的语义构造可以看出,真值道义逻辑的语义依然继承了标准道义逻辑语义的核心思想:Op 为真,当且仅当 p 在所有理想的或完美的世界上为真。不同的是,对于标准道义逻辑语义来说,不同的可能世界可以有不同的理想世界集,而在真值道义逻辑的语义下,这个理想世界集是唯一且确定的。真值道义逻辑的语义无法用于解释二元的规范形式。

安德森和康格尔将道义逻辑(不完全地)归约为真势模态逻辑的做法对于道义逻辑后来的发展产生了一定的影响,梅耶的动态道义逻辑采用了这种归约的方法,余俊伟构造的弗协调真值道义系统也采用了这种归约的方法。但是这些新的道义系统仍然包含一些不合理的定理。道义逻辑与真势模态逻辑究竟有着怎样的关系?能不能用真势模态词来充分地定义道义词?对此,余俊伟对安德森的归约定义作了探讨,他认为:"安德森的这种做法是值得怀疑的。他这样做是基于对必然与必须、可能与允许这些概念的混淆与误解。"[1]

道义逻辑一直是作为模态逻辑的一个分支而加以研究的,道义逻辑的规律被看作一般模态逻辑规律的特殊情形。笔者认为,以这种方式构造出来的道义逻辑,必然会忽略道义模态不同于其他种模态的特殊性质,从而导致道义逻辑中许多不自然的结果。大量道义悖论的存在正说明了这个问题。

---

〔1〕 余俊伟:《道义逻辑研究》,中国社会科学出版社 2005 年版,第 88 页。

三、齐硕姆悖论与二元道义系统

R. M. 齐硕姆在 1963 年发表的论文《反职责命令与道义逻辑》中，针对存在的道义系统无法表达反职责义务的问题，提出了一个有趣的例子。考虑下面的四个句子：

ch1. 琼斯应当去帮助邻居。
ch2. 这是应当的：如果琼斯去帮助邻居，那么他通知邻居他要去。
ch3. 如果琼斯不去帮助邻居，则他应当不通知邻居他要去。
ch4. 琼斯不去帮助邻居。

用标准道义逻辑的形式语言将其表示为：
ch1′. Oh
ch2′. O（h→t）
ch3′. ¬h→O¬t
ch4′. ¬h

从 ch1′和 ch2′可以得到 Ot，从 ch3′和 ch4′可以得到 O¬t。根据¬（Op∧O¬p），有 O¬t→¬Ot，这就得出了矛盾的结果：Ot∧¬Ot。可以看出，ch2′与 ch3′对于条件义务的表述是不一致的，为了保持表述的一致性，可以对 ch2′或 ch3′作些修改，用 ch5′. h→Ot 替换 ch2′，或者用 ch6′. O（¬h→¬t）替换 ch3′。不论用哪种方式，都可以避免矛盾的结果。然而，ch5′能从 ch4′推出来，ch6′能从 ch1′推出来，都会导致命题 ch1~ch4 的冗余性。

在标准道义系统中有：

$$Op \land O(p \to q) \land (\neg p \to O \neg q) \land \neg p \equiv \bot$$

这说明，用冯·赖特所主张的 $O(p \to q)$ 或普赖尔所主张的 $p \to Oq$ 都不能恰当地表达"如果 p 则应当 q"这样的条件义务。

ch3 中的"应当"被齐硕姆称为"反职责命令"，"反职责命令"规定当一个人违反了一项义务时应当做什么。他说："我们当中的大多数人都需要一种办法，不仅决定我们应当做什么，也决定当我们未能做到应当做的某些事情之后又应当做什么。"[1] 反职责命令不能在标准道义系统、经典系统中得到恰当的表达，说明这些道义逻辑理论有很大的局限性。冯·赖特也承认："旧的系统不能可靠地表达'反职责命令'，而这一类命令在人们的规范生活中十分重要，不能处理这类问题的确是旧系统的严重缺陷。"[2] 为了解决齐硕姆悖论提出的问题，在公理系统方面的对策和结果是构造了一系列的二元道义系统，而语义方面的结果则是由 B. 汉森提出并由 D. 刘易斯（Lewis）加以发展了的优先语义学。

冯·赖特在《关于道义逻辑和导出的义务的一个解释》[3] 中提出了一个二元道义系统。该系统以"有条件的允许"为初始概念。若按通常的做法，以"有条件的应当"为初始概念，则冯·赖特二元系统的公理和初始规则为：

---

[1] Chisholm, R. M.: "Contrary-to-duty Imperatives and Deontic Logic" in *Analysis* Vol. 24 (1963), p. 36.

[2] Risto Hilpinen: *Deontic Logic: Introductory and Systematic Readings*, 1981, p. 148.

[3] Von Wright, "A Note on Deontic Logic and Derived Obligation" in *Mind* Vol 65, 1965.

A1　命题逻辑的全体重言式
A2　O（p∧q/r）↔O（p/r）∧O（q/r）
A3　O（p/q∨r）↔O（p/q）∧O（p/r）
A4　¬（O（p/q）∧O（¬p/q））
A5　P（p/q）↔¬O（¬p/q）
A6　Op↔O（p/⊤）
A7　分离规则
A8　代入规则

该系统实际上是经典系统的一个升级：在经典系统中成立的，在该系统中也成立，包括经典系统的道义悖论。

齐硕姆悖论在冯·赖特的二元道义系统中并没有得到解决。齐硕姆悖论中的四个命题在新系统中分别表示为：

(ch1″) O（p/⊤）

(ch2″) O（p→q/⊤）

(ch3″) O（¬q/¬p）

(ch4″) ¬p

由（ch1″）和（ch2″）可以推出 O（q/⊤），但从（ch3″）和（ch4″）推不出 O（¬q/⊤）。但是，根据新系统的公理（A3），可以从 O（q/⊤）推出 O（q/¬p），又根据公理（A4），O（q/¬p）蕴涵¬（O¬q/¬p），这与（ch3″）O（¬q/¬p）矛盾。要摆脱这个矛盾的结果，就要放弃公理（A3）或者公理（A4）。冯.赖特选择了放弃（A4），而代之为较弱的公理形式：（A4′）¬（Op∧O¬p）。（A4′）排除了相互冲突的绝对义务，但有条件的义务的冲突却是可能的。希尔皮南则建议放弃（A3）中的从左向右的蕴涵：O（p/r∨s）→O（p/r）∧O（p/s）。他运用优先语义学说明了拒绝该公式的理由,并将其削弱为:O (p/r∨s) ∧P (r/s) →O (p/r),即 p 在较弱的条件 r∨s 下是应当的推出 p 在更强的条件 r 下也是应当的,仅当在有 s 的情况下 r 是允许的。不论是冯·赖特的做法,还是希尔皮南的做法,都意味着该二元系统中的公理是应当受限制的。除了从旧系统中继承来的问题,冯·赖特的二元系统还出现了新的问题。

在冯·赖特的二元系统中,公式 O (p/r) →¬ O (¬ p/q) 是定理。

证明:

[1] r↔r∧ (q∨¬ q)　　　　　命题演算的定理

[2] O (p/r) ↔O (p/r∧ (q∨¬ q))　　　　　[1] 等值代换

[3] O (p/r) ↔O (p/(r∧ q) ∨ (r∧¬ q))　　　　　[2] 等值代换

[4] O (p/(r∧q) ∨ (r∧¬ q)) ↔O (p/(r∧q) ∧O (p/r∧¬ q)　　　　　A3 代入

[5] O (p/r) ↔O (p/ r∧q) ∧O (p/r∧¬ q)　　　　　[3]、[4] 等值代换

[6] O (p/r∧q) ∧O (p/r ∧¬ q) →O (p/ r∧q)　　　　　命题演算的定理

[7] O (p/r) →O (p/r∧q)　　　　　[5]、[6] 三段论规则

[8] O (¬ p/q) →O (¬ p/q∧r)　　　　　[7] 代入

[9] ¬ O (¬ p/q∧r) →

　　　　¬O（¬p/q）　　　　　　　［8］假言易位
［10］¬（O（p/q∧r）∧
　　　O（¬p/q∧r））　　　　A4 代入
［11］O（p/q∧r）→¬O
　　　（¬p/q∧r）　　　　　　［10］等值代换
［12］O（p/q∧r）→¬O
　　　（¬p/q）　　　　　　　［11］、［9］三段论规则
［13］O（p/r）→¬O（¬p/q）　［7］、［12］三段论规则

该公式的一个直观解释例为：如果下雨时应当关上窗子，那么就不能有天气闷热时应当打开窗子的义务。冯·赖特也承认这显然是荒唐的。冯·赖特在论文《道义逻辑新系统的一个改进》中提出了一些方案来改进他的二元系统，但这些方法相当复杂，并且一些不合理的结果仍然存在。

　　从上述证明过程中可以看出，该证明除了命题逻辑中的证明手段外，只运用了冯·赖特二元系统的公理 A3 和 A4。有趣的是，在冯·赖特的二元系统中齐硕姆悖论矛盾的导出，也同样援引了公理 A3 和 A4，这对于解决问题提供了线索。本书并不赞同冯·赖特的做法——对公理 A4 进行限制，因为，道义逻辑系统本身要求一致性是合理的，至少可以作为某一类道义逻辑的基本原则。而对公理 A3 则必须进行一定的限制。

　　除了冯·赖特的二元系统，雷切尔（N. Rescher）也独立地构造了一个二元道义系统。后来，汉森、刘易斯也相继从语义角度构造了二元的道义逻辑理论，斯伯恩（Wolfgang Spohn）基于汉森的语义理论提出了一个完整的公理系统。这些工作形成了20 世纪 70 年代道义逻辑发展的主流。学者陈锐在其专著《规范

逻辑与法律科学》中将这些二元逻辑系统的共同原则概括为四条:[1]

(1) O (α/α)

(2) ¬ O (⊥/α)

(3) O (α∧β/r) ↔O (α/r) ∧O (β/r)

(4) β↔β′/O (α/β) ↔O (α/β′)

四、汉森-刘易斯的优先语义理论

标准道义逻辑语义的特征是,相对于一个可能世界 w 来说,所有的可能世界分为两类:一类是 w 的道义接替世界,这些世界是完美的、理想的;另一类是其他可能世界,这些世界是不完美的、不理想的。相对于这种单一的标准,我们只能刻画一种"应当",它表达绝对的义务。20 世纪 70 年代以来,二元道义逻辑理论成了道义逻辑研究中的主流,在探讨有条件的义务、特别是反职责义务等问题时,人们认识到,原有的语义是不够用的。

刘易斯举例说:你不应当被抢劫,所以,你被抢劫并且受到别人的帮助,这也是不应当的。但是,假如发生了你被抢劫的事实,那么你应当受到别人的帮助。抢劫事实的发生,已经排除了最完美的世界得以实现的可能性,在这种情况下,"你受到帮助",是在所剩下的不完美的世界当中使得相对完美的世界得以实现的条件。汉森-刘易斯语义正是体现这一基本思想。

提出这一类型语义理论的逻辑学家主要有:汉森[2]、戴格

---

[1] 陈锐:《规范逻辑和法律科学》,天津人民出版社 2002 年版,第 116 页。

[2] Bengt Hansson, "An Analysis of Some Deontic Logic", *Nous* 4 (1970).

第三章 道义逻辑及其存在的问题

费恩（Dagffin）和希尔皮南[1]、弗兰岑（Bas van Fraassen）[2]和刘易斯。由于汉森的优先语义学提出较早，且影响较大，后来又被刘易斯进一步地发展，因此我们称这种新的道义逻辑语义为汉森-刘易斯优先语义理论。按照刘易斯的表述将其内容简单介绍如下：

1. 形式语言包括下列三种形式

（1）一个确定的命题字母集；

（2）真值函数联结词：⊤，⊥，~，&，∨，⊃和≡（前两个是0元联结词）；

（3）两个二元的道义算子：O（-/-）和P（-/-），二者可以按通常的方式相互定义。

任意包含O（-/-）或P（-/-）的公式都是道义公式；如果一个公式含有形如O（-/-）或P（-/-）的子公式而自身又是道义公式，则称该公式是叠置的。在元语言表述中，用上述符号指称自身。

2. 解释

[ ]是该语言在集合I上的一个解释，当且仅当：

（1）[ ]是一个函数，它对于每一个公式A指派一个I的子集[A]；

（2）[ ]遵守下列条件：

（2.1）[⊤]=I

---

[1] Dagfinn Follesdal & Risto Hilpinen "Deontic Logic: An Introduction". In Risto Hilpinen, *Deontic Logic: Introduction and Systematic Reading*, Reidel 1971.

[2] Bas van Fraassen: "Values and Heart's Command". *Journal of Philosophy* 70 (1973).

(2.2) ［⊥］=∅

(2.3) ［~A］=I－［A］

(2.4) ［A&B］=［A］∩［B］

(2.5) ［A∨B］=［A］∪［B］

(2.6) ［A⊃B］=［~A∨B］

(2.7) ［A≡B］=［(A⊃B)&(B⊃A)］

(2.8) ［P(A/B)］=［~O(~A/B)］

这里的I，相当于所有可能世界的集合。［A］是使A为真的可能世界的集合，如果I的元素i属于［A］，则称A在i上为真；如果i不属于［A］，则称A在i上为假。

该语言的公式是由真值联结词和二元道义算子联结命题字母而得到的，其解释也是基于命题字母的解释和真值联结词、道义算子的真值条件而递归地得到的。(2.1)至(2.7)给出了真值联结词的真值条件，(2.8)是将P(-/-)的真值条件转换为O(-/-)。到此为止，还没有给出关于O(-/-)的真值条件。

3. 赋值结构

为了给出刘易斯等人想要的O(-/-)的真值条件，仅仅把全体可能世界划分为理想的与不理想的两类是不够的。例如，如果O(A/B)是一个反职责义务，使B为真的可能世界已经不是理想世界，此时，要给出以B为条件的规范命题的真值，就必须在使B为真的那些不理想的可能世界中进一步划分为较为理想的与不理想的。因此，需要使赋值结构载有关于对可能世界进行比较或分级的信息。一个解释（相对于某个可能世界）是基于一个赋值结构的，当且仅当任意形如O(A/B)的公式（相对于该可能世界）在该解释下的真假，依赖于该赋值结构所表达的评价方式。

令［］是集合I上的一个解释，i是I的一个元素。刘易斯总结了以下四种类型的赋值结构。

(1) I上的一个选择函数f对于任一I的子集X指派一个X的子集f(X)，且f满足条件：

(1.1) 如果X是Y的子集且f(X)是不空的，则f(Y)是不空的；

(1.2) 如果X是Y的子集且X与f(Y)相交，则f(X) = X∩f(Y)。

［］(在i世界上)是基于I上的选择函数f的，当且仅当：任意形如O(A/B)的公式(在i上)在［］下为真，当且仅当f(［B］)是［A］的一个非空子集。直观地说，f(X)是X中的理想世界的集合。O(A/B)为真，当且仅当A在所有理想的B-世界(B在其中为真的可能世界简称为B-世界)中成立。

(2) I上的一个排列(K, R)是一个二元组，其中：K是I的一个子集，R是K上的一个弱序。R满足以下条件：

(2.1) R是K上的一个二元关系；

(2.2) R是传递的；

(2.3) R是强连通的，即，对于K中的任意元素j和k，jRk或者kRj。

［］(在i上)是基于I上的一个排列(K, R)的，当且仅当：任意形如O(A/B)的公式(在i上)在［］下为真当且仅当存在j属于［A&B］∩K，同时不存在k属于［~A&B］∩K，使得kRj。直观地说，K是I中可以评价的可能世界的集合，kRj表示k优先于j。因此，O(A/B)为真，当且仅当存在使A

成立的B-世界，该B世界优先于任意使A不成立的B-世界。

（3）I上的一个嵌套$是I的一个子集，满足：如果S和T都是$的子集，则S≤T或者T≤S。[ ]（在i上）是基于I上的嵌套$的，当且仅当：任意形如O（A/B）的公式（在i上）在[ ]下为真，当且仅当存在$的子集S，S∩[B]是[A]的一个非空子集。直观地说，$中的每个S都是将可能世界划分为理想的与不理想的两类的一种方式，$的不同元素代表了不同的划分。因此，O（A/B）为真，当且仅当有一种划分方式使得A在所有理想的B-世界中成立。

（4）I上的一个间接排列（V，R，f）是一个三元组，其中，V是一个集合；R是V上的一个弱序；f是一个函数。对I中的每一个元素j指派V的一个子集f（j）。[ ]（在i上）是基于间接排列（V，R，f）的，当且仅当：任意形如O（A/B）的公式（在i上）在[ ]下为真，当且仅当存在f（j）中的元素v，使得j∈[A&B]，同时，不存在f（k）中的元素w使得k∈[～A&B]且wRv。直观地说，V是一个价值的集合，这些价值可以在可能世界上实现。wRv意味着w至少与v一样完美。f（j）是指在j上实现了的价值的集合。因此，O（A/B）为真，当且仅当存在使A成立的B-世界，其所实现的价值优于任意使A不成立的B-世界所实现的价值。

与标准道义逻辑语义相比较，汉森-刘易斯的优先语义理论具有明显的优越性：对"应当"概念的解释相对化，代表了道义逻辑研究的一种进步。但是，优先语义理论也有一些不足。首先，该语义理论虽然适合于刻画伦理道德的"应当"，却并不适合于刻画法律规范中的"应当"。当p是一项道义上应当做的事情时，我们认为 p 成立的世界优于 p 不成立的世界。但如果 p 是一项法律的义务，问题并不在于对使 p 成立或不成立的可能世界作优劣评价，而是要对非 p 的结果追加相应的法律后果。其次，汉森的语义理论和刘易斯的语义理论都会产生一些不合理的结果。例如，根据刘易斯的语义理论，公式 O（T/C）→O（C/C）是有效的，但直观上说，"任何情况下重言式都是应当的"蕴涵在"任何情况下这情况本身就是应当的"，这种说法十分悖理。此外，如果接受刘易斯的语义理论，我们还必须接受"所有的事情都是允许的"或"没有什么是义务"这一类的结论，这同样十分悖理。

第二节 标准道义逻辑存在的问题

道义逻辑产生以后，很快出现了多个不同的道义系统。但是道义逻辑还远远不是一个成熟的学科，各种各样的问题被提出来。本书以标准道义逻辑为代表，将其中最具一般性的问题概括为以下六点。

一、规范与规范命题的真值

这个问题包括两个层面：首先，出现在规范推理前提与结论位置上的语句表达的是规范（norms）还是关于规范的命题（normative statements 或 propositions about norms）[1]，或者说道义逻辑研究的是规范的推理还是规范命题的推理。其次，如果道

---

[1] 这里为了强调"norms"与"propositions about norms"的区别，将后者译为"关于规范的命题"，为简化表述，本书也将后者译为"规范命题"。

义逻辑研究的是规范之间的推理，那么，规范有没有真值。如果规范有真值，其真值又如何定义；如果道义逻辑研究的是规范命题的推理，那么，规范命题的真值如何定义。本章第三节介绍的麦金森的理论就是意图以规范为研究对象的一个道义逻辑，其他道义逻辑多是以规范命题推理为研究对象。

1. "约根森困境"

20世纪30、40年代，北欧兴起了一批关于命令句逻辑的研究。对此，丹麦学者约根森（Jorgensen）提出了这样一个疑问：在逻辑学中，"有效性""逻辑后承"这些概念都是借助于"真"来定义的。但是，按照主流哲学，规范、命令不像命题那样具有真值，因而经典逻辑的元逻辑概念根本不能推广到道义语境中去。但是另一方面，在规范、命令之间又的确存在着"逻辑矛盾""逻辑后承"这类逻辑关系，命令、规范也要服从逻辑。这个问题被称为"约根森二难"或"约根森困境"，麦金森称之为"道义逻辑的基本问题"。

在1999年的一篇论文"Deontic Logic—As I See It"中，冯·赖特谈到这个问题时说，依照他所接受的哲学教育，规范、价值是依赖于文化的、主观的、相对的，是没有真假的。至今他也依然坚定地认为，规范是对于行为所做的规定，是没有真假的。最初创立道义逻辑时，他并没有注意到这个问题：如果规范没有真值，那么像逻辑矛盾、逻辑后承这样的关系怎么会发生在规范之间？那时他似乎认为，只要基于合理的公理构造出一个形式演算就已经满足了逻辑的所有要求。冯·赖特比喻说，规范逻辑成问题的哲学性质，直至今日仍然像一根刺，会刺痛他的逻辑肌肉。

"真""假"属于语义概念，探讨约根森困境需要从语言和

第三章 道义逻辑及其存在的问题

逻辑的关系说起。逻辑学研究推理，而出现在推理前提和结论位置上的看起来是语句（在经典逻辑意义上说是陈述句），任何一个逻辑理论都要建立在某个确定的逻辑语言之上。现代逻辑的一个基本特征是使用形式化的人工语言，一个逻辑就是一个语言上的真值演算。尽管逻辑必须依赖于语言，但逻辑并不等同于语言，语言学和逻辑学有各自不同的研究对象和问题。语言在于表达，表达可以有真假；逻辑关乎推理，而推理有对错（有效推理与无效推理）。即便对于形式化的逻辑语言，也仍然需要明确区分语言层面和逻辑层面的句法和语义。我们用下列表格来说明两者的区别：

	句法	语义
语言层面	语句构造的语法规则	语句的意义与真值
逻辑层面	推理规则	有效推理的定义

逻辑语义的核心概念是"有效性"，这个概念反映的是推理前提与结论之间的逻辑关系。在经典逻辑中，"有效性"也称为"保真性"，即"真"这一性质能否从前提保持到结论。从更宽泛的逻辑观出发，有效性并不必须建立在真值关系之上，其他语义值也可以作为逻辑推理关系的基础。在"道义逻辑"一文中，冯·赖特首先探讨了行为的逻辑。他用字母符号 p、q 来代表原子行为，p、q 这样的行为表达式可以有两种赋值：一是行为的实施值，另一种是行为的道义值。行为的实施值与命题的真值是类似的。一个行为是被要求的、禁止的或是被许可的，这方面的情况称为这个行为的"道义值"。行为 p 的道义值是"应当的"

107

或"被允许的",相当于说"应当p""允许p"这样的命题为真。同样道理,我们也可以把"有效力/无效力""正确/不正确"视为某种表达式的逻辑值,并基于这样的逻辑值来建立逻辑关系。这种处理可称为"广义真值"方案。

"广义真值"方案是可行的。从历史上看,科学通过修改或扩展它的核心概念、重要概念而获得成长,这是科学发展的一个基本范式。弗雷格正是从数学中的函数出发,将函数的自变元和函数值从数的对象扩展到包括非数的一般对象,相应地,将函数运算扩展到一般逻辑运算,由此得到了概念和命题函项的定义,并在此基础上创立了现代逻辑。逻辑学发展的历史与哲学发展的历史是同步的。在本体论、认识论主导哲学发展的时代,逻辑学将自身定位为求真的工具。随着当代哲学朝着价值论、方法论、实践理性转向,逻辑学也注定会发生相应的角色转换,越来越关注实践推理的研究。现代模态逻辑学的发展正是为呼应这一需要奠定了技术基础。

以上,本书基于"广义真值"方案的思路说明了规范逻辑存在的合法性。但规范语句的逻辑值究竟是什么,仍然是有待于说清楚的一个问题。

2. 规范句的两种用法

在逻辑学背景下探讨规范语句是否具有真假,首先需要明确的是,承担真值的、即能称其为真假的是语句抑或是语句所表达的某种东西。如果说"真"是一个性质,那么这种性质是句子所拥有的、还是句子所表达的某种东西所拥有的,这个问题在逻辑哲学中称为"真值载体"问题。真值载体问题在形式逻辑中并不重要。形式逻辑只是在理论上考虑前提与结论之间的真假关系。形式逻辑探讨推理的方式是，假设前提是真的，那么结论是真的还是假的？但是一旦需要借助于逻辑推理有效性概念来评价论证，就需要将自然语言表达的非形式论证转换为逻辑的形式论证，以"α 且 α→β 推出 β"这个推理形式为例，就需要说清楚在非形式论证中与这里的 α、β 对应的究竟是语句、还是语句所表达的某种东西。

一个具体的句子是在某个特定情境之下、由某个特定的人以某种特定的方式表达出来的，这些特定因素实质性地影响着句子所表达的意义。为了准确理解一个句子，不仅要看向句子内部以把握句子的语言意义，同时还要看向句子的外部语境，以把握句子的使用意义。我们把包含句子语言意义在内的一个具体用法称为句子所做的陈述。完整地看，这里呈现了一个三元关系：说话者-句子-陈述，说话者通过说出一个句子做出了一个陈述，我们可以谈论这个陈述的真假。在这个三元关系中，句子仅仅起到工具的作用。工具有用得好与不好的区别，却没有真假的问题，句子作为物质媒介所起的作用是将说话者的意思以确定的形式固定下来，并经由语言知识使其成为主体间可理解与交流的。规范语句只是间接意义上的真值载体。

同一个句子在不同的环境由不同的人说出来，所表达的内容可能完全不同。造成这种现象既可能是由于语句在语法或语义方面的歧义，也可能是由于语言用法的多样性。设想以下两个场景。场景一，某人把车停放在了楼前一片空地上，住在附近的一位老人对他说："这里禁止停车"，因为老人刚才看见有一辆车要停在这里但被执勤的警察要求驶离了；场景二，同样是这人要在楼前停车，执勤的警察走过来对他说："这里禁止停车。"在这两个场景中，同一句话的用法是不同的。老人所说的"这里禁止停车"，是向车主描述和报告存在一个禁令的客观情况，这与说"月亮是地球的卫星""智能手机可以拍照""国务院是中国最高行政机关"并没有什么本质的不同。规范语句的这种用法是陈述存在着一个规范这一情况，属于陈述句，是有真假的。如果事实上的确存在着这样一个禁令，那么这个陈述句表达的命题为真，否则为假。研究道义逻辑的学者们称该规范语句表达了一个"规范命题"。第二个场景中警察所说的"这里禁止停车"表达了一个行为规范。表达行为规范的规范语句类似于祈使句或命令句，意在发出一个指令、提出一个行为上的要求。这种指令和要求通过使用规范词"应当""禁止"等来实现。表达规范的语句包含着说话者指令和要求的态度，这个态度使得规范语句携带相应的语力。规范语句表达的指令可能是有效力的、也可能是没有效力的，如果是有权力者发布的指令，所发布的规范则为有效规范。这个规范可能被遵守也可能不被遵守，可以被评价为正当或不正当，但是它没有真假。表达应当规范的语句可以表示为！Op，其中"！"的用法相当于弗雷格的断定符"⊢"。行为规范的作用在于通过指令人们按照某种方式行为，使事情的发展导向一个较好的结果。这种规范句不是在描述世界，而是试图对生活世界的未来发展产生一定影响，让"世界呼应语词的方向"。一旦语句的使用从描述世界这种认识活动转向试图影响世界发展的实践活动，对语句的评价就不再是真假，而是好坏优劣。好坏与真假有很大的区别，真假没有程度，真与假是二元对立的，好和坏则是有程度的、可以比较的。这就决定了规范命题的语义理论与规范的语义理论会有很大的不同。

冯·赖特写作"道义逻辑"时并没有意识到规范语句这两种用法的区别,他不假思索地用真值联结词来联结 Op 这样的规范表达式。在他之后,道义逻辑的研究者也追随了同样的处理。而这正是导致一些道义悖论的根本原因。

与非法律的规范相比,法律规范不仅有着更为严格的形式和内容,而且明确地从属于一个法律体系。法律规范语句同样可以区分为陈述规范命题与表达行为规范两种用法。法律规范命题报道一条法律规范是否实际存在,需要参照一部实证法的法律体系判断真假。例如相对于中国的道路交通法,"机动车应当沿着道路的右侧行驶"是一个真的规范命题,而相对于英国的交通法规,这就是一个假的规范命题。

3. 法律规范命题的真值

当规范语句用来陈述一个规范存在的事实,可以在这个句子前面加上"根据《刑法》第××条第××款规定⋯⋯"这类短语,这个语句就有了真假,可以被真值联结词联结,并且其真值可以在某个语义理论中得到定义。但是,某个法律规范是否从属于一个法律体系仍然可能是不清楚的,因为一个法律规范往往不等同于一个直接的法律条文,而是由若干个条文整合出来的。恩吉施认为一个法律义务不等于法典中一个具体的语法句子:"各种句子由于语法技术的原因,多数是不独立的,它们只是通过相互的结合而产生一个完整的意义。法律艺术的一个重要部分存在于这一结合中。"[1]一个法律规范是否从属于某个法律,仍然需要给

---

[1] [德] 卡尔·恩吉施:《法律思维导论》,郑永流译,法律出版社 2004 年版,第 20 页。

出统一的、严格的说明。

逻辑语义理论通过赋值规则给命题的真值下定义。克里普克语义是标准道义逻辑最重要的一个语义理论，下面我们通过克里普克语义学来讨论规范命题的真值定义。在克里普克语义学中，"应当α"在可能世界w上为真的定义是：

w ⊨ Oα 当且仅当 对任意w'∈R（w）都有w'⊨α

其中，R（w）= {w'=wRw'}。如果从直观上理解这个定义？如果Oα是一个法律规范命题，那么如何理解定义中的R？或者说该如何理解相对于w的集合R（w）？理论上说对于R可以有各种不同的解释。我们采用典范模型来给出一种解释。首先将一个可能世界w解释为一个句子集。一个世界是一个极大的事态的组合，一个事态可以用一个句子来描述，所有能够描述这个世界情况的句子组成一个极大一致的集合（所描述的事实既包括自然事实也包括制度性事实，法律规定即是一种制度性事实）。用Γ表示一个极大一致的句子集合，如果对于任意陈述性语句α都有：w ⊨ α 当且仅当α∈Γ，则称句子集Γ是对应于可能世界w的，记为：Γ（w）。假设w对应于Γ、w'对应于Γ'，wRw'就转变为Γ（w）RΓ'（w'），简记为ΓRΓ'。

在典范模型中R的定义是：ΓRΓ' 当且仅当对于任一Oα∈Γ都有α∈Γ'。意思是，在世界w中的每一个应当语句表达的应然在w'中都实现了，成为w'中的实然。这相当于说，w中有一个法律规范句子集N = {Oα$_1$，Oα$_2$，Oα$_3$，……}，其中每一个Oα$_{i(i=1,2,3……)}$对应的α$_i$在R（w）中的每一个世界中都为真，换言之，R（w）中的每一个可能世界都实现了N中所有的"应当"规范，是相对于w的法律体系N的一个合法世界。因此可

112

以把 R 理解为合法关系。对于一个可能世界 w 来说，依据 R 就可以把所有的可能世界一分为二，其中 R（w）中的可能世界是 w 的合法世界，不属于 R（w）的可能世界是相对于 w 的不合法世界，在 w 的不合法世界中至少有一个应当规范 $O\alpha_i$ 被违反了，是一个 $\neg\alpha_i$-世界。基于上述解释，R（w）中所有可能世界对应的极大一致的句子集的交集，即是 w 的法律规范集 N 的命令性规范的所有内容（称规范 $O\alpha$ 中的 α 为该规范的内容），"应当 α"在可能世界 w 上为真，当且仅当 w 中的命令性规范集 N 的所有内容逻辑蕴涵 α，即 w 中的命令性规范集对逻辑推演保持封闭。这个定义表明，一个世界的实证法整体所要求"应当的"命题在这个世界上为真。

在归约道义逻辑中，$O\alpha$ 为真的定义为：

$$O\alpha =_{df} \Box\ (\neg\alpha \rightarrow S)$$

这个定义等价于：

$$O\alpha =_{df} \Box\ (N \rightarrow \alpha)$$

阿奎韦斯特证明了标准道义逻辑与归约道义逻辑对规范推理的表达力是等价的。如果将定义中的"$\Box$"理解为逻辑的必然，那么归约道义逻辑对规范命题 $O\alpha$ 的真值定义与标准道义逻辑是相同的，都属于根据实证法来判断一个规范命题的真假。

4. 法律规范的真值

表达规范命题的语句属于陈述性语句，其作用在于表达信息，一个真的陈述性语句具有认识方面的价值，因此，一个规范命题在一个可能世界为真，陈述了这个世界的一个法律事实。行为规范的作用则在于引导、影响人的行为，试图使被规范者按照特定的方式行动。表达行为规范的语句是没有真值的。例如

! Oα 旨在要求对方在 α 与非 α 之间以前一种方式行动。发出 ! Oα 本身即是以言行事，是一种言语行为。我们假定规范的制定者与被规范者都具有人的基本理性。在这一假定之下，规范制定者发出! Oα，是因为基于生活经验他判断行为 α 将导向结果 G_1，而非 α 将导向结果 G_2，而按照他的评价和目的，G_2 是不可欲的，G_1 优于 G_2。以上分析表明，为了解释 Oα 的意义需要借助于"优于"关系对可能世界进行评价和比较。与真假不同，"优于"是一种程度关系，"优于"关系的逻辑刻画要能够反映连续的多层级优先序列。用符号 $\geq$ 表示"优于"关系。这个关系应该具有自反和传递性，$w_1 \geq w_2$ 表示 w_1 优于或相当于 w_2，w_1 至少与 w_2 同样好。如果我们离开实证法的背景，独立地考虑一个行为规范 Oα 是否成立，就应当根据 α 与非 α 所导致的结果在价值判断上的优劣进行比较。

如前所述，克里普克语义只能对可能世界集做出一个二分法的划分，分别对应于规范命题的真与假，无法表达多层级的优先关系。而汉森-刘易斯的优先语义理论的结构（V，R，f）表达的恰好是价值判断上的优劣比较。其中 V 是一个价值判断的集合，这些价值可以在可能世界上实现。按照汉森-刘易斯的语义定义，O（A/B）为真当且仅当某个履行了 A 的 B-世界，其所实现的价值优先于所有非 A 的 B-世界所实现的价值。

简单案件的法律论证援引实证法的规定，其中的规范语句表达的是规范命题，根据标准道义逻辑语义定义，规范命题的真假由实证法的整体决定。在疑难案件中，裁判者需要超越制定法来创制规范，从汉森-刘易斯的优先语义理论可以看出，所创制的规范是否成立，取决于其是否符合价值判断。

二、"应当是（ought to be）"与"应当做（ought to do）"

"应当是"的道义逻辑将 Op 中的变元 p 解释为命题变元，"应当"针对的是某种事态；"应当做"的道义逻辑将 Op 的变元 p 解释为行为变元，"应当"针对的是某种行为。如前所述，冯·赖特最初构造的经典系统就是关于"应当做"的逻辑。但是，人们发现将变元处理为行为变元会引起技术上的困难。一般来说，道义逻辑都是建立在命题逻辑的基础之上、将命题演算作为自己的子系统、将全体重言式作为本系统定理的，如果将变元 p 等解释为行为变元，它们就不能用命题联结词来联结，因为命题联结词是真值联结词，而行为是没有真假可言的，这就使得道义逻辑系统无法与命题逻辑自然地结合在一起。因此，阿兰·安德森、阿瑟·普赖尔都选择了"应当是"。不久，这就成了道义逻辑的标准做法，而冯·赖特本人也走上了同样的道路。自1951年冯·赖特构造了第一个道义逻辑的形式系统以来，人们已经陆续造出了许多道义系统，其中大部分是关于"应当是"算子的，也有一些是关于"应当做"算子的。逻辑学家卡斯特尼达（Castaneda）对"应当是"句子和"应当做"句子进行了比较研究，揭示了两种语句在语义方面存在着很大差别，表明"应当是"与"应当做"中的"应当"应视为两个不同的概念。[1]

---

〔1〕 Hector-Neri Castaneda：" The Paradoxes of Deontic Logic：The Simplest Solution to All of Them in One Fell Swoop ". Risto Hilpinen：*New Studies in Deontic Logic*, D. Reidel Publishing Company, 1981, p. 37.

基于以下考虑，笔者认为"应当做"的规范才应当是关于法律规范推理的道义逻辑的研究对象。

第一，"应当是"句子的结构是"应当+事态"。这种表达式不能准确地表述行为规范，因为实现一种事态（权且认为"应当"后面所跟的事态是能够通过人的行为实现的）的行为方式不是唯一的，以"窗子应当开着"为例。即使从这个极简单的例子也能发现"应当是"语句内容的不确定：我们无从知道该规范究竟是要求一个人去打开关闭着的窗子，还是禁止一个人去关上正开着的窗子。对于"允许是"这种规范形式来说，问题更加明显。一种事态是允许存在的，并不意味着所有达成这一事态的行为全都是被允许的。如果道义逻辑研究"允许是"，就必须解决这样一个问题：如何从达成该允许事态的行为中选定其中允许的行为。

第二，"应当是"中"应当"一词的用法十分复杂，作为规范来讲，"应当"后面所跟的应是人可控制的、通过人的行为可以实现的事态，即冯·赖特所说的"doable states of affairs"。如果一种事态并不是人可以施加影响或者加以控制的，例如"太阳每天从东方升起"，一般来讲是不可以充当规范内容的，这样的规范是没有意义的。因此，"应当是"的道义逻辑应当提供一种方法来区分可控事态与不可控事态，但迄今提出的"应当是"的道义逻辑都没有回答这个问题。

第三，作为行为规范，特别是法律规范，应当明确规范在事实上被违反时归责对象是谁。对于"应当做"的规范来说，行为主体就是归责对象，但"应当是"规范的归责对象则是不明确的。例如"窗子应当是关着的"，如果事实上窗子是开着的，那么谁应当对这一违反规定的结果负责呢？也许是所有的人，也许是特定的某些人，也许是特定的某个人。这是"应当是"规范本身所无法明确的。

第四，日常语言中的规范、特别是法律规范一般是将规范词用于行为之前。

一些逻辑学家放弃了"应当是"的道义逻辑，转而尝试构造关于"应当做"的道义逻辑，这种道义逻辑被称为"动态"的道义逻辑。

三、道义系统的一致性、封闭性问题

在道义逻辑标准系统中，以下公式是定理：

(1) $Pp \vee P\neg p$

(2) $\neg(Op \wedge O\neg p)$

(3) $\neg(Op \wedge P\neg p)$

公式（1）表示，任一事态与其否定至少有一者是被允许的。满足这一条件的规范系统是无空隙的、封闭的。公式（2）表示，并非一个事态与其否定都是应当的；公式（3）表示，没有什么事态是应当的而同时与其相反的事态又是被允许的。满足这两个条件的规范系统是一致的、无矛盾的。因此，道义逻辑标准系统以及任意包含这三条定理的道义系统所刻画的都是封闭的、无矛盾的规范系统。

这在许多研究道义逻辑的学者看来是不自然的，这样的道义系统与现实中开放的、往往包含冲突规范的法律系统是不相匹配的。对于法律规范来说，一部法律并不调整所有的行为，法律就其内容来说是有空隙的，这在法学界已成通识。另外，不论从理

论上还是实践中，法律系统都可能包含相互冲突的法律规范。随着道义逻辑研究与法律的结合日益密切，一些逻辑学家尝试建立描述开放的规范系统的道义逻辑以及包容规范冲突的道义逻辑。

塞格伯（Krister Segerberg，1982）[1] 提出的道义逻辑就是用来描述开放的规范系统的。其道义行为框架为 F=(U，ILL，Leg)，其中的 U 表示事态的集合，ILL 是 U 的子集，表示不合法事态的集合，Leg 也是 U 的子集，表示合法事态的集合。Leg 与 ILL 是不相交的，即没有什么事态是既合法又不合法的。在塞格伯的语义系统中，ILL∪Leg⊂U，但是 ILL∪Leg≠U。这表明，在 U 中，除了合法的与不合法的事态或行为，还有第三类事态和行为。

与道义系统的封闭性问题相比，冲突的义务、道义二难的问题对道义逻辑发展的影响更大，由此激发出来的新的道义逻辑理论成果最为丰富，大致可分为三类：弗协调道义逻辑、含多个"应当"算子的道义逻辑、非单调的道义逻辑。为了能包容冲突的规范，必须拒绝公式 $Op \rightarrow \neg O \neg p$。在克里普克语义的框架上，与该公式对应的是关系 R 的持续性，因此，应当使 R 不具有持续性。但这样做还不够。任何一个道义系统，只要包含下面三条定理或规则：

(4) $p \wedge \neg p \rightarrow q$

(5) $p \rightarrow q / Op \rightarrow Oq$

(6) $Op \wedge Oq \rightarrow O(p \wedge q)$

---

[1] Krister Segerberg, A Deontic Logic of Action, Studia Logica 2 1982, pp. 269~282.

就必然包含公式：

(7) $Op \wedge O\neg p \to Oq$

公式（7）表示，如果有相互冲突的义务，那么任何事情都是义务。这是我们所不愿接受的。因此，一个能包容冲突规范、不至于由此引起规范系统的平庸化的道义逻辑，不仅要拒绝公式 $Op \to \neg O \neg p$，还必须拒绝（4）、（5）或（6）。选择拒绝定理（4）会导向弗协调道义逻辑。[1] 拒绝（5）会把太多的东西排除掉，因此人们一般会保留（5）。同时，为了不触动经典逻辑、保持作为道义逻辑基础的命题逻辑原有的性质不变，人们会倾向于排除定理（6），或者对定理（6）施加某种限制。而排除定理（6）的最方便的办法是在系统中引入不同的多个"O"算子，戈博（Lou Goble）的多路语义理论即是对这种逻辑的典型刻画。对定理（6）施加某种限制的做法，体现在一些非单调道义逻辑中。

四、道义逻辑中的道义分离规则与事实分离规则

二元道义系统一般采用冯·赖特提出的 $O(p/q)$ 作为有条件的义务的表达形式。如何处理条件规范中的条件关系、进而采取何种分离规则，是道义逻辑中一个难以解决的问题。这个问题在齐硕姆悖论中得到充分的反映。齐硕姆悖论之所以是道义逻辑中最有挑战力的问题，就在于它揭示了道义逻辑在处理规范条件句以及相对应的分离规则方面存在的困难。各种道义逻辑理论对此问题采取了不同的处理方法。根据各种道义逻辑系统所采纳的

---

[1] 参见余俊伟：《道义逻辑研究》，中国社会科学出版社 2005 年版，第八章。

分离规则的不同，可以将其分为三类：道义分离系统（the deontic detachment system）、事实分离系统（the factual detachment system）以及包含这两种分离规则的系统（systems that allow both detachments）。

事实分离规则 DR1：p→Oq，p ∥ Oq

道义分离规则 DR2：O（p→q），Op ∥ Oq

DR1 是分离规则 modus ponens 的特例。因为标准道义逻辑有定理 O（p→q）→（Op→Oq），因而 DR2 也是分离规则的一种特殊形式。既然所有的逻辑系统都包含分离规则，为什么会有一些道义系统排斥其中的某一条分离规则呢？实际上，是因为不同的道义系统对有条件的义务采取不同的表达形式。事实分离系统认为有条件的义务必须写作 p→Oq 的形式，这就使得 DR2 实际上成了一条空规则。而道义分离系统则采取了相反的做法，或者拒绝 DR1 的使用，或者对 DR1 施加某种限制。

冯·赖特于 1956 年提出的二元道义系统属于一个道义分离系统。费尔德曼（Feldman，1990）和弗洛贝耶（Vorobej，1986）的道义系统可看作是道义分离系统的代表。而莫托（Mott，1973）、阿尔-希伯里（al-Hibri，1978）和麦克阿瑟（Robert McArthur，1982）给出的是事实分离系统的道义逻辑。罗威尔（Loewer）与贝尔泽（Marvin Belzer，1983）的基于时态的逻辑则是一个包含两种规范的混合系统。对于两种分离规则的进一步探讨，可参看第四章第二节。

五、道义逻辑与时间、主体

有一些道义逻辑是将道义模态与时间概念结合起来加以研究

第三章 道义逻辑及其存在的问题

的，如托马森（1981）。还有一些道义逻辑是将道义模态与主体概念结合起来研究的，如哈迪（John Horty）与贝尔纳普（Belnap，1995）。这些研究工作部分是受道义悖论的驱动，部分是出于考察规范性质的特殊兴趣。Op 表达的义务是一般性的，并不是相对于某个主体的。但实际上，任何义务都有其相对的主体。例如，在一桩房屋买卖交易中，甲的义务是在 12 月 25 日前将这所房子交付于乙，而乙的义务则是在 12 月 20 日前付清全部购房款。在规范语言中，"谁的义务"是义务规范中的基本要素，为了刻画相对于主体的义务，必须考虑主体。

此外，一个人是否负有某项义务或者享有某项权利，这与时间是密切相关的，出于这种考虑，相对于时间的道义逻辑被构造出来。

在道义逻辑研究中，时间、主体这两个因素的引入是不是必须的？就时间因素来说，笔者并不认为道义命题的真值及有效性必须依赖于时间方面的考虑，对此将在本章第三节另作讨论。就主体因素来说，道义逻辑、特别是关于法律规范推理的道义逻辑，必须考虑主体问题，如对于集合主体（collective agency）及其义务的刻画。一般的道德规范、法律规范并不是针对单独主体的，而是针对不确定主体的。针对集合主体规定的义务如何转移至个别主体、个别主体的行为怎样地履行了集合主体的义务，以及同一主体、不同主体间的权利与义务之间存在什么关系，都需要作进一步探讨。

遵循从简单到复杂的理论发展原则，也可以先构造不带规范主体的道义逻辑，在基础理论成熟以后，再考虑添加主体参量来扩充基础理论。

六、道义逻辑中的"允许"

在道义逻辑中，与"允许"概念相关的问题主要表现在两个方面：首先，"允许"算子与某些真值联结词的结合有时导致解释的歧义性；其次，对于"允许"算子与"应当"算子之间存在什么样的关系有不同的看法。

在某些情况下，规范词与真值联结词的嵌套会导致不同的解释。例如"不应当p"，很多人将其表示为"¬ Op"。笔者认为，在实际的法律语言中，其意义相当于"禁止p"。规范词与真值联结词的嵌套造成的歧义，在"允许"概念中尤为突出。罗斯悖论就是这一类问题的反映。当我们说"允许（p或q）"时，p和q是不是都被允许呢？在标准道义逻辑中，推不出p和q都是允许的。但在日常语言中，"允许（p或q）"则意味着规范的相对人享有自由选择权，p和q都是被允许的。例如："允许吉姆喝水或喝果汁"，这句话就会被理解为：吉姆喝水是允许的，吉姆喝果汁也是允许的。冯·赖特把后一种用法称作"自由选择的允许"。这反映了道义逻辑形式语言与日常规范语言的不一致。这并不是道义逻辑系统本身的问题，但是在文献中也有许多相关的讨论。

冯·赖特最初对于道义逻辑的兴趣，源于他关于真势模态词与道义词之间有相似的可相互定义关系的发现。继1951年冯·赖特发表《道义逻辑》之后，奥斯卡·贝克（Oskar Becker）、卡林诺夫斯基（Jerzy Kalinowski）相继于1952年、1953年发表了关于道义逻辑的论文，这三位作者都讨论了真性模态词与道义词之间的相似性。此后，尽管人们从方方面面指责道义逻辑，却

第三章 道义逻辑及其存在的问题

很少怀疑 $Pp =_{df} \neg O \neg p$ 与 $Op =_{df} \neg P \neg p$ 的合理性。虽然后来有逻辑学家提出"强允许""弱允许"概念,但绝大多数人依然坚持 P 与 O 的互相定义关系。接受这种定义的道义逻辑系统实际上是只含一个初始道义算子的系统。反而是冯·赖特从发表《规范与行为》起改变了想法,认为 O 与 P 都是初始算子,两者不能互相定义。

法学家们认为道义逻辑的发展现状是不能令人满意的,一个重要的原因在于,他们认为道义逻辑对于道义词的某些逻辑刻画并不适用于法律规范词。法律规范包括限制性规范和授权性规范,限制性规范词有"应当""禁止"等,表达一种法律义务;授权性规范词有"允许"等,表达一种法律权利。在一般的道义逻辑系统中,"¬"是真值联结词,"¬Fp"解释为"Fp 为假"。不存在相应的法律义务并不等于肯定某种法律权利的存在。但是一般道义逻辑系统都有 $Pp =_{df} O \neg p$($\neg O \neg p \leftrightarrow \neg Fp$),该定义表示¬p 不是法律义务即 p 是法律权利。另外,根据道义一致原则:$Op \to Pp$,又有 p 是法律义务则推出 p 是法律权利。这些公式是道义逻辑系统的定理,在法律语境下却是难以接受的。简言之,"允许"一词有两种不同的用法,一种用法是:如果不存在对¬p 的禁止,则 p 是允许的,一般称这种意义上的允许为"弱允许";另一种用法是:如果有对于 p 的明确授权,则 p 是允许的,这种意义上的允许称为"强允许"。法律规范中的允许是强允许,而一般道义逻辑中的允许则是弱允许。一些学者从考察法律概念的基本性质和基本关系出发,提出了含有两个初始道义算子"O""P"的道义系统,但多数道义系统只含有一个初始道义算子,另一个只是被定义的符号。

可以借用希尔皮南在道义逻辑的一篇综述中的一段话来说明贯穿以上六点的核心问题:"与所有的应用逻辑一样,道义逻辑面临两个难题:如何解释道义系统中的道义算子 O、P、F 及非逻辑符号 p、q、r …;如何在道义语境下理解'真'、'有效'、'逻辑后承'这些语义概念和元逻辑概念?"[1] 为方便表述,下面将这两个问题称作"希尔皮南问题"。

对于上面这些问题的不同看法促成了道义逻辑理论的分化。与"规范、规范命题、真值"问题相关,有的道义逻辑研究规范推导,也有道义逻辑研究规范命题的推理;与"'应当是'和'应当做'"问题相关,有的道义逻辑研究"应当是"的规范的推理,也有道义逻辑研究"应当做"的规范的推理;与"道义系统的一致性"问题相关,有包含多种"应当"算子的道义系统,有弗协调的道义系统,也有非单调的道义系统或理论;与"规范词'允许'和'应当'的关系"相关,有的道义系统只以"应当"为初始概念、用"应当"来定义"允许",有的道义系统则同时以"应当"和"允许"作为初始概念;与规范或规范命题的基本形式相关,有二元的道义逻辑系统,也有一元的道义逻辑系统……

下面对 20 世纪 80 年代以后出现的一些重要的道义逻辑理论作简要介绍,并对这些理论是否合理地回答了"希尔皮南问题"作简要分析。

---

[1] Risto Hilpinen, "Deontic Logic", in *Guide to Philosophical Logic*, edited by Lou Goble, p.159.

第三节　道义逻辑理论的发展

一、研究规范推导的道义逻辑：从斯特纽斯到麦金森[1]

在道义逻辑的发展过程中，有一条非主流的线索：斯特纽斯（Stenius，1963）——奥克伦和布利津（Alchourron&Bulygin，1981）——奥克伦（1993）——麦金森（1999）。沿着这条路线发展出了研究规范推导的道义逻辑。[2] 其基本思想是：规范与陈述、命题是两种性质不同的对象。陈述、命题描述事态，是有真假的；而规范、规定、命令则旨在指派义务、权利，是没有真假的。但是我们可以问某一条规范是不是包含在一部法典中。因此，规范不具有命题的那种真值，对于这样的对象来说，只能相对于一部法典来确定规范的一种特殊意义上的"真值"：是否存在于该法典中。麦金森明确提出：如果不参照一部相对的法律系统，就不可能有规范逻辑。[3] 对于道义逻辑研究对象以及规范真值定义所采取的这种立场造成的一个结果是，不能将命题联结词"→"用于规范表达式，也不能直接运用"→"所表达的逻辑关系来研究规范推导。

---

[1] 本节参考了 Makinson. D 的 "On a fundamental Problem of Deontic Logic", norms, *Logic and Information Systems*, P. McNamara & H. Prakken, IOS Press 1999。

[2] 与规范和规范命题的区分相对应，本节将关于规范命题的推理称作规范推理，关于规范的推理称作规范推导。规范推理是基于经典逻辑的真值关系的，规范推导不是基于经典逻辑的真值关系的。

[3] Makinson. D, "On a fundamental Problem of Deontic Logic", norms, *Logic and Information Systems*, P. McNamara & H. Prakken, IOS Press 1999, p. 29.

这条线索最早可以回溯到斯特纽斯。1963年他发表了一篇论文,在这篇论文中,斯特纽斯在命题逻辑形式语言的基础上引入道义算子"O"表示义务,规定在该语言上,道义算子仅能运用于纯命题公式,从而排除了含叠置或嵌套的道义算子的表达式。一个规范系统是一个集合 A={OX：X 是命题逻辑公式}。集合 A 对于一个合适的蕴涵算子的规则封闭。在真值联结词的赋值规则之外,斯特纽斯增加了一条新的规则：$V_A(OX) = 1$,当且仅当 $OX \in A$。

这个简单的系统存在几个问题：首先,如何定义那个所谓"合适"的蕴涵算子？因为出现了形如 OX 的公式,显然不能继续采用命题逻辑中的实质蕴涵概念了。此外,斯特纽斯的理论不能处理有条件的义务和允许——而据一般的看法,二元道义表达式又无法归约为一元道义表达式。另一个问题是斯特纽斯没有刻画一个适当的"允许"的概念。

奥克伦和布利津在20世纪80年代初进一步发展了斯特纽斯的思想,解决了"蕴涵"的难题,同时定义了"强允许"概念。除了同时引入了"O"和"P"两个道义算子外,形式语言的构造与斯特纽斯相同。将"允许"处理为与义务平行的初始概念,一个非条件的规范系统 N =（A、B）,A 和 B 都是纯命题公式集。直观解释为：A 和 B 中的元素分别表示被明确要求必须实现的状态和那些被允许出现的状态。这样,一个规范系统就是由纯命题公式集构成的。其语义框架是序对（N, V）。其中,N 是任一规范系统,V 是赋值。V 给命题变元指派的真值可以理解为给出了命题相对于现实世界的真值。在该语义框架下,公式的赋值规则增加了两条：

第三章 道义逻辑及其存在的问题

$V_N(OX) = 1$ 当且仅当 $A \vdash X$

$V_N(PX) = 1$ 当且仅当对于某些 $Y \in B$，有 $Y \vdash X$

"$\vdash$"是经典逻辑中的推演，因为 A、B、X、Y 都是命题公式（集），推演不会产生问题。公式 X 是有效的，当且仅当在任意赋值框架下，都有 $V_N(X) = 1$。

在该语义下，一个纯命题公式的真值与规范系统无关，仅依赖于 V 对命题变元的指派结果；道义公式 OX、PX 的真值则与 V 的指派无关，仅依赖于 A、B 和 X 的内容。

奥克伦和布利津的理论至少存在这样两个问题：①不能处理有条件的义务和允许；②由于在 N 中 A 与 B 是相互独立的，一个规范系统可能包含冲突的规范，而原来一向被接受为有效式的公式：$O\alpha \to P\alpha$、$(O\alpha \wedge P\beta) \to P(\alpha \wedge \beta)$、$O\alpha \to \neg P \neg \alpha$ 也都成了无效式。

1993 年，奥克伦引入二元道义算子改进了上述理论。N 是一个非条件规范的系统，$Nu = (Au, Bu)$，其中 u 是一个赋值，为命题变元指派真值。$O(\alpha/\beta)$ 在 N 中为真，当且仅当对于任意赋值 u，如果 $u(\beta) = 1$ 那么 $Au \vdash \alpha$。其中"$\vdash$"是经典逻辑的推演。麦金森认为这种方法的两点不足是：①使单调性原则 $O(\alpha/\beta) \to O(\alpha/(\beta \wedge \gamma))$ 绝对有效，但实际上，如果 $\beta \wedge \gamma$ 是反职责性条件，单调性原则就不再有效；②过于严格地排除了某些原则，如传递性原则。直观上看，至少在一定条件下，公式 $O(\alpha/\beta) \to O(\beta/\gamma) \to O(\alpha/\gamma)$ 是成立的。但在奥克伦的语义下，由于对于任意赋值 u，$Au \vdash \beta$ 未必蕴涵 $u(\beta) = 1$，所以，除非 Au 中的元素在赋值 u 之下都为真，否则，表达传递性的公式就是无效的。

考虑到奥克伦（1933）的理论缺陷，麦金森基于奥克伦和布利津（1981）的成果，主要从语法推演的角度建构了一个规范推导的新理论，以刻画对反职责义务也能运用的、基于一个规范系统的规范推导。与奥克伦（1993）所定义的规范系统不同，麦金森定义了一个有条件规范的系统 N，N =（C, D），其中 C、D 都是命题公式的有序对（Φ, ψ）的集合，相应的语义框架是（N, V），N 是任一有条件规范的系统，V 是赋值，V 为命题变元指派真值。公式 α 是有效式，当且仅当在任一框架下都有 $V_N(α) = 1$。按照这一定义，法律规范命题的真假取决于一种特殊的事实——法律事实，只有相对于一部给定的法律，才能有意义地谈论法律规范命题的真假。一个事实命题的真值与规范系统无关，仅依赖于赋值 V 对命题变元的指派结果；道义公式 Oα、Pα 的真值则与 V 的指派无关，仅依赖于规范系统和 α 的内容。

麦金森认为，关于规范推理的逻辑的主要任务是基于一个法典明确给出的规范来确认、揭示那些被法典蕴含的规范，而目前的道义逻辑并没有提供相应的方法。麦金森摒弃了经典逻辑的实质蕴涵，采纳"反复分离"（iterated detachment）概念表达规范推导，从而避免了规范丧失其作为规定、命令的特有性质（不同于实质蕴涵表达真值关系）。他首先给出了规范系统的"初步结果"（gross output），在此基础上，为了应对反职责义务，建构了关于规范系统的"纯粹结果"（net output）的推导规则系统。

令 β 为任一命题逻辑公式，表示有条件的义务或允许规范中的条件，out（C, β）是在条件 β 下从 N 的义务性规范集 C 推导出的所有公式的集合。显然，$V_N(O(α/β)) = 1$ 当且仅当 α ∈ out（C, β）。关键在于如何定义 out（C, β）。麦金森给出了下列定义：符合以下规则的 Φ 属于 Out（C，β）。（为了表述方便，在 O（α/β）中，我们也称 β 为"前件"，α 为"后件"。）

（1）基础规则：（Φ，β）∈ C

（2）反复分离规则：$Φ_1$ ∈ Out（C，β）且 Φ ∈ Out（C，β ∧ $Φ_1$）

（3）强化前件规则：Φ ∈ Out（C，$β_1$）且 β ⊢ $β_1$

（4）弱化后件规则：$Φ_1$ ∈ Out（C，β）且 $Φ_1$ ⊢ Φ

（5）后件合取规则：对于所有的 1 ≤ i ≤ n，$Φ_i$ ∈ Out（C，β），且 Φ = ∧ $Φ_i$

（6）前件析取规则：对于所有的 1 ≤ i ≤ n，Φ ∈ Out（C，$β_i$），且 β = ∨ $β_i$

以上定义的 Out（C，β）称为规范系统 N 的义务性规范的"初步结果"。其特征是在推导过程中，将所有的规范当成一个整体处理。但是当条件 β 与规范的后件不一致时，困难就出现了。习惯上将这样的条件称为反职责条件。对应地，反职责义务在现实的法律、法规中是很常见的，如原《民法通则》第 68 条规定："委托代理人为被代理人的利益需要转托他人代理，应当事先取得被代理人的同意。事先没有取得被代理人同意的，应当在事后及时告诉被代理人。"其中两个规范可以分别表示为 O（p/q）和 O（r/¬p）。后一个义务即属于反职责义务。在出现反职责条件时，上述 Out（C，β）的定义会导致反直觉的结果。一个简单的例子是，设 C = {（γ，β），（¬β，⊤），（¬γ，¬β）}，在条件 β 下，直觉的判断应当是 γ ∈ Out（C，β）。但根据上述规则，γ、¬β、¬γ 都属于 Out（C，β）。为此，麦金森改进了推导规则，引进了"纯粹结果"的概念，用 out∗（C，

β）表达在 β 下从 C 推导的纯粹结果。为了使推导过程中始终保持条件 β 与规范的后件的一致性，用 L 记录推导所用到的所有规范的后件。这样，out * （C，β）的元素就是一个有序对（Φ，L）。相应地，推导则修正为：

(1) 基础规则：（Φ，β）$\in$ C，此时 L={Φ}

(2) 反复分离规则：（Φ_1，L_1）$\in$ Out * （N，β）且（Φ，L_2）$\in$ Out * （N，$\beta \wedge \Phi_1$），L= {$\lambda_1 \wedge \lambda_2$：$\lambda_i \in L_i$}

(3) 强化前件规则：（Φ，L）$\in$ Out * (N，β_1) 且 $\beta \vdash \beta_1$

(4) 弱化后件规则：（Φ_1，L）$\in$ Out * (N，β) 且 $\Phi_1 \vdash \Phi$

(5) 后件合取规则：对于所有的 $1 \leq i \leq n$，（Φ_i，L_i）$\in$ Out * (N，β)，且 $\Phi = \wedge \Phi_i$。此时，L={$\wedge \lambda_i$：$\lambda_i \in L_i$}

(6) 前件析取规则：对于所有的 $1 \leq i \leq n$，（Φ，L_i）$\in$ Out * (N，β_i)，且 $\beta = \vee \beta_i$，此时，L= $\cup$ {L_i：$i \leq n$}

根据以上规则，在条件 β 下，从 N 出发可以一步一步地进行推导，直到不一致的情形出现。[1]

限于篇幅，本书省略对上述理论的结果的介绍。

麦金森对于奥克伦理论的改进是根本性的。奥克伦采用的"$\vdash$"仍是经典逻辑中的推演，这实际上是将规范推理化归为经典逻辑的推理；而麦金森则重新定义了一套规范推导的规则。

麦金森的理论有两个技术上的问题：

(1) 反复分离规则引起的问题。根据反复分离规则，推导的前一步骤得到的结果又加入到条件上参与下一步推导，可能推

---

[1] D. Makinson: "On a Fundamental Problem of Deontic Logic" in *Norms, Logics and Information Systems*, IOS Press 1999, p. 29.

出不应有的义务。例如设 C = {(γ, α), (α, β)}。β 代表"甲欠乙 1000 美元";α 代表"甲偿还乙 1000 美元";γ 代表"乙给甲 1000 美元的收据"。根据基础规则和反复分离规则,从条件 β 下可以得到 γ,直观解释为:如果"甲欠乙 1000 美元"则"乙给甲 1000 美元的收据"。

(2) 根据一致性原则,若出现条件与后件不一致的情况,推导就无法继续进行。由此,该理论不能表达这样的情况:当事实状态为 β 时,应当¬ β。

麦金森认为问题在于其理论缺少关于义务主体和时态的算子及相应的原则,从而表达力不足。但笔者认为,问题在于上述理论所用的形式语言没有严格区分事实命题和行为命题。这里介绍的这一组道义逻辑都属于"应当是"的理论,其基本规范形式 Oα 中的 α 是命题逻辑公式,从而 Oα 的含义为:事态 α 是应当的。鉴于前面关于"应当是"与"应当做"问题的讨论,"应当是"的道义逻辑理论对于刻画法律规范推理是不充分的。可以看出,如果对事实命题和行为命题作出严格区分,则对于上述问题(1) 来说,C = {(γ, α), (α, β)} 中的两个"α"就是不相同的:前一个"α"是一个事实命题,后一个"α"是一个行为命题,那么,从条件 β 就不能得到 γ,也就是说,从"甲欠乙 1000 美元"就推不出"乙给甲 1000 美元的收据"。上述问题 (2) 中的"当事实状态为 β 时,应当¬ β"也可以表达出来了。

此外,道义逻辑并不必须以"规范"为研究对象。如果道义逻辑以规范本身为研究对象,就要借助于命令句来研究规范之间的逻辑关系。而司法裁判语境下的论证是关于已经存在的规范之间的逻辑关系的,描述既已存在的规范要使用规范命题,因而实际所作的规范推理发生在规范命题之间。以法律规范推理为例，当人们进行实际的法律规范推理时，是就已经颁布、已经存在的法律规范进行推理，而不是就制定法律的规范行为本身进行推理，因此可以说，道义逻辑是关于规范命题的逻辑。规范命题作为对规范的陈述，也同样对于人的行为具有指导作用。

二、道义逻辑与时态[1]

20世纪80年代以来，以R.H.托马森的工作为起点，研究带时态的规范成了道义逻辑领域中的一种潮流。究其背后的动机，主要有两种：一是认为要解决某些道义悖论尤其是齐硕姆悖论，时间参量的引入乃是必不可少的手段；第二种动机是认为时间要素对于人的义务而言有根本的影响，不涉及时间因素的道义逻辑语言是非常贫乏的，无法表达关于义务规范的若干基本概念。因此，一些学者主张并尝试用时间概念去丰富、充实道义逻辑，陆续产生了一些带时态的道义逻辑系统。

对于时间与义务之间关系，托马森断言："道义逻辑非要在时态逻辑中有一个基础不可，义务概念是如此深地依赖着时间考虑，以至于义务逻辑总要以适当的时态逻辑理论作为必要的基础。"[2] 他认为，义务逻辑对于时间逻辑的依赖，不仅体现在义务随时间变化而变化这一点上，而且，对于包含道义算子"O"

---

[1] 本节参考了①M. A. Brown: "Doing as We Ought: Towards a Logic of Simply Dischargeable Obligation", in *Deontic Logic*, *Agency and Normative Systems*, Springer 1996；②康宏逵编译：《可能世界的逻辑》，上海译文出版社1993年版。

[2] R. H. Thomason: Deontic Logic as Founded on Tense Logic, in Risto Hilpinen: New Studies in Deontic Logic 1981, pp. 95~124.

的形式语言来说，时态对于其逻辑后承概念有关键的影响。托马森以两个例子表明，对于道义逻辑中的某些原则是否有效的考察，必须考虑到时间的因素。其中的一个例子涉及菲奇提出的一条道义原则 Pp→OPp 的有效性问题。起初看来，我们可以构造一个反例来表明菲奇原则是无效的。设想一群高中生计划出去野餐，大家请乔治负责提供车辆。假定乔治的家人允许、他本人同意且也有合格的驾驶执照，总之，没有任何外在的因素使他不能提供车子。令 q 表示"乔治提供车子"。既然乔治既有提供车子的自由、也有不提供车子的自由，因而

(1) Pq

(2) P¬q

都是真的。同时，如果乔治说了他将提供车子，则他有了一项义务 Oq，而他说要提供车子又是被允许的，因而

(3) POq

也为真。但是我们将菲奇原则作个代入：P¬q→OP¬q，在 P¬q 为真的时候有：

(4) OP¬q

(4) 与 (3) 是不一致的。将 (4) 中的否定词前移，OP¬q 等置于¬POq。这个例子似乎表明了菲奇原则不是有效的。但据托马森看来，菲奇原则是有效的，只是这个例子本身存在问题。这个问题可以通过引入时态参量得以矫正。事实上，(3) 并不是"允许乔治有提供车子的义务"的正确表达。因为关键在于乔治本人并没有作出提供车子的承诺，如果乔治本人作出了提供车子的承诺，(2) 就不会是真的。托马森在这个例子里确定了两个不同的时间：一是乔治尚未作出承诺的时间，假定为星期一，另

一个是野餐时间，假定为星期六。令 r 表示"乔治在星期六提供车子"，那么 Or 在星期一是假的，直到乔治作出承诺，则其变成真的。而 P¬r 在星期一是真的，直到乔治作出承诺，则其变成假的。这就使得上述（2）与（3）的合取与菲奇原则的冲突得到解决。鉴于托马森本人的这种想法，他进一步考察了什么样的时态逻辑可以充当道义逻辑的合适的基础。在时态道义逻辑随后的发展中，他提出的方法是最常用的。

托马森认为，一个道义句子的真值以两种方式依赖于时间：第一种方式与时态句的真值依赖时间的方式是相同的；第二种方式是，其真值还依赖于在将来时间里有哪些可以选择的做法或情况。这种备选情况是时间的一个函数，随着时间的不同而变化。要满足道义时态的这一特征，就需要一种能表达在备选的将来可能性之间作选择的时态逻辑。描述时间线性结构的方法显然是不行的。托马森采用了阿瑟·普赖尔的非决定主义的时态逻辑理论。在该理论中，离散的时间次序具有树状结构，图 1 便是一例。

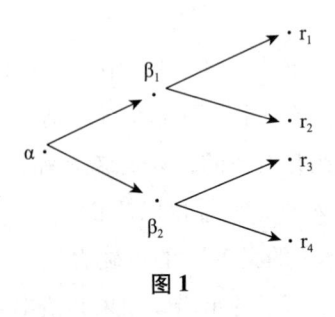

图 1

时间的模型结构是一个序对 $\langle K, < \rangle$，其中 K 是表示时间点的一个非空集，< 是 K 上的一个关系，"<" 要满足我们想要的一

些性质。如对于所有的 α，β，γ∈K，如果 β<α 且 γ<α，则：β<γ 或者 γ<β 或者 β=γ。h 表示模型结构上的一部历史，即该结构上的一条连续的线性路径，$H_α$ 是含时间瞬间 α 的全部历史的集合。在这样的时态结构下引入与道义算子"O"有关的内容。扩充后的模型结构为〈K，<，S〉。其中〈K，<〉是时间模型结构，添加的 S 用来解释道义算子。直观地说，S 表示一个时间点 α 与一个历史 h 之间的这样一种关系，如果 αSh，则 h 是时间点 α 上的一个理想的道义选择。公式 A 在时间点 α 相对于历史 h 的真值记为 $V_a^h(A)$，$V_a^h(A)$ 是用归纳法来定义的，其中由道义算子生成的公式的真值定义为：

$V_a^h(OA) = 1$ 当且仅当对于所有 g，如果 αSg，都有 $V_a^g(A) = 1$

M·A 布朗（Brown，1996）提出了历时性道义逻辑。其形式语言包括时态逻辑的"since""until"算子、表达行为、能力以及义务的算子，内容十分丰富。其语义理论以托马森的时间模型结构为基础，添加了关于行为的选择函数以及刻画规范特征的义务函数。这样扩充得到的逻辑不仅能够表达义务之间的逻辑关系，而且能够表达义务与产生该义务的行为、义务与履行该义务的行为，以及履行义务所要求的行为能力之间的关系。布朗认为，尽管把"禁止"看作静态的有一定的合理性，但"义务"在现实生活中具有十分明显的动态特征。有些义务是由某些行为所引起的。我们常常要作出承诺、签订合同、产生债权债务关系等，这些事件使我们承担了相应的义务，某些行为或事件又会使义务发生变化或消失。在义务的动态过程中，时间因素是重要的。他认为，照一般的理解，如果某人客观上没有能力完成一个行为,那么他就不应负有完成这个行为的义务,这就是"无能力则无义务"(No responsibility without ability)原则。但如果以静态的方式、相对于一个确定的时间点来考察,则会出问题。譬如说,甲去餐馆用餐后发现忘记带钱包,从乙那里借了钱来付餐费,一旦付过餐费,则甲就没有能力偿还所借乙的钱,但在这一瞬间甲没有能力还钱并不能解除甲应当还钱的义务。布朗认为,这说明我们应当在不同时态背景下重新审视义务与能力之间的关系。义务的存在是有时间性的。

尽管布朗对他的时态道义逻辑作了如下限制:只考虑一元的规范形式;不考虑"禁止"概念;将义务相对于单一的主体;等等,布朗时态道义逻辑的内容还是相当庞杂。本书对此不再作介绍。关于时态道义逻辑理论,也可以参看 stit 理论。

追究时态道义逻辑研究的初衷,我们需要思考的问题是,其一,引入时间参量是否是解决某些道义悖论(主要是齐硕姆悖论)必不可少的手段,引入时间参量以后,齐硕姆悖论是否的确得以解决;其二,时间是否是义务的根本因素,一个规范命题的真假是否必须相对于时间参量才可以确定。

笔者认为,确定时间对于解决齐硕姆这样的涉及反职责义务的悖论来说并没有那么重要的作用和影响。从前面的介绍可以看出,齐硕姆悖论的根源在于既接受道义分离规则[从 Oh 与 O(h→t) 推出 Ot],又接受事实分离规则(从¬h 与¬h→O¬t 推出 O¬t),从而推出了矛盾。一些时态道义逻辑的做法是否认初始义务被违反的事实,从而拒绝事实分离规则的使用。通过指定时间,他们认为在某个时间点,违反初始义务的行为(不去帮助邻居)尚未实际发生,而只是将要发生,因而事实分离规则不适

第三章 道义逻辑及其存在的问题

用。这种论点是不可靠的,实际上在其他一些齐硕姆悖论的版本里,能明显看出确定不同的时间背景并不足以否认初始义务被违反的事实。另外的一些时态逻辑承认初始义务确实被违反了,事实分离规则是适用的。但是,从初始义务事实上被违反了的那一时间点开始,原来的初始义务(应当帮助邻居)就不再成为一个义务了,因而拒绝道义分离规则的使用。以齐硕姆的例子来说,琼斯应当帮助他的邻居就不再成立了。笔者认为这是没有道理的,诸如"人应当诚实守信""应当帮助你的邻居"这样的一般义务并不是那么容易受时间因素左右的,即使一个人实际上不诚实或者没有去帮助他的邻居,这些义务也依然成立。卡斯特尼达认为,英语中的"应当"永远都是现在时态的,因此,一旦根据某条规范一个人应当 A,那么自此开始,这个人就一直应当 A。他的看法至少对于一般性的义务来讲是成立的。

对于有条件的义务来说,其成立与否要依赖时间因素。例如某人从图书馆借了一本书,则他还这本书的义务只存在于从借书到还书的这一段时间里。但是,该义务的成立所依赖的时间因素可以用二元规范的条件来表达。就这个例子来说,可以表示为"O 还书/借了书并且未还"。这也说明,影响义务成立与否的根本因素并不是时间,而是包含了时间因素的事实情况。这种事实情况可以表示为有条件的规范的条件。研究道义逻辑并不是必须要以时态逻辑为基础。毕竟,时间仅仅是与规范推理相关联的各种因素(如时间、主体、环境及其他偶然情况)中的一个,把这些因素都作为参量加到公式上去,这种逻辑是很难处理的,在道义逻辑的基础理论尚不成熟的情况下,这种做法也是不恰当的。

三、关于"应当做"的道义逻辑

"应当做"的规范命题是将规范词用于行为表达式的一种命题。在道义逻辑研究中又存在两种不同的表达行为的方式,一是直接引入行为变元和行为联结词;另一种是用"主体+事态"来表示行为。梅耶的动态道义逻辑采取的是第一种方式,而stit-道义逻辑采取的是第二种方式。

1. J. J. 梅耶的动态道义逻辑 PDel[1]

梅耶将道义逻辑归约为动态逻辑的一种类型。动态逻辑最初是在计算机科学中提出的,用于证明计算程序的正确性。动态逻辑用于研究行为是相当自然的,因为计算机的程序实际上不过是一个操作序列,而这种操作可以看成某种行为。像一般的动态逻辑一样,梅耶严格区分了命题和行为:其一,命题是可以被断定的,而行为是可以被实施或被完成的。OΦ这样的表达式是没有意义的,像OOΦ这样的表达式也是没有意义的,OOΦ将算子"O"用于一个命题OΦ,该命题陈述Φ是一项义务。其二,一个行为可以使目前的状态发生改变,而一个命题则不能。其三,行为改变世界状态的过程伴随着时间的流逝,是动态的;而命题则是静态的。他认为借助于区分命题和行为,可以避免道义逻辑中的许多悖论。这与卡斯特尼达的看法是一致的。

梅耶首先给出了表达行为和命题的语言,其核心概念是与行

---

〔1〕 这一部分内容参考了 Meyer J. J. C: "A Different Approach to Deontic Logic: Deontic Logic as an Variant of Dynamic Logic", Notre Dame Journal of Formal Logic Vol 29 Number 1 Winter 1988。

为α相关的模态算子［α］，表达式［α］Φ意谓：如果行为α被实施前［α］Φ成立，那么在行为α被实施之后Φ成立。简言之，［α］Φ意谓：如果实施了行为α，那么作为其结果，Φ将成立。［α］Φ是比以往道义逻辑中的α⊃Φ更优化了的表达形式，其优点在于将行为和命题区分为不同的对象。

用 Act 表示行为表达式的集合，Ass 表示命题的集合。令 A 是一个有穷的字母表，A = {α、β、γ…}，α、β、γ…指称原子行为。Act 是满足下列条件的最小集合：

（i）对于任意 α∈A，α∈Act；

（ii）常元 $\underline{\varnothing}$∈Act，$\underline{U}$∈Act（$\underline{\varnothing}$读作 failure；$\underline{U}$读作 whatever）；

对于任意 $α_1$，$α_2$∈Act、Φ∈Ass：

（iii）序列行为：$α_1$；$α_2$∈Act，读作"先做 $α_1$，然后做 $α_2$"；

（iv）选择行为：$α_1 \cup α_2$∈Act，读作"做 $α_1$ 或者做 $α_2$"；

（v）合取行为：$α_1 \& α_2$∈Act，读作"做 $α_1$ 同时做 $α_2$"；

（vi）有条件的行为：Φ→$α_1/α_2$∈Act，读作"如果 Φ 则做 $α_1$，否则做 $α_2$"；

（vii）负行为：$\overline{α_1}$∈Act，读作"不做 $α_1$"。

Act 中所有不带条件的行为组成的集合记作 Act_0。

Ass 是满足以下条件的最小集合：

（i）Ass 包含一个确定的命题字母集；

（ii）作为常元的命题字母 V∈Ass；

对于任意 $Φ_1$，$Φ_2$∈Ass、α∈Act：

(iii) $\Phi_1 \vee \Phi_2$, $\Phi_1 \wedge \Phi_2$, $\Phi_1 \supset \Phi_2$, $\Phi_1 \equiv \Phi_2$, $\neg \Phi_1 \in Ass$;

(iv) $[\alpha] \Phi_1$, $\langle\alpha\rangle \Phi_1 \in Ass$。

梅耶认为不论从形式的角度还是从语义的角度看，道义模态词"禁止"都比"应当"更易于处理，因此，他将F作为初始算子。在将Fα（禁止做行为α）归约为动态逻辑表达式时借鉴了安德森的归约方法。被定义的符号有：

True 是 $\Phi_1 \vee \neg \Phi_1$, False 是 $\neg$ True 的缩写；

Fα 是 $[\alpha]$ V 的缩写；

Oα 是 F$\bar{\alpha}$ 的缩写；

Pα 是 $\neg$ Fα 的缩写。

此外，约定p在Ass的满足条件（i）和（iii）的子集上取值，即p表示命题逻辑中的命题。

对于Act中的行为的直观解释如下：设想一个人处于一个世界σ上，一些命题在σ上成立，通过实施行为α，到达了另一个世界σ'。在σ'上成立的命题可能在σ上不成立，因为α可能会使一些情况发生改变。例如，如果在σ上命题$\Phi=$"花瓶A是蓝色的"为真，α是行为"给花瓶A涂红色"，则Φ在σ'中不再成立，而$\Phi'=$"花瓶A是红色的"在σ'上为真。α使σ映射到世界集 W（α, σ）上。一些行为算子的语义解释为：

（1）α_1; α_2 表示先做 α_1，然后做 α_2，因此，W（α_1; α_2, σ）= $\cup$W（α_2, σ'）、$\sigma' \in$ W（α_1, σ）

（2）$\alpha_1 \underline{\cup} \alpha_2$ 表示或者做 α_1 或者做 α_2，也可能两者同时做：W（$\alpha_1 \underline{\cup} \alpha_2$, σ）= W（α_1, σ）$\cup$W（α_2, σ）$\cup$W（$\alpha_1 \& \alpha_2$, σ）

（3）$\bar{\alpha}$ 表示不做 α。梅耶没有用 α 的语义来明确 $\bar{\alpha}$ 的语义，

而是要求可满足以下性质：

(i) $\bar{\bar{\alpha}}=\alpha$

(ii) $\overline{\alpha_1；\alpha_2}=\overline{\alpha_1}\underline{\cup}(\overline{\alpha_1}；\overline{\alpha_2})$

(iii) $\overline{\alpha_1\cup\alpha_2}=\overline{\alpha_1}\&\overline{\alpha_2}$

(iv) $\overline{\alpha_1\&\alpha_2}=\overline{\alpha_1}\underline{\cup}\overline{\alpha_2}$

(v) $\overline{\Phi\to\alpha_1/\alpha_2}=\Phi\to\overline{\alpha_1/\alpha_2}$

（4）∅读作 Failure，表示任何行为都不做，这意味着在做∅之后，导向的可能世界的集合是空集。

（5）$\underline{U}$ 读作 whatever，$\underline{U}$ 是∅的补，实施 $\underline{U}$ 意味着某个原子行为集中的所有行为同时被实施。

关于命题的解释有：

对于任意 $\Phi\in$ Ass：$\sigma\vdash\Phi$ 当且仅当 Φ 在 σ 中成立；

$\vdash\Phi$ 当且仅当对于所有 $\sigma\in\Sigma$，$\sigma\vdash\Phi$。（Σ 是全体可能世界的集合）

命题联结词的语义规则不变。此外：

（1）$\sigma\vdash[\alpha]\Phi$ 当且仅当 $\forall\sigma'\in$ W (α,σ)：$\sigma'\vdash\Phi$

（2）$\sigma\vdash\langle\alpha\rangle\Phi$ 当且仅当 $\sigma\vdash\neg[\alpha]\neg\Phi$，即，$\exists\sigma'\in$ W (α,σ)：$\sigma'\vdash\Phi$

（3）V 是命题常元，表示"不理想的事态"，或者"惩罚"、"麻烦"等。缩写形式 Fα、Oα、Pα 的语义规则是：

（1'）$\sigma\vdash$Fα 当且仅当 $\sigma\vdash[\alpha]$V

（2'）$\sigma\vdash$Oα 当且仅当 $\sigma\vdash$F$\bar{\alpha}$

（3'）$\sigma\vdash$Pα 当且仅当 $\sigma\vdash\neg$ Fα

这里的模态算子 [α] 很弱，相当于克里普克语义下的最小模态系统 K 的 □-算子。

梅耶给出了基本的道义命题逻辑系统 PDel：

公理：

(PC) 命题演算的全体重言式

(□⊃) [α]($\Phi_1 \supset \Phi_2$) ⊃ ([α]Φ_1 ⊃ [α]Φ_2)

(;) [$\alpha_1; \alpha_2$]Φ ⊃ [α_1]([α_2]Φ)

(∪) [$\alpha_1 \cup \alpha_2$]Φ ≡ [α_1]Φ ∧ [α_2]Φ

(&) [α_1]Φ ∨ [α_2]Φ ⊃ [$\alpha_1 \& \alpha_2$]Φ（要求 α_1 与 α_2 持续的时间相等）

(→/) [$\Phi_1 \to \alpha_1/\alpha_2$]$\Phi_2$ ≡ (Φ_1 ⊃ [α_1]Φ_2) ∧ (¬Φ_1 ⊃ [α_2]Φ_2)

(◇) ⟨α⟩Φ ≡ ¬[α]¬Φ

($\overline{;}$) [$\overline{\alpha_1; \alpha_2}$]Φ ≡ [$\overline{\alpha_1}$]Φ ∧ [$\alpha_1$][$\overline{\alpha_2}$]Φ

($\overline{\cup}$) [$\overline{\alpha_1}$]Φ ∨ [$\overline{\alpha_2}$]Φ ⊃ [$\overline{\alpha_1 \cup \alpha_2}$]Φ（要求 α_1 与 α_2 持续的时间相等）

($\overline{\&}$) [$\overline{\alpha_1 \& \alpha_2}$]Φ ≡ [$\overline{\alpha_1}$]Φ ∧ [$\overline{\alpha_2}$]Φ

($\overline{\to/}$) [$\overline{\Phi \to \alpha_1/\alpha_2}$]$\Phi_1$ ≡ (Φ ⊃ [$\overline{\alpha_1}$]Φ_1) ∧ (¬Φ ⊃ [$\overline{\alpha_2}$]Φ_1)

(=) [$\overline{\overline{\alpha}}$]Φ ≡ [α]Φ

(∅) [∅]Φ

规则：

(MP) Φ, Φ⊃Ψ / Ψ

(N) Φ ∥ [α] Φ

在 PDeL 的定理和导出规则中，既有显然成立、普遍接受的公式，也有一些存在争议的结果，包括罗斯悖论、导出的义务悖论等。但是梅耶认为，这些并不是真正的悖论，因为在对形式语言作严格解释的情况下，这些公式并不悖理，甚至还很自然。而真正损害道义逻辑的悖论如齐硕姆悖论，在 PDeL 系统中是不存在的。齐硕姆悖论的四个命题：

(Ch1)　应当做 p
(Ch2)　若做了 p 则做 q，这是应当的
(Ch3)　若没有做 p，则应当做非 q
(Ch4)　没有做 p

在标准道义逻辑中表示为：

$$Op \land O(p \to q) \land (\neg p \to O \neg q) \land \neg p$$

已经证明该表达形式导出矛盾。在梅耶系统中，可以表示为：

$$O\alpha_1 \land [\alpha_1] O\alpha_2 \land [\overline{\alpha_1}] O\overline{\alpha_2}$$

从该表达形式可以推出：

$$O(\alpha_1; \alpha_2) \land [\overline{\alpha_1}](V \land O\overline{\alpha_2})$$

但不会推出任何成问题的结论。可以看出，首要的义务（或称一般情况下的义务），是先做 α_1，后做 α_2，但如果没有做 α_1，则做 α_2 是被禁止的。

自由选择的允许悖论也可以得到恰当的处理。梅耶认为关键

是要正确理解"允许"的含义。在系统 PDeL 中，定义 $P\alpha \equiv \neg F\alpha \equiv \langle \alpha \rangle \neg V$ 表明，梅耶对"允许"采取了这样的用法：α 是允许的，当且仅当存在一些做 α 的方式，以这些方式做 α 不会引起 V 的结果。但是日常语言中"允许"的一般用法有着更丰富的含义：除了做 α 可能不会引起 V 的结果外，还暗示着以何种方式实施 α 是由行为主体自由选择的。日常语言中的这种"允许"在 PDeL 中可以表示为：$P_F\alpha \equiv P\alpha \wedge [\alpha] \neg V \equiv \langle \alpha \rangle \neg V \wedge [\alpha] \neg V$，即做 α 可能不会引起 V，并且任何做 α 的方式都是允许的。

罗斯悖论在 PDeL 中的相应表达形式为：$O\alpha_1 \supset O(\alpha_1 \cup \alpha_2)$。人们之所以感觉到命题："一个人应当寄出这封信蕴涵这个人应当寄出或烧掉这封信"不符合直观，是因为通常认为，当一个人有义务履行行为 α 的时候，以何种方式来完成这个行为是由行为主体自己来决定的。因此，当 $O(\alpha_1 \cup \alpha_2)$ 为真时，完成 $\alpha_1 \cup \alpha_2$ 这一行为，既可以通过实施 α_1 来实现，也可以通过实施 α_2 来实现。换言之，做 α_1 或者做 α_2 都是被允许的。梅耶将这种日常语言中的"应当"记为 O'。用"自由选择的允许"将 O' 定义为：$O'\alpha \equiv O\alpha \wedge P_F\alpha \equiv [\overline{\alpha}] V \wedge [\alpha] \neg V \wedge \langle \alpha \rangle \neg V$。对于如此定义的 O' 来说，公式 $O'\alpha_1 \supset O'(\alpha_1 \cup \alpha_2)$ 是不成立的，因为公式 $P_F\alpha_1 \supset P_F(\alpha_1 \cup \alpha_2)$ 不成立。同时，O 表达的"应当"概念在系统中仍然是有价值的。

梅耶将 PDeL 视为一个基本的道义逻辑系统，考虑了 PDeL 的各种可能的扩张。本书对此不再作介绍。总的来说，他所提出的道义逻辑系统为规范推理提供了一个新的框架。尽管是以安德森的归约方法为基础，但梅耶的系统不包含安德森系统中原有的

第三章 道义逻辑及其存在的问题

一些不合理的结果，一些成问题的定理如 OOP⊃OP 在 PDeL 中甚至不是合式的表达式。

值得说明的是，由于梅耶的动态道义逻辑并没有采用"道义理想世界"这一语义手段来解释道义表达式，这使得其系统可以表达冲突的义务——冲突义务的存在并不导出逻辑的不一致。例如，$O(\alpha \& \overline{\alpha}) \equiv O\alpha \wedge O\overline{\alpha}$，它表示：不论一个人怎样做，都会引起 V 的结果，这从道义或法律的层面看是不合乎情理的，但从逻辑上看，却没有任何悖理之处，而现实生活中也往往会出现这样的情况。如果我们不希望系统中存在冲突的规范，可以在 PDeL 上增加一条公理：$\neg O(\alpha \& \overline{\alpha})$。

梅耶只证明了其道义系统的可靠性，未能得到其完全性结果。

梅耶的道义逻辑明确地将规范形式 $O\alpha$、$F\alpha$、$P\alpha$ 中的 α 解释为"行为变元"，与众多"应当是"的道义逻辑相比，这是 PDeL 的一个进步。但是，由于梅耶的道义逻辑主要是将行为与真势模态算子结合、并对规范形式 $O\alpha$、$F\alpha$、$P\alpha$ 的语义解释援引了安德森的归约定义（使用一个命题常元"V"和真势模态算子来定义 $O\alpha$、$F\alpha$、$P\alpha$），一方面，不适当地强调了道义模态与真势模态之间的类似性；另一方面，作为梅耶道义逻辑基础的行为理论将行为的语义解释建立在时间概念之上，所理解的行为实际上是"个体行为"，而法律规范中的行为则属于"类属行为"，因此，这种行为理论不适于解释法律规范。详细的讨论参看第四章第一节。

动态道义逻辑面临的主要问题是如何将行为与道义算子结合起来。在这个意义上说，梅耶的道义逻辑并没有很好地解决"希尔皮南问题"。

2. stit-道义逻辑[1]

stit-道义逻辑以 O [αstit: A] 为义务规范的表达形式。规范形式的语义解释以 stit 算子和 O 算子为基础。

正如前面所说,一般的"应当是"的道义逻辑公式无法表明归责主体。这种道义逻辑的"应当"不排除这样的语句:"明天应当下雪"。这句话表示,在所有相对的理想世界,"明天下雪"都是真的。由此并不蕴涵着任何人负有使明天下雪的义务,也不要求任何人具有相应的能力。但人们期望的是刻画人的义务的道义逻辑。stit 理论正是引入了带主体的表达形式,stit 是"sees to it that"的缩写。根据对道义算子的用法进行限制的论点(Ristricted Complement Thesis),道义算子只能出现在 stit 的前面。

带主体的道义逻辑所研究的道义算子"O"是相对于某个确定的行为主体的,因而也算是一种包含多个 O-算子的道义逻辑。R. 托马森曾经说:"道义逻辑学家似乎认为只有单一的 O,因而将'约翰应当向简道歉'表达为 OPa(Px 表示'x 向简道歉')、将'比尔应当向简道歉'表示为 OPb。从语义角度讲,这意味着只有唯一的一个'应当'集,该集合对任何人都适用。这是不正确的。每一个人都有他自己的'应当'集,上面两个句子应当分别为 $O_a Pa$、$O_b Pb$。"[2]

---

[1] 这一部分内容参考了 John F. Horty & Nuel Belnap: "The Deliberative Stit: A Study of Action, Omission, Ability, and Obligation", in *Journal of Philosophical Logic*. Vol 24, 1995, pp. 583~644。

[2] Richmond Thomason, "Deontic Logic and the Role of Freedom in Moral Deliberation". In Risto Hilpinen: *New Studies in Deontic Logic*, Dordrecht 1981, pp. 177~186.

stit 理论又包括两种类型，一种是贝尔纳普（Nuel Belnap）和佩洛夫（Michael Perloff）提出的 stit 理论（或称 stit），另一种是库茨切拉（Kutschera）与约翰·哈迪（John Horty）提出的 deliberative stit 理论。后者简记为 d-stit 理论（或称 d-stit）。

stit 理论以非确定性的时间框架为基础，在这种框架下，时间具有树形结构（参考前面的时态道义逻辑）。

第一，stit 理论。

stit 算子是用来表示某主体保证一种事态的成立这一想法的，形如 [αstit：A] 的表达式的含义是：主体 α 此前的选择（行为）保证了 A 现在的成立。为了表达 stit 的意义，要用到"某个主体的选择"和"现在"这些概念，因此，在基本的时间框架上需要增加三个成分：Agent、Choice 和 Instant。

Agent 是主体的集合，其中的元素是在一定的时间点上实施行为、做出选择的个体。这里的行为或选择被视为瞬间的，这种瞬间的行为或选择限定了历史进程的发展。举例说明：琼斯给面包涂黄油的行为，是把将要成为现实的历史进程限定在其中琼斯的面包涂了黄油的那些历史的范围之内。当然，这样的行为并不能决定唯一的历史进程，因为许多事情是该行为所无法左右的。

Choice 是用来表示在某个时间点上某个主体的可行的行为选择（choice open to him at that moment），即就该主体的能力而言，他对于历史的发展所可能施加的影响力。选择函数 Choice 将一个主体 α 和时间点 m 映射到经过 m 的所有历史的集合 H(m) 的一个分类 $choice_\alpha^m$ 上，$choice_\alpha^m$ 中的等价类可以看作 α 在 m 的可能的选择，通过在 m 实施某行为，α 能够从 $choice_\alpha^m$ 的等价类中确定一个。另外，约定 $choice_\alpha^m$(h)（其中 h∈H（m））表示从 $choice_\alpha^m$ 所做的特定选择包含着 h。为了使选择函数 Choice 有意义，要求任意在 m 点尚未分叉的两个历史必须属于同一个等价类。

Instant 是一个个瞬间的集合，将所有的时间点横向地分为若干等价类。属于同一个等价类的所有时间点（每个时间点属于不同的历史）是同时发生的。包含时间点 m 的瞬间记为 i（m）。如果 i_1 上的时间点 m 在 h 上的位置晚于 i_2 上的时间点 n 在 h 上的位置，相同的关系对于 i_1 与 i_2 在其他历史 h' 上包含的时间点同样成立。这就对于时间树作了一个严格限制，使得所有的历史在时间序上是同态的，从而可以对不同历史上的时间点作先后的比较。

因此，stit-模型 M =〈Tree, <, Agent, Choice, Instant, V〉。其中赋值 V 将每个命题常元映射到一个 m/h 对子的集合上。

为了给出 stit 的赋值规则，需要先定义一个辅助的概念：$choice_\alpha^m$-等价。设时间点 m_1 和 m_2 属于同一个瞬间，即有 i（m_1）= i（m_2），考虑某个时间点 w，w<m_1 且 w<m_2，如果 m_1 和 m_2 属于 $choice_\alpha^w$ 中同一等价类里的两个历史上，则称 m_1 和 m_2 是 $choice_\alpha^w$-等价的。

stit-模型 M 中的带有索引项 m/h 的赋值规则如下：

（1）若 A 是一个原子公式：M, m/h ⊨ A 当且仅当 m/h∈V（A）；

（2）对真值函数的定义不变；

（3）过去算子 P：M, m/h ⊨ PA 当且仅当存在 m'/h，其中

m′<m，且 M，m′/h ⊨ A；

（4）将来算子 F：M，m/h ⊨ FA 当且仅当存在 m′/h，其中 m<m′，且 M，m′/h ⊨ A；

（5）stit 算子：M，m/h ⊨ [α stit：A] 当且仅当存在一个时间点 w<m 使得：

（i）对于所有与 m $choice_\alpha^w$-等价的 m′，有 M，m′/h′ ⊨ A，其中 h′∈H（m′）；

（ii）存在时间点 m″∈i（m）、w<m″，M，m″/h″ ⊭ A，其中 h″∈H（m″）。

（6）□算子：M，m/h ⊨ □A 当且仅当对于所有的 h′∈H（m）：M，m/h′ ⊨ A。

第（5）条定义体现了两方面的要求。一是正面的要求：作为 α 先前的行为选择的结果，历史的发展保证 A 在 m 所属的瞬间成立，由于 α 无法以其在 w 作出的选择来确定唯一的历史，他不能保证我们实际到达 m，但是能够保证到达与 m $choice_\alpha^m$-等价的某个时间点，而在所有这样的时间点上，A 都是成立的。二是反面的要求：从 w 点来看，A 在现在这一时间点上并不必然为真，从而 α 在 w 点作出的选择会对于 A 现在的真起着实质性的作用。

第二，d-stit 理论。

d-stit 理论也同样以树形时间框架为语义基础，它与贝尔纳普-佩洛夫的 stit 理论的主要不同在于：前者对于 [αstit：A] 的赋值定义必须参照两个不同的时间点，一个是给出 stit 公式及其结果 A 的真值的时间点，另一个是在此之前主体作出行为选择的时间点。d-stit 与此不同，对形如 [αdstit：A] 的公式的赋值定义只须参考一个时间点,即主体作出行为选择、以保证 A 将来的实现的那个时间点。由于行为选择只对将来的事态发生影响,可以很自然地把 [αdstit：A] 中的 A 看成是将来时态的。也正是出于这个原因,该 stit 概念被称为 deliberative stit。

相对于一个 m/h, d-stit 的真值条件为:

M, m/h ⊨ [αdstit：A] 当且仅当:(i)对于任意 h′ ∈ $choice_\alpha^m$(h), M, m/h′ ⊨ A;(ii)存在 h″ ∈ H(m)使得 M, m/h″ ⊭ A。

条件(i)和(ii)类似于前面 stit 真值定义中正面的要求和反面的要求。

可以看出,在这两种 stit 理论中,Istant 所起的作用不同。由于 stit 是以两个不同的时间点为参照,Instant 在其中起着实质性的作用,而对于 d-stit 来说,Instant 是不需要的,因此,可以从 d-stit 的模型中去掉 Instant,使 d-stit 的模型更为简单。

这两种 stit 理论对于刻画带主体的逻辑来说哪一个更为合理呢?这需要比较两种理论的异同。

这两个理论都使下列公式有效:

RE:A ≡ B / [αdstit：A] ≡ [αdstit：B]

C:[αdstit：A] ∧ [αdstit：B] ⊃ [αdstit：A ∧ B]

T:[αdstit：A] ⊃ A

4:[αdstit：A] ⊃ [αdstit：[αdstit：A]]

T 的一个代入特例为:[αdstit：[αdstit：A]] ⊃ [αdstit：A],与 4 一起可以得到:[αdstit：A] ≡ [αdstit：[αdstit：A]],这正是叠置的(d) stit 的归约公式,可以看出(d) stit 的模态与 S4 类似。另一方面,下面的公式在这两个理论中都是无效的：

M：［αdstit：A∧B］⊃［αdstit：A］∧［αdstit：B］

由于 M 是无效的，因而这两个逻辑都不对逻辑后承关系封闭，并且，关于⊤有：

$\overline{N}$：¬［αdstit：⊤］

对于 stit 与 d-stit 的上述结果是存有争议的，切拉斯（Chellas）对于 M 和 $\overline{N}$ 都提出了明确的反驳意见，并且提出了一个不包含反面要求的新的 stit 概念，可以将其记为 cstit。

stit 与 d-stit 之间的另一个不同是，在贝尔纳普的 stit 理论中，分离规则

　　SMP：［αstit：A］∧［αstit：A⊃B］⊃［αstit：B］

是无效的。而在 d-stit 中，分离规则

　　SMP′：［αdstit：A］∧［αdstit：A⊃B］⊃［αdstit：B］

是有效的，因而，d-stit 对于分离规则是封闭的。

对于各种 stit 理论的公理化问题和判定性问题，徐明教授作了研究和探讨。[1] 对于不含时态算子且只相对于单一主体的 d-stit，他以 d-stit 和时间的必然性算子□为初始概念，将切拉斯的 cstit 作为被定义的联结词：［αcstit：A］$=_{df}$［αdstit：A］∨□A，给出了下列公理系统：

(1) 全体重言式

(2) □（A⊃B）⊃□A⊃□B

(3) □A⊃A

(4) ¬□¬A⊃□¬□¬A

---

[1] Ming Xu：''Logics of deliberative stit'', Manuscript, 1992.

(5) ［αcstit：A⊃B］ ⊃ ［αcstit：A］ ⊃ ［αcstit：B］

(6) ［αcstit A］ ⊃A

(7) ¬ ［αcstit：¬ A］ ⊃ ［αcstit：¬ ［αcstit：¬ A］ ］

(8) ［αdstit：A］ ⊃¬ □A

规则有两条：

MP

RN：A / □A

(3) 基于 stit 的道义逻辑。

到现在为止，我们尚未提及 stit 与道义算子的结合。为了将 stit 与道义算子结合起来，首先要把道义逻辑的概念引入到树形时间框架上来。就像在一般道义逻辑中，"应当"算子的解释依赖于一个非空的理想世界的集合：在这些世界上，所有"应当"的都得以实现。如果 A 在所有这样的世界上都成立，则 OA 是真的。在树形时间框架这一背景下，一个可能世界体现为一个历史，相对于 m 点可能的世界组成了集合 H（m）。形如 OA 的公式相对于 m/h 为真，如果对于 H（m）中所有理想的历史 h′来说，A 相对于 m/h′为真。因此，为了给出"O"的解释，需要在（d）stit 的框架上补充一个函数 Ought，该函数将每一个时间点 m 映射到 H（m）的一个非空子集 Ought（m）上，由此得到的框架为结构〈Tree，<，Agent，Choice，Ought，Instant〉。对于 d-stit 来说，Instant 是可以去掉的。在基于该语义结构的模型 M 上，"O"算子的赋值规则为：

M，m/h ⊨OA 当且仅当对于任一 h′∈Ought（m），M，m/h′⊨A

这种"应当"的逻辑，与标准道义逻辑一样，不能允许冲突的义务,即 OA∧O¬A 是不可满足的。"应当"是一个正规模态算子。

早在1964年,齐硕姆就提出并尝试用"应当(α 使得 A 成立)(It ought to be that α brings it about that A)"来定义"α 应当使得 A 成立(α ought to bring it about that A)"。现在,追随着同样的思路,可以将基于时间框架的应当与某种 stit(这里选择的是 d-stit)理论结合起来,得到形如 O［αdstit：A］的公式。其直观的意思为:α 应当使得 A 成立。在新的语义背景下,在特定的时间点 m、α 应当做什么,取决于 Ought(m)对 $choice_\alpha^m$ 过滤的结果。即 O［αdstit：A］在 m/h 上为真,当且仅当,对于任意 h′∈Ought(m),有［αdstit：A］在 m/h′上为真。

由于 O 是一个正规模态算子,因而有:

$A_1 \land A_2 \land \cdots \land A_n \supset B \parallel OA_1 \land OA_2 \land \cdots \land OA_n \supset OB$

将这一规范与前面介绍的 d-stit 的 C 与 SMP 合起来,可以得到:

O［αdstit：A］∧O［αdstit：B］⊃O［αdstit：A∧B］

O［αdstit：A］∧O［αdstit：A⊃B］⊃O［αdstit：B］

但标准道义逻辑中的一些有效公式,在用"α 应当做"来替代"应当是"以后,则成了无效的公式,如:

O［αdstit：A］⊃O［αdstit：A∨B］

O［αdstit：A∧B］⊃O［αdstit：A］

第一个公式在标准道义逻辑中对应的公式产生了罗斯悖论,在"α 应当做"这一新的道义逻辑中,不再有罗斯悖论。

(4)对 d-stit 道义逻辑的评论。

d-stit 道义逻辑对 O［αdstit：A］的语义解释是以 OA 与

[αdstit：A] 为基础的，即一个个体 α 应当做什么，取决于一般的"应当是"与 α 个人的行为选择能力。那么，O [αdstit：A] 与 OA 有什么样的关系、以非主体的 OA 来定义 O [αdstit：A] 是否恰当呢？

公式

$$O [αdstit：A] \supset OA$$

是有效的，这很容易在第三部分介绍的语义框架上得到证明。该公式的含义是：如果 α 应当使得 A 成立，则 A 是应当的。这是符合我们的直观的：任何不是应当的事情都不会成为某个人的义务。而公式

$$OA \supset O [αdstit：A]$$

则是无效的。如果 A 是应当的，但 α 并不具备使 A 实现的能力，则应当使 A 成立就不应当是 α 的一项义务。表达这一思想的哲学命题是"应当蕴涵能够"。那么，如果 α 有能力使 A 实现，则是否使 A 成立就是 α 的一项义务呢？实际上，公式

$$OA \wedge \Diamond [αdstit：A] \supset O [αdstit：A]$$

也是无效的。贝尔纳普举了这样一个例子来说明该公式为什么不是有效的。设想琳达想买一匹售价 $15 000 的马，但她只有 $10 000 可供支配。图 2 左面的方框代表她的第一种行为选择：付出 $10 000 请求交易，而此后事情的发展就不是她能掌控的了。其中 h_1 表示卖主接受了琳达的出价，琳达以 $10 000 的价格买到了这匹马，$h_2$ 代表卖主拒绝交易。在所列出的各个 h 中，唯有 h_1 是理想世界。令 p 表示命题"琳达的钱减少了 $10 000"，由于 p 在 h_1 中为真，则有 Op。而琳达有能力使 p 为真（像图 2 中间的方框所表达的，琳达也许会把自己的 $10,000

扔进大海),即◇[αdstit: A]也为真,但我们绝对不会由此推出O[αdstit: A]。

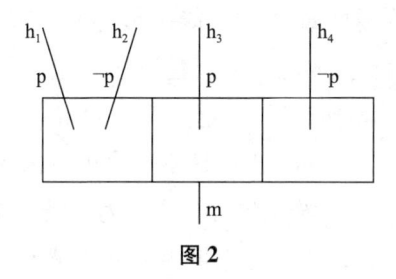

图 2

再来考虑以非主体的OA来定义O[αdstit: A]是否恰当。问题也可以这样表述:由Ought-to-be所规定的理想与否的一般标准得出每一个主体的义务,这种做法是否是合理的。

哈曼(Gilbert Harman)[1]对此提出了下述反对意见。他认为必须区分两种不同的"应当",他分别称作"情势的应当(situational oughts)"与"个体的应当(agent-implicating oughts)"。譬如说,运动员比尔在跳水比赛中表现是最好的,但裁判存有偏见,将金牌授予别的选手。这时,如果有人说"比尔应当获得金牌",这就属于"情势的应当","情势的应当"反映了对当时情况的一种判断,虽然也可以表达为"(比尔获得金牌)是应当的",但这并不表明比尔负有相应的义务;即使比尔没能获得金牌,他也无须对此负责。况且,对于这件事他是无能为力的。而如果有人说:"比尔应当认真参加训练",这就属于"个体的应当",该句子蕴涵着比尔有能力做到认真参加训练并且有义务这样做,否则就应该受到责罚。哈曼认为,将"带主体的应当"

---

[1] Gilbert Harman, *Change in View: Principles of Reasoning*, The MIT Press, 1986.

归约为"不带主体的应当"就混淆了"情势的应当"与"个体的应当"。

笔者认同哈曼的说法，不能一般地用"应当是"定义 O[αdstit：A]，而首先要对"应当是"中"应当"的用法加以区分。只能用"个体的应当"来定义 O[αdstit：A]，用"情势的应当"来定义 O[αdstit：A]是不恰当的。因为，就非主体的"应当是"来说，一个给定的时间点 m 对应着一个唯一的理想世界（历史）的集合，这个理想世界的集合被预设适用于所有的主体。但是显而易见的是，根据每个人具有的社会角色与所承担责任的不同，每个人的义务都是不一样的。虽然前述 O[αdstit：A]理论的确能反映不同个体义务的不同（由于每个个体的行为选择分类是不同的：$choice_\alpha^m$ 是带主体下标的，因而相同的理想世界集对每个个体的行为选择函数的过滤结果也不同，即每个个体的义务不同），但这样做似乎还不够：作为理想世界的集合本身也应当是有个性色彩的，也应当带有主体下标。

为此，可以对原有的语义框架稍作修改，使得框架 〈Tree，<，Agent，Choice，Ought〉 中的 Ought 不再是由时间点 m 映射到 H(m) 的子集 Ought(m) 上的一个一元函数，而是由任一主体 α 和时间点 m 映射到 H(m) 的子集 $Ought_\alpha(m)$ 上的一个二元函数，$Ought_\alpha(m)$ 中的世界看作是从时间点 m、并且从主体 α 的角度来看的理想世界的集合。相应地，形式语言不再是含有单一的一个道义算子 O，而是含有一组带不同的主体下标的道义算子 O_α、O_β……。相应的赋值定义为：

M，m/h ⊨ O_αA iff 对于任一 h′ ∈ $Ought_\alpha$(m)，有 M，m/h′ ⊨ A

第三章 道义逻辑及其存在的问题

由于对不同主体的应当集之间的关系不加限制，会出现若干非标准的结果，例如，对于 Ought$_\alpha$（m）和 Ought$_\beta$（m）来说，很容易使得 O$_\alpha$A 与 O$_\beta$¬A 在 m 点同时成立。

d-stit 与道义算子的结合所产生的道义逻辑，综合了20世纪80年代以来道义逻辑在各个方面重要的发展成果，是关于时态的、关于主体的、含有多个道义模态词的道义逻辑理论。由于采用了 d-stit 来定义行为概念，所以还是一个不彻底的动态道义逻辑。

stit-道义逻辑的优势是可以表达带主体的规范。为了在研究的初期尽量保持理论的简单性，笔者认为，也可以采取一些折中的手段，将主体因素并入道义算子后面的命题中，例如，对于"禁止司法工作人员作枉法裁断"，"司法工作人员作枉法裁断"用 p 表示，整个句子的结构为 Fp，其中所含主体"司法工作人员"作为 p 的一个成分存在。事实上，贝尔纳普与保罗·巴萨（Paul Bartha）的理论[1]正是体现了这一思路。他们认为，仅仅给 O 算子加上不同的主体下标，在形式语言中增加带下标的道义算子的做法并不足以把握"主体的义务"这一概念，因为还需要对道义算子与 d-stit 的结合施加限制，使得 O 的下标与后面所带来的 dstit 有着相同的主体。在这种情况下，在公式 O［αdstit：A］中，我们可以认为 O 的下标就是后面［αdstit：A］中的主体 α。这样一来，就不能认为公式 O$_\alpha$［αdstit：A］是经过下列两个步骤生成的：首先，基于基本公式 A 得到［αdstit：A］，然后在

---

［1］ Belnap & Paul Bartha, "Marcus and the Problem of nested deontic modalities", Manuscript, Philosophy Department, University of Pittsburgh, 1993.

前面加上 O_α 算子。而应当把 O［αdstit：…］看成结合在一起的、单个的联结词，意思是："α 有义务使得……成立。"相应的赋值定义为：

M，m/h $\models$ O［αdstit：A］当且仅当对于任意 h′ ∈ Ought$_\alpha$（m），有：①对于任意 h″ ∈ $choice_\alpha^m$（h′），有 M，m/h″ $\models$ A；②存在 h‴ ∈ H（m），M，m/h‴ $\not\models$ A。

该定义与前面对公式［αdstit：A］增加前缀 O_α 得到的公式的赋值定义是等价的。所不同的是，新的定义无需再对 O_α 进行独立的语义解释，从而无需考虑这样的情况：公式 O_αB，其中的 B 不具有［αdstit：A］的形式、其主体不是 α。

由于两个方面的原因，该理论对"希尔皮南问题"的解决并不成功：首先，如上所述，用非主体的"应当是"来定义 O［αdstit：A］是有问题的，而且，其语义理论的基本方法仍然承袭了标准道义逻辑的思想，用理想世界的集合来定义"应当"，这只适合于刻画道德规范的"应当"，不适于刻画法律规范的"应当"。其次，stit 算子或 dstit 算子不能充分地刻画规范命题，尤其是法律规范命题中的行为。

四、包含多个"应当"算子的道义逻辑[1]

如前所述，包容冲突义务的道义逻辑包括三种类型：弗协调道义逻辑、包含多个"应当"算子的道义逻辑、非单调的道义逻辑。本小节以戈博（Lou Goble）的理论为代表，简单介绍包

---

［1］ Lou Goble："Multiplex Semantics for Deontic Logic"，*Nordic Journal of Philo-sophical Logic* Vol. 5 No 2.，2000，pp. 113~134。

第三章　道义逻辑及其存在的问题

含多个"应当"算子的道义逻辑。

在克里普克模型〈W，R，V〉中，与公式 OA→¬O¬A 对应的是 R 的持续性，为了使 OA 与 O¬A 同时成立，应当使 R 不具持续性。但即便如此，只要公式和规则：

(1) A∧¬A→B

(2) A→B / OA→OB

(3) (OA∧OB)→O(A∧B)

都是成立的，由此还可以得到 OA∧O¬A→OB，仍然不允许冲突的义务。戈博的多路语义学（multiplex semantics for deontic logic）的基本思想是，要保持作为道义逻辑基础的命题逻辑的原貌，同时建立包容冲突义务的道义系统、不因冲突规范的存在引发整个规范系统的崩溃，就要拒绝公式（3）(OA∧OB)→O(A∧B)（义务合成原则）。拒绝义务合成原则意味着非正规的道义逻辑。为此，必须放弃原先关于道义逻辑的克里普克关系语义、或者至少是对克里普克关系语义作出重要的修改。戈博运用优先语义对其加以改进。首先，使得道义备选世界按照好坏或理想程度划分等级、排列次序，而不是像标准道义逻辑语义那样把全体世界分为绝对的理想与不理想的两类。作为其基础的优先语义模型 M=〈W，P，V〉，其中 W、V 不变，P 对于 W 中的每个 a 指派一个 W 上的二元关系 $\geq_a$，$b \geq_a c$ 表示从 a 的角度看，b 在优先排序上好于 c 或者至少与 c 同样好。公式 OA 的赋值定义为：

M，a $\models_p$ OA 当且仅当存在 b∈F$\geq_a$，M，b $\models_p$ A 并且对于所有 c$\geq_a$b，M，c $\models_p$ A。

其中 F$\geq_a$ 表示 $\geq_a$ 的域，即 F$\geq_a$={b：∃c(b$\geq_a$c 或者 c$\geq_a$b)}。该定义的直观意思为：A 是应当的，当且仅当存在一

159

个点（可能世界）b 使 A 成立并且在优于 b 的所有点上 A 都成立。对于 $\geq_a$，首先要求 $F\geq_a$ 是非空集。此外，如果 $\geq_a$ 具有自返性、传递性及连通性，则称 $\geq_a$ 是标准关系。如果一个模型上的所有关系都是标准关系，则该模型称为标准模型。

正是关系 $\geq$ 的连通性保证了公式 OA→¬O¬A 的有效性，从而排除了相互冲突的义务。因此，一个包容冲突义务的逻辑，应当使其模型上的优先关系不具连通性。容易看出冲突的义务是如何并存的。设 W = {a, b, c}，$\geq_a$ 包括 $b\geq_a b$、$c\geq_a c$，但 $b\geq_a c$、$c\geq_a b$、$a\geq_a b$、$b\geq_a a$ 都不成立。假设 A 在 b 上成立而¬A 在 c 上成立，那么 OA 与 O¬A 在 a 上都是成立的。在这样的模型上，不仅 OA→¬O¬A 是无效，义务合成规则（3）也是无效的，因此，尽管（1）和（2）仍有效，但 OA∧O¬A→OB 是无效的，即从两个相互冲突的义务不能推出一切都是义务。

其优先关系 $\geq$ 不具连通性的模型组成的模型类所刻画的逻辑被称作 P。P 含有以下公理和规则：

PC）如果 A 是命题逻辑的重言式，则 A 是 P 的公理：

N）⊢ O⊤

P）⊢¬O¬⊤

RM）A→B ∥ OA→OB

MP）A, A→B ∥ B

RN 规则：A ∥ OA 可以在 P 中推导出来。如果给 P 增加公理 OA∧OB→O（A∧B），结果等价于标准道义系统。

戈博给出了系统 P 的两种语义：多种关系语义和多种优先关系语义。这两种语义下的义务冲突的类型不同。

多种关系语义模型（multi-relational model）为：M = ⟨W,

R, V⟩，其中 W、V 的定义不变，**R** 是一个非空的、W 上的持续性的二元关系 R 的集合。公式 OA 的赋值定义为：

M, a ⊨_{MR} OA 当且仅当存在 R ∈ **R** 使得所有 b ∈ W, 如果 Rab, 则 M, b ⊨_{MR} A。

戈博证明了 P 对于全体持续性的多种关系模型组成的模型类是可靠的、完全的。在克里普克语义结构中，**R** 的作用是从全体可能世界中区分出相对于世界 a 最好的或者说理想的可能世界。其中每个 R 被看作是表达了一个特定的价值标准，依据这样一个标准挑选出相对于世界 a 的理想世界。但是，依据其他价值标准来看，这些世界不见得就是 a 的理想世界。对于包容冲突义务的道义逻辑 P 来说，如果 OA 由某一个规范系统所规定，而 O¬A 由另一个规范系统所规定，则 OA 和 O¬A 都是真的，反映在多种关系语义模型中，A 在与 a 有 R_1 关系的所有可能世界中成立，而 ¬A 在与 a 有 R_2 关系的所有可能世界中成立。显然，在这种情况下，在单一的价值标准或某一个 R ∈ **R** 下面是不存在冲突的义务的，每一个规范系统都是内在协调的，冲突只存在于不同的规范系统之间。

现实的规范系统却可能是内在不一致的，这样的规范系统包含着能导出冲突义务的规定。为了描述这种类型的规范冲突，戈博进一步提出了多种优先关系语义（multi-preference-based semantics），其中存在多个给可能世界排序的优先关系，并不预设一些可能世界是绝对理想的。一个多种优先关系语义模型 M 是一个结构 ⟨W, P, V⟩，W 与 V 的定义不变，P 为 W 中的每个世界 a 指派一个非空的二元关系 $\geqslant_a$ 的集合 P_a，道义公式 OA 的赋值定义为：

$M, a \vDash_{MP} OA$ 当且仅当存在关系 $\geq_a \in P_a$ 使得存在 $b \in F\geq_a$, $M, b \vDash_{MP} A$, 并且对于任意 $c \geq_a b$, 有 $M, c \vDash_{MP} A$。

对于关系 $\geq_a$ 来说，要求 $F\geq_a$ 不空。此外，也可以要求 $\geq_a$ 满足其他性质。如果 $\geq_a$ 是标准关系，那么对应的情况是，每一个规范系统都是内在一致的。或者也可以使某些关系或所有关系不是连通的，则所对应的情况是，可能存在内在不一致的规范系统。

戈博证明了 P 对于全体 MP-模型组成的模型类是可靠的、完全的。

尽管戈博并没有使用不同的符号来表示不同的"应当"算子，但其语义手段正是表达了不同的"应当"概念。其语义模型中包含的多种关系可以视为表达了不同的规范标准，每一个规范标准定义了"应当"的一种特定的含义。相应地，道义逻辑的形式语言中可以有对应的不同的道义算子符。其他包含多个"应当"算子的道义系统所运用的语义方法是类似的。

含多个"应当"算子的道义逻辑与基于时态的道义逻辑一样，都是对基础的道义逻辑所作的某种扩充。引入多个"应当"算子的方法是一般的。前面已经看到，这种方法可以运用于 stit-道义逻辑，得到含多个"应当"算子的 stit-道义逻辑理论。同样，这种方法也可以运用于第四章给出的道义系统 Lln，将 Lln 扩充为含多个"应当"算子的道义系统。

由于弗协调道义逻辑和包含多个"应当"算子的道义逻辑不能真正解决冲突的规范引起的矛盾，因此本书针对冲突规范问题采取的是非单调推理的方法。

第四章 法律规范推理的一个逻辑系统

法律规范是一种行为规范，与法律规范相关的道义逻辑系统应该体现这种行为规范的性质。本章采用动态道义逻辑的方法处理法律规范中的行为概念，构造了关于法律规范推理的逻辑系统 Lln。Lln 具有以下特点：包含"应当"和"允许"两个初始道义算子；Lln 是一个二元道义系统；Lln 是关于"应当做"的逻辑而不是关于"应当是"的逻辑；Lln 的语义模型是克里普克关系语义模型的扩充。对于 Lln 来说，真势模态逻辑的语义结构是不够的，需要在其语义结构上作必要的扩充，并对法律规范命题的真值、法律规范命题的一致性及逻辑推演作出新的定义。系统 Lln 可以消解主要的道义悖论。可以证明 Lln 具有可靠性。

第一节 道义逻辑的两个基本问题

本节将从两个方面说明前面介绍的道义逻辑理论不能充分刻画法律规范推理。

一、道义逻辑中关于行为的研究

规范词有两种不同的用法，一种是用于命题；另一种是用于行为，如："禁止践踏草坪""允许抽烟"。对这两种不同用法的规范词的研究导致了两种不同的道义逻辑：ought-to-be 道义逻辑与 ought-to-do 道义逻辑。标准道义逻辑是一个典型的 ought-to-be 逻辑。笔者认为 ought-to-be 逻辑对于研究一般规范推理、尤其是法律规范推理而言是不充分的。法律规范具有 ought-to-do 的形式，是一种行为规范。"行为"是法学中的一个基本概念。就民事法律而言，公民或法人在民事活动中通过自己的行为取得民事权利、承担民事义务。就刑事法律而言，刑法对于犯罪概念的定义表明，犯罪是一种行为。研究法律规范推理是不可能不谈论行为的。

尽管冯·赖特在构造经典系统之后就追随了 ought-to-be 道义逻辑的做法，他仍然认为道义逻辑应当建立在行动逻辑的基础上。[1] 正是由于认识到了这一点，一些学者从逻辑上研究了行为并基于此提出了动态的道义逻辑。第三章介绍了梅耶的动态逻辑和 stit-道义逻辑。下面我们将从行为的结果与过程、类属行为与个体行为两个方面，论证这两种理论以及冯·赖特对于行为的处理方法对于刻画法律规范命题中的行为是不充分的。

1. 行为结果与行为过程

对于描述行为的句子，可以从两个方面加以理解：行为的结果方面与行为的过程方面。[2] 例如："甲在时间 t 打开了他卧室的窗子"，这一行为导致了甲卧室的窗子在时间 t 被打开的事实

---

[1] G. H. von Wright, "Deontic Logic-as I See It", in *Norms, Logics and Information Systems*, IOS Press 1999, p. 18.

[2] 冯·赖特（1981）提出了这一观点，分别称为 the aspect of achievement 与 the aspect of process。

结果，这扇窗子在时间 t 的打开就是该行为的结果方面；另一方面是甲开窗的行为过程，可能包含着甲用右手握住窗子拉手、用力推等动作，而这些动作是甲的肢体运动。

同一个行为造成的结果可能是多方面的。甲在时间 t 打开他卧室的窗子，除了使窗子打开这个结果外，还会使房间通风，开窗发出的声响惊醒了睡觉的小孩，开窗进来的冷空气使甲打喷嚏，等等。一般来说，行为的结果方面指的是一个行为的直接结果，可以用事实命题来描述。

在道义逻辑研究中，道义词与行为的结合主要有两种方式：一是以行为的结果方面来表达行为规范中的行为，包括各种 stit 理论；二是立足于行为的过程方面，运用动态逻辑刻画行为规范中的行为，如梅耶的行为语义理论。

泼恩（Porn）、贝尔纳普与佩洛夫、哈迪等人研究了 stit 理论。由于贝尔纳普与佩洛夫、哈迪的理论是建立在时间框架上的，而泼恩的行为理论相对独立，我们以泼恩的理论为代表。[1]

泼恩将"约翰打开这扇门"这样的句子表示为：DiA，读作"i 使得 A 成立"。其中 Di 是一个相对的模态算子，A 描述行为引起的事态。这种方式仅仅关注行为的两个要素：行为主体和行为的结果，至于为达到这一结果主体采取何种行为方式则忽略不计。

泼恩给出的关于 DiA 的逻辑是一个正规模态逻辑，相当于切拉斯（Chellas）的 KT 系统。其语义内容大致为：标准模型 M =

---

[1] Porn I: *Action Theory and Social Science*, D. Reidel Publ. Col. Dordrecht, Holland, 1977.

$\langle W, R_i^d, V\rangle$，$R_i^d$ 是 W 上的一个二元关系（相对于每个主体 i），R_i^d 是自返的：对于任意 $u \in W$，$\langle u, u\rangle \in R_i^d$。含模态词的公式的赋值定义为：

（CD）M，u ⊨ DiA，当且仅当，对于任意 $v \in W$，若 $\langle u, v\rangle \in R_i^d$，则 M，v ⊨ A；

（CC）M，u ⊨ CiA，当且仅当，存在 $v \in W$，$\langle u, v\rangle \in R_i^d$，且 M，v ⊨ A。

公式 A 是有效的，记作 ⊨ A，如果 A 在所有模型的所有可能世界上为真。Ci 是 Di 的对偶算子。泼恩把 CiA 读作："对于 i 所做的行为来说，A 可能成立"。

后来泼恩发现，这样刻画行为是不充分的，行为算子 Di 有一些不合理的性质。例如：

（1） A ∥ DiA

（2） B→A ∥ DiB→DiA

直观上看都是成问题的。以（2）为例，"i 使得 j 知晓 A 这件事"，而 "j 知晓 A 这件事" 蕴含 "A 成立"，那么根据（2）得到 "i 使得 A 成立"。这显然不合情理。

因此，仅靠 DiA 不足以表达 "i 使得 A 成立"，还应当增加一个 "反行为条件句（counteraction conditionality）"。泼恩解释说："说一个事件 A 是由一个主体的行为引起的通常暗含着这样的意思：如果没有他的行为，事件 A 将不会发生。或者，如果没有这一行为，事件 A 就可能不会发生。" 为了表达这一层含义，泼恩引入了形如 Di′A 的模态形式。Di′A 读作："如果没有 i 的行为，A 就不会成立"。其对偶的表达式为：Ci′A，读作："如果没有 i 的行为，A 就可能不成立"。在语义部分引入了一个新的二元关系 $R_i^{d'}$，$R_i^{d'}$ 是非自反的、持续的。相应的两条定义分别为：

（CD′）M, u ⊨ Di′A，当且仅当对于任意 v ∈ W，如果 ⟨u, v⟩ ∈ $R_i^{d'}$，M, v ⊨ ¬ A

（CC′）M, u ⊨ Ci′A，当且仅当存在 v ∈ W，有 ⟨u, v⟩ ∈ $R_i^{d'}$，M, v ⊨ ¬ A

显然，Di 也是正规模态算子。现在，可以用 Di、Di′ 或其对偶算子来表述行为表达式："i 使得 A 成立"，令 EiA 表示"i 使得 A 成立"。泼恩给出的定义为：

$$EiA =_{df} DiA \wedge Ci'A$$

即，i 使得 A 成立，当且仅当 i 所做的事情必然引起 A，并且，如果没有 i 的行为就可能没有 A。这两个联言支分别表示 A 归因于 i 行为的正面条件和反面条件。这与贝尔纳普等人的 stit 理论中的分析是很类似的（参见第三章第三节）。尽管 Di 和 C′i 都是正规模态词，所定义的 Ei 却不是正规的。规则 A / EiA 是无效的，而 A ⊨ ¬ EiA 却是有效的。这表明，逻辑真的命题并不是某一个主体的行为引起的结果。

德莫隆布（R. Demolombe）基于泼恩的理论考察了行为的基本类型，以及行为规范的种类。只考虑某一个事态和某一个主体，以 EiA 和 Ei¬ A 为出发点，不计含有逻辑矛盾的形式，则可能的行为类型有：

（1）EiA

（2）Ei¬ A

（3）¬ EiA ∧ ¬ Ei¬ A

这三种形式穷尽了所有可能的情况，将它们析取在一起就是一个重言的形式。这表明，相对于给定的主体 i 和事态 A，(E_1)、(E_2)、(E_3) 中有且只有一个情况成立：或者 i 使得 A 成立，或者 i 使得¬A 成立，或者 i 不采取积极的行动，既没有使 A 成立也没有使¬A 成立。

以上面的行为类型为基础，艾吉森（D. Elgesem）给出了单一主体的行为规范的所有形式：

(1) P EiA ∧ P Ei¬ A ∧ P (¬ EiA ∧ ¬ Ei¬ A)

(2) P EiA ∧ O ¬ Ei¬ A ∧ P (¬ EiA ∧ ¬ Ei¬ A)

(3) P EiA ∧ P Ei¬ A ∧ O (EiA ∨ Ei¬ A)

(4) OEi¬ A ∧ PEi¬ A ∧ P (¬ EiA ∧ ¬ Ei¬ A)

(5) OEiA

(6) O (¬ EiA ∧ ¬ Ei¬ A)

(7) OEi¬ A

这七种形式穷尽了所有可能的情况，将它们析取起来得到一个重言的形式。对于一个给定的规范，可以根据这些类型给出一个适合的逻辑形式。

泼恩-贝尔纳普的方法是否对于行为概念作了充分的刻画？一些逻辑学家认为并非如此。希尔皮南[1]认为，该理论的语义模型中的 R 关系是用"一个主体的行为必然引起……"和"若该主体没有这样行为则可能不会引起……"这种带模态词的说法来加以说明，这包含了某种循环。艾吉森[2]则指出，泼恩对

---

[1] Hilpinen. R: "On Action and Agency" in *Logic, Action and Cognition* Kluwer Academic Publishers 1997, pp. 3~27.

[2] Elgesem. D: "The modal Logic of Action", *Nordic Jnl of Philosophical Logic* Vol. 2 1997, pp. 1~46.

EiA 所下定义的反面条件包含着两种意思的混淆："第一种含义是指，就所引起的事态不是逻辑真理而言，是可以避免的……。第二种含义是指，作为一个必要的条件，该主体的行为对于所产生的事态是的确有作用的。"

本书认为，仅考虑行为中的主体与行为结果这两个因素是不足以刻画行为概念的。例如，按照泼恩的方法，下面的两个行为：

（1）约翰将门打开。

（2）约翰没有去关开着的门。

都具有形式 EiA，其中 A 表示"门开着"。但（1）与（2）显然属于两个不同的行为，前者是积极的作为，后者是消极的不作为。泼恩方法导致的一个结果是，不论采取何种方式，只要行为实现了一个相同的结果，则这些不同方式下的具体行为就都是等价的。这是不适于描述法律规范中的行为的。例如，法律规定原告方应当提供证据，由此，原告方被允许收集证据。而收集证据的手段是多种多样的，允许原告方收集证据并不意味着以任何手段收集证据都是许可的，实际上，以非法的手段收集证据就是不允许的。PEiA 表达过多的权利，而 OEiA 要求过多的义务。

泼恩对于行为的刻画过于简单，不能区分具有不同法律性质的行为。要区分行为（1）与（2），必须以这两个行为所引起的事态变化来加以解释。（1）为真要求的事态变化为：前一个场合下，门是关着的；在约翰实施了相应的行为的后一个场合下，门是开着的。（2）为真要求的事态变化为：前一个场合下，门是开着的，作为约翰的行为的结果，在后一个场合下，门仍然是开着的。这就要求从行为的过程方面或行为本身来解释行为概念。

2. 类属行为与个体行为

冯·赖特指出，通常所说的行为包括两种：类属行为（Act-categoried 或 generic actions）和个体行为（individual actions），[1]前者如"开门""谋杀""抽烟"；后者如"布鲁图斯谋杀恺撒"。

个体行为与类属行为之间的关系，正如个体与概念之间的关系，当我们想要提及、指称一个个体行为时，需要使用它所归属的那个类属行为的名称。例如，"主体 a 在场合 o 抽烟"，这里的"抽烟"是一个类属行为的名称。当一个个体行为归属于一个类属行为时，并不排斥它同时归属于其他类属行为，因为同一个个体行为可具有多方面的属性。如甲在某个场合 o 用木棍击打乙的头部，其行为的自然属性是甲用手握住木棍击打的肢体动作。一个人的行为引起的后果会使得该行为具有一定的属性。假如乙被击打后死亡，则甲的行为具有杀人的属性，因而甲用木棍击打乙的行为又是甲杀死乙的行为。假如乙被击打后受了伤，则甲的行为具有伤害他人的属性，因而甲用木棍打乙的行为是甲伤害乙的行为。一个行为所具有的属性还可能与其原因相关。假如在甲用木棍击打乙之前，乙正以某种武力手段威胁甲的生命，则甲的行为具有防卫的属性，是自我防卫的行为。一个行为还会由于文化习俗、法律制度等因素而获得某种属性。如甲的行为可能根据法律的有关规定而成为一个正当防卫的行为或者防卫过当的行为。

---

[1] Von Wright: "On the Logic of Norms and Actions", in *New studies in Deontic Logic*, Risto Hilpinen 1981, p. 15.

第四章 法律规范推理的一个逻辑系统

影响行为性质的一个重要因素是行为人的主观意图，由于行为人主观意图的不同，同一个行为可以被认定为故意杀人，也可以被认定为过失杀人。个体行为属性的复杂性，会造成法律工作的困难。刑法上将不同法律规定都适用于一个行为的情况称作"法条竞合"。个体行为属性的复杂性也同样会产生哲学认识上的困难。如果同一个个体行为归属于不同的类属行为，那么，这里有一个行为，还是有多个行为？这里并不存在确定的答案，而应当视问题的具体背景而定。一般来说，如果我们把一个行为（如甲用木棍击打乙）看成是肢体动作，则总可以认为包含了许多个具体的动作；而如果从刑法的角度来看，则这里只有一个行为，并且，根据刑法的基本原则，对于一个行为只能有一种法律认定结果。

"应当""允许"这类道义概念是关于类属行为的、还是关于个体行为的？如果将其运用于个体行为，那么，是作为逻辑算子被使用呢，还是作为个体行为的性质、从而作为谓词被使用？

冯·赖特给出的行为表达式为［p］(a, o)，其中 a 为行为主体，o 为一个给定的场合，p 则可以有不同的理解：可以表示行为所引起的事态，则 p 是一个命题；也可以表示一个行为，则 p 是一个动词。显然，［p］(a, o) 描述的只能是个体行为，因而冯·赖特所给出的关于行为的逻辑是关于个体行为的逻辑。

冯·赖特说明，对于公式［p］(a, o)，应从行为的过程方面来理解。他给出的关于行为的逻辑有以下公理和规则：

A1. ［~p］(a, o) ↔ ~［p］(a, o)

A2. ［~~p］(a, o) ↔ ［p］(a, o)

A3. ［p&q］(a, o) ↔ ［p］(a, o) & ［q］(a, o)

A4. ［~(p&q)］(a, o) ↔ ［p&~q］(a, o) ∨ ［~

p&q〕(a, o) ∨ 〔~p&~q〕(a, o)

规则：代入规则和分离规则。

冯·赖特还进一步讨论了关于个体行为与类属行为关系的行为逻辑。用 A、B……表示类属行为，x、y……表示个体行为，〔A〕x 表示 x 归属于 A，该逻辑有四条公理：

A1. 〔~A〕x↔~〔A〕x

A2. 〔~~A〕x↔〔A〕x

A3. 〔A&B〕x↔〔A〕x&〔B〕x

A4. 〔~(A&B)〕x↔〔A&~B〕x∨〔~A&B〕x∨〔~A&~B〕x

如果引入量词，则再增加相应的公理：

A5. (∃x)(〔A〕x∨〔B〕x)↔(∃x)〔A〕x∨(∃x)〔B〕x

A6. ~(∃x)(〔A〕x&~〔A〕x)

以这样两个行为逻辑为基础，冯·赖特给出了一个新的道义逻辑。他对于道义词的两种用法作了区分：用于类属行为的道义词是逻辑算子，用斜体字母 f、p（禁止、允许）来表示；用于个体行为的道义词是谓词，用正体字母 F、P 来表示。他的语言中包含关于道义词的两种形式〔F〕x、fA。

笔者认为，并不存在道义词所谓的两种用法。道义词充当个体行为的谓词并非规范词的一般用法。尽管在日常语言中有诸如"允许（在场合 o）做 p"这种将规范词用于一个个体行为的用法，但是，如果加以分析，我们会发现，不论是伦理道德的规范词还是法律规范的规范词，都不是用于单个的个体行为的。当我们说"禁止 a（在场合 o）做 p"时，不过是说，某一类属行为

第四章 法律规范推理的一个逻辑系统

是被禁止的，而 a（在场合 o）做 p 这一个体行为归属于这一类属行为，从而 a（在场合 o）做 p 也是不允许的。在这里，个体行为、类属行为、道义词居于三个不同的层次，个体行为居于类属行为之下，而道义词居于类属行为之上。

如果按照冯·赖特的做法，认为道义词可以像类属行为那样充当个体行为的谓词，那么，我们就可以像指出"某甲用木棍击打某乙"是某甲在实施杀人行为一样，说某甲在实施"禁止的"这一行为。但"禁止的"并不像"杀人"一样使人们理解它是一种什么样的行为。换一个角度说，类属行为可以由于其具有特定的意义而成为逻辑的对象，而道义词，无论如何不会因其具有相同的意义而成为同一种逻辑对象。

与冯·赖特对于行为的分析比较起来，梅耶的方法则复杂得多。梅耶关于行为的表达式有：原子行为 α、复合行为 $\alpha_1；\alpha_2 \setminus \alpha_1 \cup \alpha_2 \setminus \bar{\alpha} \setminus \Phi_1 \rightarrow \alpha_1 / \alpha_2 \setminus \alpha_1 \& \alpha_2$。在语义方面，他给出了一个原子行为（或称基本行为）的集合 A，为了解释同时进行的行为，梅耶定义了同步集的概念。关于行为的语义域里有这样一些对象：同步集、同步轨迹、同步轨迹集。一个同步集是 A 的一个有穷、非空的子集，记为 S，具体情况下也使用方括号记法，如 $\begin{bmatrix}\alpha\\\beta\end{bmatrix}$ 表示 α 与 β 同时实施的一个同步集。同步集的幂集记作 $\wp^+(A)$。

一个同步轨迹是一个有穷或无穷的同步集的序列，用 t，t_1，t_2…表示同步轨迹，T，T_1，T_2…表示轨迹集。行为表达式被解释为无穷同步轨迹：t = $\{S_1, S_2, \cdots\}$。其中确定的部分可以加上标1，不确定的部分可以加上标0，确定的部分有穷长，不确定的部分对应着不确定的将来。同步轨迹集的集合记作C。函数[ ]将一个行为表达式对应于一个C的元素。

由于各种复合行为的语义定义都是由原子行为归纳地定义出来的，对原子行为作何解释就显得十分重要，但在梅耶的行为逻辑中原子行为是不确定的。根据语义函数[ ]的定义，$[\alpha]$ = $\{s | \alpha \in s\}^1 \cdot (\wp^+(A)^0)^\omega$，行为表达式$\alpha$指称的是所有由包含$\alpha$的同步集开始的同步轨迹集，而每两个同步轨迹集都可能有不同的意义，因而，行为表达式α的意义是不确定的。

梅耶行为逻辑的特点是，任何行为的实施过程都伴随时间的流逝，C中的对象，例如$[\alpha]^1 \cdot [\beta]^1 \cdot [\gamma]^0$…清楚地表达了行为实施的过程。显然，梅耶的行为理论实际上也是关于个体行为的理论。

正如前面所说的，在伦理规范和法律规范中，被规范的是类属行为，而不是个体行为。例如："禁止盗窃"这一规范，其所禁止的是任意场合、任意主体的各种盗窃行为，并不需要分析某一具体的盗窃行为在时间上的具体展开过程，因此，梅耶的行为理论对于道义逻辑研究是不适当的，由此造成的语义的复杂性也是不必要的。

3. 法律规范中的行为

法律规范中的行为属于"法律行为"，即人们所实施的、能够发生法律效力并产生一定法律效果的行为。显然，现实生活中人们的行为并不都是法律行为。研究法律规范的道义逻辑应当讨论法律行为的逻辑特征。

法律规范中的行为是类属行为。法律所要求或许可的行为是

第四章 法律规范推理的一个逻辑系统

类型化的、一般性的，并不针对具体情景、具体时间以及具体的行为主体。例如我国《刑法》所规定的受贿罪为："国家工作人员利用职务上的便利，索取他人财物或非法收受他人财物并为他人谋取利益的行为"，并不特指哪一个国家工作人员、在什么时间、以何种方式索取他人财物或非法收受他人财物并为其谋取利益。区分类属行为与个体行为（action types 和 act tokens）对于 ought-to-do 的道义逻辑来说是十分重要的。应当说，所有的个体行为都是已经发生的行为，没有将来时态的个体行为。某甲明天去抢劫银行这种说法并不是描述一个个体行为，因为这一将来的行为即使一定会发生，也可以以各种不同的方式实施、并不是确定的。既然个体行为是已经发生的行为，那么，对个体行为加以规范的说法就是没有意义的。对个体行为只能依据规范进行评价，对其追加有利或不利的后果，从而影响人们将来的行为方式。作为表达法律规范的 ought-to-do 类型的语句，其中包含的行为是类属行为而不是个体行为。

需要说明的是，道义词"允许"具有不同的用法。"允许"一词常常很自然地被用于某一个个体行为，比如，"某甲在场合 o 做 p 是允许的"。这句话究竟是什么意思呢？第一种可能的解释为，"某甲在场合 o 做 p"这一个体行为不归属于任何被禁止的类属行为。这种"允许"属于"弱允许（weak permission）"；第二种可能的解释为，"某甲在场合 o 做 p"这一个体行为归属于某个被授权许可的类属行为。这种用法属于"强允许（strong permission）"。显然，一般法律规范中的"允许"属于"强允许"。

一旦明确了法律规范是关于类属行为的，关于法律规范的道义逻辑就不必研究行为的自然属性，如行为人的肢体动作的构

175

成、行为与时间之间的关系等。约定符号 p、q……表示法律规范中的类属行为变元。根据命题动态逻辑，可以将字母变元解释为可能世界集上的二元关系。直观地看，一个行为的意义在于使世界的状态发生某种改变。法律行为的意义在于使法律的权利义务关系发生某种变化。因而，相应的可能世界乃是描述法律的权利义务关系状态的世界，这是对于一般可能世界的一种抽象和概括。相应地，一个类属行为之下的所有个别行为组成了一个行为的等价类。例如，一个人向另一个人借款的行为，不论借款的时间与方式有何不同，都会引起这两个人之间相应的债权债务关系的一定状态，这些具体行为构成的等价类就是一个类属行为。

法律行为既有单一行为，也有复合行为。所谓单一行为，是指基于一个主观意思、具有一个完整过程并引起事态改变的行为，如一次收受他人财物的行为。受贿罪是一种复合行为，由索取他人财物（或非法收受他人财物）与为他人谋利益这两个行为复合而成。而盗窃罪、杀人罪则可以是单一行为。从哲学角度认定行为个数是很困难的，在法律背景下确定法律行为的个数，可以依据法律所作的相应规定。行为的复合方式包括：同时进行、前后相继等。

法律行为有不同的表现方式，既有积极行为，也有消极行为。积极行为指行为人主动做出一定行为的方式，是有所为；消极行为指行为人没有做出一定的积极行为的方式，是相对不作为。这两种行为方式都会产生一定的法律后果，从而引起人们法律权利义务关系的变化。有些法律规范将不实施某种行为规定为法定的义务或权利，而行为人也会因为自己故意或过失地不实施某种行为承担法律责任。因此，研究法律规范的逻辑必须考虑

"不作为"这一概念。但是，消极行为的概念有若干理解上的困难，甚至对于能否将消极行为视为一种行为类型也存在争议。当我们说"a 不做 p"时，并没有对 a 的行为举止给出一个清楚的描述。因为 a 不做 p 的同时也可以实施其他的行为，如"a 做 q"或"a 做 r"。这样，"a 不做 p"就不是一个逻辑研究的确定的个体对象（logical individuals）。消极行为是对于相应的积极行为的否定，对于"a 做 p"来说，其否定的形式可以是（用"~"表示否定）"~（a 做 p）"，也可以是"a 做~p"。"~（a 做 p）"的意思是清楚的，而"a 做~p"并没有明确 a 究竟做了什么。我们约定，"a 做~p"与"~（a 做 p）"具有相同的含义，两者是等价的，换言之，a 做~p，即相当于 a 不做 p，不实施行为 p 本身也是一种行为。

消极行为与积极行为相比，似乎还有一个不同的特点：积极行为发生在一个明确的时间点，如甲开窗的行为发生在上午 10 点 15 分。而消极行为的时间不发生在一个明确的时间点，如甲不开窗，在窗子保持关闭状态的整个上午，都可以说甲在"实施"不开窗的消极行为。积极行为与消极行为的这一区别仅是表面看来如此。实际上，积极行为的行为过程也要持续一段时间，只不过通常比消极行为持续的时间短。某些特殊的积极行为，如以禁闭手段非法剥夺他人的人身自由、遗弃子女等行为，在行为延续方面，和消极行为同样有持续发生的特点。因此，即使需要考察时间与行为的关系（如梅耶的理论），消极行为与积极行为也是一样的。

有人提出，"不作为"不只是"不做"，还应包含其他因素，如"有能力做"。对于一个人没有能力做的行为，我们不会认为是其不作为，因此，有人提出，不作为＝不做＋有能力做。正如冯·赖特指出的，如此定义的不作为过于宽泛。在多数情况下，有许许多多我们有能力做而实际上不做的行为，而我们不会说这些都是不作为。冯·赖特认为，当我们负有义务实施一个行为而又没实施这一行为时，就构成了不作为。这与我国刑法学的一般看法是一致的。但是，这就需要使用模态词"可能"或道义词"应当"来定义行为，这种做法是我们所不赞同的。

关于法律规范的道义逻辑必须基于行为逻辑理论。在这个行为逻辑中，正如原子命题可以以一定的方式构造复合命题，基本行为也可以以一定的方式构造出复合行为。因此，关于法律规范的道义逻辑的形式语言中应当包含两种与行为相关的语法符号：基本的行为变元：p_1，p_2，$p_3 \cdots$；构造复合行为所用的联结词：～，；，×，＋。

根据动态逻辑，行为的意义在于将某个世界转换为另一个世界。因此，令 W 是可能世界集，行为 p 的语义可以解释为 W 上的一个二元关系 R，R 是 W×W 的一个子集。～p 解释为 p 的解释相对于 W×W 的补集。直观的含义为，不实施行为即不会发生 p 所引起的世界转换结果。相对于 p 的不作为并不是绝对的任何事情都不做，除了 p 以外，还可能实施其他行为、从而引起其他的世界转换方式。这就使～p 有了确定的意义。W×W 的每一个子集 R 对应一个基本的行为，也称原子行为。将所有原子行为的集合记为 ACT_0。约定以字母 x、y、z$\cdots$写作 R 的下标来标记这些二元关系。运用关系的运算来定义一组新的关系，用以解释由行为联结词生成的复合行为。将所有行为的集合记为 ACT。所定义的 W 上的一组二元关系也带有相应的下标。直观的含义为：$R_{\sim x}$

表示不实施 R_x 的行为；$R_{x \rangle y}$ 表示先实施 R_x 的行为，再实施 R_y 的行为；R_{x*y} 表示 R_x 的行为和 R_y 的行为同时实施；$R_{x \rangle \langle y}$ 表示或者实施 R_x 的行为，或者实施 R_y 的行为。

如果 $R_x \cap R_y = \varnothing$，则 R_x 与 R_y 是两个不能都实施的行为，也称两个行为不相容。

严格的语义解释将在第四章第二节给出。

二、法律规范的不一致性及规范词用法的分析

逻辑主要研究命题之间的逻辑蕴涵关系。一般来说，一个命题集Γ逻辑蕴涵一个命题α，当且仅当Γ与α的否定是不相容的，或者说Γ∪{¬α}是不可满足的。因此，"不可满足"是逻辑里很重要的一个概念。在日常语言中，一般不采用"不可满足"这种说法，而代之以"不一致""相互抵触"等术语。人们所说的"不一致""相互抵触"通常指的是逻辑上的关系，即"逻辑的不一致""逻辑上相互抵触"。在逻辑学中，为了区分语法一致性与语义一致性这两个概念，常常将语义"一致性"称为"可满足性"，将语义"不一致"称为"不可满足"。本文主要按照自然语言的用法，统称"一致性""不一致性"。

对于逻辑的各个分支学科来说，要研究命题之间的逻辑蕴涵关系，就应当对本学科特有的"不一致"概念做出精确的定义。但在道义逻辑中，我们却发现，道义逻辑的"不一致性"仅仅归结为命题逻辑的"不一致性"。道义逻辑中的"不一致"情况通常被称作"冲突的规范"、"道义二难"，表现为 Op 与 $O¬p$ 同时为真。之所以认为 Op 与 $O¬p$ 是不一致的，是因为规范的内容 p 与 $¬p$ 在命题逻辑中是不一致的。这样的理论不能充分反映

实际的法律规范的不一致性问题。笔者将结合下面给出的案例说明，前面介绍的道义逻辑对于某些现实的法律规范一致性问题的分析是不充分的。

1. 问题的提出

在法律语言中，人们常使用这样一组术语来描述法律规则 A 与 B 之间的逻辑关系：A 与 B 是互相矛盾（contradictory）的；A 与 B 是相互冲突（conflict）的；A 与 B 是不相容（incompatible）的；A 与 B 是不协调（inconsistent）的；等等。这些说法与不一致大致等价。但是在一些具体的法律问题中，对这些概念的用法常常出现理解上的分歧。为方便说明问题，我们给出一个案例：[1]

【例1】在荷兰国道 A28 穿越茨渥尔市区的路段上，一辆 H. L. 公司的货车以每小时 96 公里的速度行驶。为此 H. L. 公司受到了行政处罚，理由是 H. L. 公司的货车超过了限速。1990 年荷兰交通法第 22 条规定："在没有其他条款所规定的更低限速的情况下，以下速度限制成立：货车、公共汽车以及有轨交通工具限速每小时 80 公里。" H. L. 公司对处罚不服，向分区法院提起上诉。H. L. 公司认为，该路段上的交通标志显示的限速是每小时 100 公里，而 1990 年荷兰交通法第 63 条规定："当交通规则与交通标志不一致时，交通标志的效力高于交通规则。"因此，在所涉及路段

---

[1] 本案例引自 L. M. Royakkers: *Extending Deontic for the Formalization of Legal Rules*, Kluwer Academic Publishers 1998。

上，应当是交通标志规定的每小时 100 公里的限速而不是交通法规规定的每小时 80 公里的限速具有法律效力，因此 H.L. 公司认为他们不应该受到处罚。分区法院作出了驳回上诉的裁决，理由是："1990 年荷兰交通法规第 22 条规定，货车的限速是每小时 80 公里。第 63 条又规定，当交通规则与交通标志不一致时，交通标志的效力高于交通规则。法条的文义表明，仅当在交通规则与交通标志不一致的情况下，交通标志的效力才高于交通规则，在本法院看来，本案的情形不是如此，该路段上的交通标志的确表明了限速，但由于这并不与交通法第 22 条的内容相冲突，因此，后者仍然有效。由于交通标志为限定性的标志，并不意味着对货车这种特殊的交通工具而言该较高限速实际有效。"相关的法律评论认为：分区法院只能宣布 H.L. 公司的上诉请求成立，撤销对他们的行政处罚，至于 1990 年荷兰交通法规第 63 条，则必须作出修正。然而，当 H.L. 公司再次向最高法院提起申诉时，再一次被驳回。

这是一个有争议的裁决，争议的焦点在于在什么条件下两条法律规定"不一致"。对此，分区法院的裁决理由中并未给出一个清楚的回答，仅仅说本案的情形并非如此（并非交通规则与交通标志不一致）。关于这个问题，罗亚柯（Royakkers）的看法具有一定的代表性：两条法律规定之间"不一致"，当且仅当对同一个案件分别适用该两条法律规定将导致相反的（contrary）判决结果。但是这种说法仍然无助于消除争议。法律规定并不针对个别的事件或行为，而是通过对一般事件或行为作出规定来指导对个别事件或行为的裁决。那么，罗亚柯所说的"对同一个案件分别适用该两条法律规定将导致相反的判决结果"是指对于所有案件的适用都会导致相反的判决结果呢，还是只对某些案件的适用会导致相反的判决结果？若是持前一种看法，则会支持法院的裁决，若是持后一种看法，则会站在相反的立场，认为法院的裁决是基于对法律的错误解释作出的。要解决这些问题，必须对于法律中的"不一致"概念进行认真的分析，并将这一概念的用法和意义反映到法律规范逻辑中来。

道义逻辑中的语义问题存在于两个层面：其一，规范表达式中符号的解释；其二，规范逻辑中的"真""一致性""逻辑后承"等概念的定义。这两个问题是相关的。一致性问题主要是第二层面的语义问题，也涉及规范表达式中符号的解释。

2. 几种相关的理论

道义逻辑一般是在一阶逻辑（主要是命题逻辑）的基础上构建起来的，因此，道义逻辑语义概念是对一阶逻辑的语义概念所作的扩充。要将一阶逻辑的不一致性定义扩充到道义逻辑中来，使其适用于规范表达式，首先需要对于新出现的公式形式Op、Pp等补增相应的内容。从语义角度来说，需要对于新出现的公式形式Op、Pp等补增相应的语义定义，而这恰恰是道义逻辑的一个难题，也被麦金森称为道义逻辑的基本问题。直观地看，两个规范A、B不一致，相当于说A和B不能同时为真，A为真时B必定为假，B为真时A必定为假。但是，学者们不仅对于规范表达式有没有真值、有什么样的真值意见不一，甚至对规范表达式中逻辑符号与非逻辑符号的解释也很不相同。

为简化问题，这里只以一元道义算子的表达式为例。各种道义逻辑都采用 Op、Pp 作为一元规范表达式的基本形式,但这些公式的用法和解释却不尽相同。正如前面所谈到的,关于"应当是(ought to be)"的道义逻辑将"Op"的"p"视为命题变元;关于"应当做(ought to do)"的道义逻辑将"Op"的"p"视为行为变元。而且,不论是"应当是"的"Op",还是"应当做"的"Op",又有两种不同的读法:或者是表达一个关于规范的命题、或者是表达一个规范。此外,对于道义算子 P 也存在不同的处理:一种做法是 O 用来定义 P,另一种做法是将 P 作为与 O 平行的初始算子。案例 1 中关于"不一致性"看法的分歧,首先涉及对道义算子 P 的解释。

在案例 1 中,H. L. 公司与相关法律评论的意见一样,都认为荷兰交通法第 22 条与交通标志的内容是不一致的。这种不一致的表现是,至少对于某些案件来说,援引这两条法律规定会导向相反的裁决结果。由于 H. L. 公司的货车当时正以每小时 96 公里的速度行驶,按照荷兰交通法第 22 条的规定,这无疑是违法的。H. L. 公司认为,按照交通标志,其行驶速度是合法的。即,可以从"禁止以大于每小时 100 公里的速度行驶"推出"以每小时 96 公里的速度行驶是允许的",从而交通标志的内容与荷兰交通法第 22 条是不一致的。因此,本案争执的焦点在于能否从"禁止以大于每小时 100 公里的速度行驶"推出"以每小时 96 公里的速度行驶是允许的"。这就涉及"允许"一词的意义和用法。如前所述,在道义逻辑中,"允许"一词有两种不同的用法,一种是"弱允许",另一种是"强允许"。约定用 P_s 表示"强允许",用 P_W 表示"弱允许"。之所以 H. L. 公司认为可以从交通标志的规定推出"以每小时 96 公里的速度行驶是允许的",就是因为他对"允许"一词采取了"弱允许"的解释。只包含一个初始道义算子的逻辑系统也是对"允许"一词采取了"弱允许"的解释,将"弱允许"定义为:$P_wp=df \neg O \neg p$ 或者 $P_wp=df \neg F p$。一个行为或命题是弱允许的等价于该行为或命题是法律所不禁止的。以标准道义逻辑为例,公式 $Fp \to \neg F \neg p$ 是标准道义系统的一条定理,而 $\neg F \neg p$ 等值于 $P_w \neg p$。表明在标准道义逻辑中,如果 p 是被禁止的,则 ¬p 是(弱)允许的。P_w 作为 O 的对偶算子,在标准道义逻辑语义中,P_wp 在可能世界 w 中为真当且仅当 p 在某些 w 的理想世界中为真。在安德森的真值道义逻辑的语义中,P_wp 为真当且仅当实施 p 可能不受惩罚。"强允许"指法律明确授权许可的,P_sp 表示 p 是法律上的权利。若按安德森的真值道义语义的解释,"强允许"的、法律明确授权许可的行为或命题是必然不受惩罚的。由于法律上的权力不能归约为同一个主体的义务,因此不能用算子 O 来定义 P_s。如果将"允许"一词解释为"强允许",则从"以小于每小时100公里的速度行驶是应当的"不能推出"以每小时96公里的速度行驶是允许的",也就得不出交通标志的内容与荷兰交通法第22条不一致的结论。

  从实际的法律情形看,两个法律规范是不一致的,一种情况是源于规范的内容的不一致,如规定 p 与 ¬p 都是义务。另一种情况是源于规范词之间的不一致,如规定 p 既是禁止的、又是允许的。在法律条文的表述中,"应当"和"允许"是两个基本的规范词,分别表达限制性规范和许可或授权性规范,法律的限制性规范和许可或授权性规范经常会发生冲突。但是,多数道义逻辑系统只以应当算子"O"作为初始算子,将"P"作为被定义

第四章 法律规范推理的一个逻辑系统

的符号，这样的道义系统包含的是"弱允许"概念，不能表达授权性规范，从而不能表达法律的限制性规范和授权性规范的不一致性。

在只以"O"作为初始算子的道义逻辑中，关于规范表达式的真值与不一致性有以下两种处理：

（1）将公式 Op 解释为"应当是"意义上的规范表达式，将 Op 为真理解为"Op 被满足、被实际履行"。Op 表达了一项义务，对于相对人提出了一个行为要求，当 p 在现实生活中得以实现时，则 Op 被满足了，即 Op 为真。一个公式集 $\{Op_1, Op_2, \cdots, Op_n\}$ 被满足，如果 p_1、p_2、$\cdots$、p_n 同时得以实现。弗兰岑（Van Fraassen）正是在命题逻辑的模型上定义规范的逻辑推演的。[1]相应地，规范之间是否是一致的，要看这些规范是否可以同时履行。例如，Op 与 O¬p 被履行的条件分别是"p 真"和"¬p 真"，由于"p 真"和"¬p 真"是不一致的，规范 Op 与 O¬p 也是不一致的。

（2）采用真势模态逻辑的概念来定义规范表达式的真值与"不一致"。以奥地利逻辑学家莫切（Edgar Morscher 1982）为代表。他将 Op 理解为"应当是"意义上的规范命题。首先定义¬◇p（不可能 p）。基本思想为，一个规范命题 Op 是不一致的，当且仅当¬◇p；一个规范命题集 $K = \{Op_1, Op_2, \cdots, Op_n\}$ 是不一致的，当且仅当¬◇$(p_1 \wedge p_2 \wedge \cdots \wedge p_n)$。莫切定义了一个规范语言的模型 M，M = $\langle W, R, R*, V \rangle$，W、V 的解释不变，

---

[1] Van Fraassen, Bas: *Values and the Hearts Command*, The Journal of Philosophy 70: 5-19, 1973.

R、R∗是W上的两个二元关系，R∗用于定义模态词"◇"，R用于定义规范词"O"。对于W中的元素w来说：

$M \vDash_w Op$，当且仅当对于所有的 $w' \in W$，如果 wRw'，则 $M \vDash_{w'} p$；

$M \vDash_w \Diamond p$，当且仅当存在 $w' \in W$，$wR*w'$，且 $M \vDash_{w'} p$。

如果我们将"◇"理解为命题逻辑的"可满足"，上述定义实际上是将规范命题Op的一致性归结为p的命题逻辑的一致性，将规范命题集 $\{Op_1, Op_2, \cdots, Op_n\}$ 的一致性归结为命题逻辑公式集 $\{p_1, p_2, \cdots, p_n\}$ 的命题逻辑的一致性。即，将规范逻辑的不一致性化归为命题逻辑的不一致性。

这两种理论存在一个共同的问题：将规范命题Op的一致性归结为p的命题逻辑的一致性，将规范命题集 $\{Op_1, Op_2, \cdots, Op_n\}$ 的一致性归结为命题逻辑公式集 $\{p_1, p_2, \cdots, p_n\}$ 的命题逻辑的一致性，这样做并没有问题，但是，这只解释了限制性规范（应当p、禁止p）的不一致性，而没有涉及授权型规范（允许p）。莫切提到了这个问题，但采取了回避问题的态度。

本书第三章第三节介绍的麦金森的道义逻辑对于规范表达式采取了不同于一般道义逻辑的解释。一个规范表达式为真，当且仅当该规范属于相应的规范体系，或为该规范体系中的规范所蕴涵。这种理论认为，只有相对于一个规范体系来谈论规范表达式的真假才有意义。法律规范不同于一般描述事态的命题，法律规范是由立法机关制定的，一经法定程序予以颁布便生效，因此，凡是法律体系所包含的规范都为真。持这种观点的也有国

第四章 法律规范推理的一个逻辑系统

内的学者。[1] E. 斯特纽斯（1963）对 Op 的真值定义为：V_A（Op）= 1 当且仅当 Op∈N，N 表示一个规范系统。这种定义不能解释实际的法律系统所包含的不一致性问题。根据这种理论，如果规范 A 与 B 同属于一个规范体系 N，则 V_N（A）= 1 且 V_N（B）= 1，A 与 B 之间就是一致的，即同一部法律中不存在不一致的规定。这显然不符合法律的实际情况。

奥克伦和布里津将规范系统 N 定义为序对（A，B），其中 A、B 是布尔公式集，分别代表规范体系 N 所明确要求实现的状态和 N 所许可的事态。相应地，Op 与 Pp 的真值定义分别为：V_N（Op）= 1 当且仅当 A⊢p；V_N（Pp）= 1 当且仅当对于某些 X∈B，有 X⊢p。麦金森为了表达有条件的规范，将规范系统 N 定义为序对（C，D），其中 C 和 D 都是命题逻辑公式的序对〈Φ，Ψ〉，C 表示 N 的有条件的义务，D 表示有条件的允许。一个条件规范"如果 Ψ 则应当 Φ"为真，当且仅当运用麦金森给出的推导规则，从 Ψ 和 C 能将 Φ 推出来。这两种道义逻辑都以"O"和"P"作为初始算子，分别表达法律的限制性规范和授权性规范，二者是平行的。但是，由于如此描述的限制性规范和授权性规范是相互独立的，两者之间没有什么关系，也不能表达限制性规范和授权性规范之间的不一致性。

本书将法律规范的不一致性分为两种，分别称为"强不一致

---

[1] 例如黄菊丽、王洪主编的《逻辑引论》（华文出版社 2002 年版）第 253 页："作为陈述行为规范的规范命题来说，规范命题是有真假的。然而判定规范命题真假的标准是什么呢？要判定一个规范命题的真假，就要看这个规范命题所陈述的规范是否有效。如果这个规范命题所陈述的规范是有效规范，它就是真的；如果这个规范命题所陈述的规范不是有效规范，它就是假的。"从所举的例子可以看出，一个规范是有效的，当且仅当该规范是由法律作了规定的。

性"和"弱不一致性"。"弱不一致性"属于规范内容的不一致性，指规范所要求的状态在逻辑上是不可能的。最简单的例子是 O（p∧¬p）。其中作为义务内容的 p∧¬p 是不可能得到实现的。"强不一致性"与规范词的意义相关，具体指的是，根据一个或一集规范，同一个事件或行为引起了不一致的法律后果。设想有一部只有两条规定的法律：｛Op，P ¬p｝，根据第一条规定，p 是义务，¬p 是违法的，引起不利的法律后果；根据第二条规定，又允许¬p，¬p 是不违法的，不会引起不利的法律后果，从而同一个事件或行为既违法又不违法，引起了不一致的法律后果。以往的道义逻辑都是将规范命题的不一致性理解为弱不一致性，或一个规范命题与其否定的不一致性。实际上，一个规范命题与其否定的不一致性是命题逻辑的不一致性，而弱不一致性在规范语境下并不是实质的不一致，因为弱不一致性并不导致法律操作的不能。假设有一个恶意立法者，既规定 p 是义务，又规定¬p 是义务，有｛Op，O ¬p｝。不论相对人怎么样行为，都必然会违反一条规定，要承担不利的法律后果，如果相对人实施了 p，则会违反第二条规定，尽管他履行了 Op，却并不能因此免除他遵守其他法律规定的义务，依然会因违反某一条法律规定而违法。当然，尽管这种总是"陷人于不义"的法律在逻辑上行得通，毕竟不符合法律的目的：通过调整、规范人的行为从而维持社会秩序。故法律规范的弱不一致性也需要排除。但是真正引起法律困境的是强不一致性。

3. 法律规范的不一致性

要给出法律规范命题不一致性的准确解释，首先要从规范表达式中的变元、规范词的意义及规范词之间的关系两方面对法律规范表达式给出恰当的解释。法律规范中基本的规范词有三个：应当、禁止、允许。其基本用法为："应当 p"指 p 是一项法律义务，与 p 相反的事实或行为具有违法性；"允许 p"指 p 是一项法律权利，p 具有合法性。这种用法属于"强允许"的概念。"禁止 p"指 p 是违法的，与 p 相反的事实或行为是应当的。因此，"禁止"可以用"应当"来定义，而"允许"和"应当"不能相互定义，"p 是应当的"并不蕴涵"不属于 p 的事实或行为是不允许的"。法律规范旨在确定某种行为或命题的法律属性：是否违法。与刑法相关，违反法律的行为构成犯罪，从而行为人要受刑罚处罚；与民法相关，如果行为违法，则行为人要承担败诉或其他不利的法律后果。

规范表达式中的变元可以解释为命题，也可以解释为行为表达式。"应当是"的道义逻辑与"应当做"的道义逻辑中的"不一致性"概念也不相同。

（1）"应当是"的道义逻辑中的"不一致性"包括：

（1.1）弱不一致性：Op 是不一致的，如果 p 在命题逻辑中是不一致的；$\{Op_1, Op_2, \cdots, Op_n\}$ 是不一致的，如果（$p_1 \wedge p_2 \wedge \cdots \wedge p_n$）在命题逻辑中是不一致的。

（1.2）强不一致性：一个规范命题集 $\{N_1, N_2, \cdots, N_i, \cdots\}$ 是不一致的，如果规范命题 $N_1, N_2, \cdots, N_i, \cdots$ 在一个解释下都为真，那么，在该解释下，存在同一个命题 p 既是违法的、又是合法的。

（2）"应当做"的道义逻辑中的"不一致性"包括：

（2.1）弱不一致性：$\{Op_1, Op_2, \cdots, Op_n\}$ 是不一致的，如果行为 p_1、p_2、$\cdots$、p_n 不可能都得到实施。将 p_1、p_2、$\cdots$、p_n

作为模态词,解释为 W 上的 n 个二元关系 R_{p_1}、R_{p_2}、…、R_{p_n},则 $R_{p_1} \cap R_{p_2} \cap \cdots \cap R_{p_n} = \varnothing$。

(2.2) 强不一致性:一个规范集 $\{N_1, N_2, \cdots, N_i, \cdots\}$ 是不一致的,如果规范 $N_1, N_2, \cdots, N_i, \cdots$ 在一个解释下都为真,那么,在该解释下,存在同一个行为 p 既是违法行为、又不是违法行为。

"弱不一致"导致履行法律的不能。需要说明的是,弱不一致性只与强制性规范有关,授权性规范不会产生弱不一致性的问题,因为授权性规范所授之权既可以被相对人正当地享有,也可以被相对人正当地放弃,不会被强制履行。$P(p \wedge \neg p)$ 是一个空规范。"强不一致"导致执行法律的不能。

对于允许规范之间是否存在不一致性的问题有不同的看法。闵采尔(Munzer, 1973)、希尔(Hill, 1987)等人认为允许规范之间可能存在不一致性,例如,允许某甲住在一栋房子里,同时又允许某乙拆除这栋房子,就是不相容的。笔者认为,这种看法是对允许规范的曲解。"允许"表示赋予一种权利,不等于人们确实会利用、享受这项权利,更不意味着法律要提供享受这项权利的条件保障。

运用上述理论来分析几个例子。

【例2】规范 $O(p \times \neg p)$。p 与 $\neg p$ 是行为表达式,$R_p \cap R_{\neg p} = \varnothing$,因此规范 $O(p \times \neg p)$ 是弱不一致的。

【例3】规范集 $\{O(p \wedge q), O \neg p\}$。根据上文的定义,$(p \wedge q) \wedge \neg p$ 在命题逻辑中是不一致的,因此规范集 $\{O(p \wedge q), O \neg p\}$ 是弱不一致的。

第四章　法律规范推理的一个逻辑系统

【例4】规范集 {O（p∧q），P¬p}。如果其中的两个规范都有效，则¬p既是违法的、又是合法的，因此，规范集 {O（p∧q），P¬p} 是强不一致的。

最后，我们来分析本文第一部分引述的 [例1]：对1990年荷兰交通法规第63条中的"不一致"应当作何解释，该法规第22条与交通标志之间是否"不一致"。1990年荷兰交通法规第22条规定记为A，A为"禁止货车以大于每小时80公里的速度行驶"。交通标志记为B，B为"禁止货车以大于每小时100公里的速度行驶"。当"货车以小于每小时80公里的速度行驶"为真时，"货车以小于每小时100公里的速度行驶"也为真，这两个命题是蕴涵关系，故A与B并非弱不一致。那么，A与B是否强不一致呢？这取决于我们是否接受从"禁止以大于每小时100公里的速度行驶"推出"以每小时96公里的速度行驶是允许的"这一推理。如果将"允许"解释为"强允许"，这个推理是不成立的。从法律的角度看，p是一项义务，只是意味着¬p的违法性，不意味着符合p的一定合法。法律规定了"禁止以大于每小时100公里的速度行驶"，并不意味着凡是小于每小时100公里的车速都合法。设想遇到恶劣天气，路面结冰，而法律规定这种路况限速每小时30公里，那么，超过30公里即为违法。所以，从"禁止以大于每小时100公里的速度行驶"不能推出"以每小时96公里的速度行驶是允许的"。这里，不可能得出同一个行为既是违法的、又是合法的这样的结论。因此，荷兰交通法规第22条与交通标志之间并非强不一致。

以上分析表明，为了准确表达法律规范命题的"不一致"

概念，从而充分刻画法律规范逻辑中的逻辑蕴涵关系，关于法律规范推理的道义逻辑系统应当包含两个初始的道义算子。

第二节　法律规范逻辑 Lln 的形式语言及语义

一、法律规范的逻辑结构

法律规范是由有立法权的机关制定的、"关于法律在各门类情况下对群体的人允许或要求什么行为的一般性陈述。"[1] 任何法律规范都是针对某个群体中的人，该群体中的人称为规范的承受者。有的道义逻辑将规范承受者明确地表达在规范形式中，如各种带主体的道义逻辑理论。另一种做法是将规范承受者放在对行为的一般性陈述中。

【例1】（执行购销合同时，）供方必须对产品的质量和包装质量负责，提供据以验收的必要的技术资料或实样。

该规范的承受者是购销合同的供货方，用 a 来表示，"必须"是规范词，用 O 来表示，"对产品的质量和包装质量负责，提供据以验收的必要的技术资料或实样"用 p 来表示，该规范的形式可以表示为 $O_a p$，或者 O [a, p]。也可以将规范的承受者与规范所要求的行为合并在一起，用 p 表示"供方对产品的质量和包

---

[1] [美] 史蒂文·J. 伯顿：《法律和法律推理导论》，张志铭、解兴权译，中国政法大学出版社 1998 年版，第 16 页。

装质量负责，提供据以验收的必要的技术资料或实样"，则该规范的形式可以更简单地表示成 Op。我们选择后一种做法，并且，出于简化理论的考虑，我们约定规范命题中只出现同一个规范承受者。这样，从法律规范的结构可以看出，一个标准的法律规范包含三个要素：该规范适用的情况或条件、行为和规范词。

【例2】加工承揽合同的定作方超过领取期限六个月没有领取定作物的，加工承揽方有权将定作物变卖。

其中，"加工承揽合同的定作方超过领取期限六个月没有领取定作物的"是该规范适用的情况或条件，是一个描述事态的句子，我们将其看成一个命题逻辑下的事实命题，用"α"表示；"……有权……"是规范词"允许"的另一种表述方式，用"P"表示；"加工承揽方将定作物变卖"是该规范指向的行为，用"p"表示，则该法律规范的逻辑形式为：如果 α，那么 Pp。

法律行文中常见的规范词有"应当""禁止""可以""允许""有……的权利""有……的义务""不得""必须""不应当""不可以"等。根据规范词对行为所起的规范作用的不同，可以将规范词分为两类：强制性规范词和授权性规范词。强制性规范词又包括必须规范词和禁止规范词，"应当""有……的义务"属于必须规范词。"不得""不允许""不可以"[1]等属于禁止规范词，用 F 表示。"必须做……"与"禁止不做……"同义，"禁止做……"与"必须不做……"同义，这两个规范词是

---

[1] 一般道义逻辑将"不允许 P"分析为"¬ Pp"是不正确的。

193

可以互相定义的。授权性规范词有"可以""允许""有……权利""准予"等，统一用P表示。强制性规范词和授权性规范词分别表达法律义务和法律权利，对同一主体而言，其法律义务与法律权利是不可相互归约的，因此，我们将"O"和"P"都作为初始算子，两者不可相互定义。一般道义逻辑将Pp定义为¬O¬P，这种逻辑实际上只包含一个初始算子O，仅是关于义务的逻辑，不能描述法律上的权利。

我们把一般法律规范的逻辑结构分析为：如果α，那么Op（或Pp）。这里的"如果……那么……"该如何处理呢？一般的做法是使用实质蕴涵词。这又有两种不同的策略：冯·赖特认为应当采用表达式O（α→p）[1]，普赖尔认为应当采用表达式α→Op。但是，齐硕姆悖论说明，这两种表达都不恰当，都会引出道义悖论，此外还会把实质蕴涵的一些"怪论"引入到道义逻辑中来。尽管实质蕴涵"怪论"在命题逻辑中并不引起实质性的后果，但是，到了道义逻辑中，引起的麻烦却大得多。为了不引起道义悖论，我们采取二元道义逻辑的方法，引入一个初始符号"/"来表示法律规范中的条件关系。因此，"如果α，那么Op"记为"Op/α"，"如果α，那么Pp"记为"Pp/α"。有些法律规范并不只在一定的条件下才适用，这样的规范为非条件规范或绝对规范，我们用一个命题常元T（T=$_{df}$ p→p）来表示绝对规范的条件，记为Op/T或者Pp/T。

根据上述分析，我们构造一个关于法律规范的形式语言$\mathcal{L}$ln。

---

[1] Von Wright, "Deontic Logic—as I See It", in Norms, Logics and Information Systems, IOS Press 1999, p. 22.

第四章 法律规范推理的一个逻辑系统

二、形式语言 $\mathcal{L}$ln

1. $\mathcal{L}$ln-初始符号

(1) p, q, r, p_1, p_2, p_3, …, p_n…

(2) α, β, γ, $α_1$, $α_2$, $α_3$, …$α_m$, …

(3) ~, ;, ×

(4) ¬, →

(5) O, P

(6) ／

(7) [,]

(8) (,)

根据我们想要给出的 $\mathcal{L}$ln 的语义，第一类符号称为行为变元。第二类符号称为事实命题变元。第三类符号称为行为联结词。其中，"~"称为行为否定词，";"称为行为相继词，"×"称为行为合取词。第四类符号为一般命题联结词。其中，"¬"称为否定词，"→"称为蕴涵词。第五类符号是两个道义算子，"O"称为应当算子，"P"称为允许算子。第六类符号表示有条件的义务或有条件的允许中的条件关系。第七类符号是方括号，分别是左方括号和右方括号。第八类符号是左圆括号和右圆括号。第六、七、八类符号是技术性符号。$\mathcal{L}$ln 中有可数无穷多个行为命题变元符号和事实命题变元符号，按下标的自然顺序排列。应当注意，以上引入的各类符号的名称是从法律规范逻辑中借来的名称，符号本身并不具有相应的意义。

由初始符号组成的有穷序列称为符号串。如 p_1, p_1; p_2,

~$p_1 \to \alpha_1 \alpha_2$ 等都是符号串,空的序列也是符号串。我们也把符号串称为表达式。为了表述的方便,引入一些元语言符号或称语法符号。包括三类:

(i) p、q、r(斜体,可以加下标)表示 $\mathcal{L}$ln 的任意行为变元。

(ii) α、β、γ(斜体,可以加下标)表示 $\mathcal{L}$ln 的任意事实命题变元。

(iii) A、B、C(正体大写英文字母,可以加下标)表示 $\mathcal{L}$ln 的任意符号串,或称 $\mathcal{L}$ln-表达式。

2. $\mathcal{L}$ln-公式形成规则

$\mathcal{L}$ln 中包括两类公式:行为公式和一般命题公式。

(1) 行为公式(i 类公式)的形成规则:

(1.1) 任一行为变元 p 是 i 类公式;

(1.2) 如果 A 是 i 类公式,则 ~A 也是 i 类公式;

(1.3) 如果 A、B 是 i 类公式,则(A;B)也是 i 类公式;

(1.4) 如果 A、B 是 i 类公式,则(A×B)也是 i 类公式。

i 类公式的定义:A 是 i 类公式,当且仅当 A 是有穷次地使用 i 类公式形成规则所得到的 $\mathcal{L}$ln-表达式。

(2) 命题公式(ii 类公式)的形成规则:

(2.1) 任一事实命题变元 α 是 ii 类公式;

(2.2) 如果 A 是 i 类公式,则 [A] 是 ii 类公式;

(2.3) 如果 A 是 i 类公式,B 是 ii 类公式,则 OA/B 是 ii 类公式;

(2.4) 如果 A 是 i 类公式,B 是 ii 类公式,则 PA/B 是 ii 类公式;

第四章 法律规范推理的一个逻辑系统

（2.5）如果 A 是 ii 类公式，则¬A 也是 ii 类公式；

（2.6）如果 A、B 是 ii 类公式，则（A→B）也是 ii 类公式。

ii 类公式的定义：A 是 ii 类公式，当且仅当 A 是有穷次地使用 ii 类公式形成规则所得到的 $\mathcal{L}$ln –表达式。

$\mathcal{L}$ln 还包括一些通过定义引入的符号。

i 类公式的引入符号：行为联结词 + 的定义如下：

[D+]（A+B）=$_{df}$ ~（~A×~B）

形如~A 的公式读作"不做 A"，形如（A；B）的公式读作"先做 A 后做 B"，形如（A+B）的公式读做"或者做 A，或者做 B"，形如（A×B）的公式读作"既做 A 也做 B"。

ii 类公式的被定义的符号：命题联结词∧、∨、↔，道义算子 F 及命题常元⊤、⊥的定义如下：

[D∨]（A∨B）=$_{df}$（¬A→B）

[D∧]（A∧B）=$_{df}$ ¬（A→¬B）

[D↔]（A↔B）=$_{df}$（A→B）∧（B→A）

[DF] FA/B =$_{df}$ O~A/B

[D⊤] ⊤=$_{df}$（p→p）

[D⊥] ⊥=$_{df}$ ¬⊤

道义算子 O、P、F 分别称作"应当""允许""禁止"。形如 OA/B、PA/B、FA/B 的公式相应地分别称作"有条件的应当（义务）""有条件的允许（许可）""有条件的禁止"。我们将形如 OA/⊤、PA/⊤、FA/⊤的公式称作"绝对的应当（义务）""绝对的允许（许可）""绝对的禁止"，并分别简写为 OA、PA、FA。命题联结词及相应的公式的读法与命题逻辑中相同。

3. 关于省略括号的说明

（1）任一公式最外层的括号可以省略，如（A→B）可以写成 A→B。

（2）出现多种行为联结词而没有出现括号时，是按从强到弱的顺序~、;、×、+依次添加括号这种情况的省略。例如~A；B+C 是（（~A）；B）+C）的省略形式。

（3）中间没有括号的连续多个蕴涵符号形成的公式，是从最右一个顺序向前添加括号的情况的省略。例如：A→B→C 是(A→（B→C))的省略形式。

（4）命题联结词的省略情况依常规做法。

（5）其他情况下，括号不可省略。

语言 $\mathcal{L}$ln 具有以下几个特征：

（1）排除了叠置道义词的出现。道义算子必须置于 i 类公式之前，而不能出现在 ii 类公式之前。在自然语言中有"p 是应当的，这是应当的"这一类的表达，我们认为，第二个"应当"属于更高一阶的规范，不将其包含在本系统中。

（2）排除了 OT 这一类的表达式。SDL 等道义系统中都包含形如 O（p∨¬p）的公式。重言式表达命题逻辑的规律，说规律是"必然"的是恰当的，说规律是"应当的"并不恰当，至少不是"应当"一词的常规用法。

（3）只有 ii 类公式出现在"/"的右侧、充当规范式的条件。似乎能从日常语言中找到反例，表明行为命题也可以充当规范式的条件。如：

"如果甲故意杀人，则应当对甲判处十年以上有期徒刑、无期徒刑或死刑。"

在这个句子中，似乎是由一个行为命题"甲故意杀人"充当了规范公式的条件，但通过进一步的分析可以看出，在这里"甲故意杀人"实际上表达了一种事态，即"有甲故意杀人的事实"，而这样一个句子显然只是表达一个一般的事实命题。

(4) 在 $\mathcal{L}$ln 中，规范命题具有与事实命题相同的语法特征。因此，规范命题可以出现在"/"的右侧，充当另一个规范的条件。例如："如果应当赡养父母，则禁止遗弃父母。"其形式为：Fp/(Oq/⊤)。

三、$\mathcal{L}$ln-语义的直观解释

语义学是关于语言表达式的意义的理论。逻辑语义的核心问题是定义公式的有效性，而有效性概念又是用"真"概念加以定义的。因此，一个逻辑语义首要使语言表达式具有一定的真值。为此，要给出一个相对于形式语言的语义模型。问题在于，相对于 $\mathcal{L}$ln 这一形式语言，什么样的模型才是恰当的。

语言 $\mathcal{L}$ln 意在表达关于法律规范推理的逻辑。根据前面的分析，法律规范命题有着与事实命题不同的真值。在经典逻辑的语义学中，一个表达事实命题的句子的意义是该句子的成真条件，如果给出了句子的成真条件（一个语义理论），则给定了句子的意义。这类句子的真值取决于其内容是否符合世界存在的状态。而理解一个法律规范命题的意义，从根本上说，不是据此了解世界存在的状况。根据凯尔森（Kelsen）的思想，法律规范的本质在于给出了行为的归责条件。如果了解了一个法律规范的归责条件，就理解了该规范命题的意义。对于某种行为追加何种法律后果，是人为的、由立法者的意志所决定的，并不能由事实命题推

导出来。我们同意休谟的看法：从"是"不能推出"应当"。也就是说，一个"应当"命题的真值无法归约到事实命题的真值，规范命题的真值不能借助于事实命题的真值来定义。

法律规范不描述任何行为中的规律性，而是规定人们如何从事社会行为以及各种社会行为的法律性质。违法行为的存在并不威胁法律规范的实际效力，仅仅是司法部门适用法律的事实理由。例如，法律规定禁止司法工作人员贪赃枉法，当一个法官被证实确有贪赃枉法的行为时，该法律规范当然继续有效并在案件审理时发挥其效力：通过确认该法官行为的违法性而使其承担不利的法律后果。总之，p 为假时，必然 p 不成立；但是，p 为假时，应当 p 却是可以成立的。关于法律规范命题的语义理论必须能反映法律规范的归责条件。限制性规范 Op/α 的含义是：在 α 为真的情况下，不实施 p 所描述的行为本身属于违法的、应受制裁的行为；Pp/α 的含义是：在 α 为真的情况下，实施 p 描述的行为不属于违法的、应受制裁的行为。

对于 $\mathcal{L}\text{ln}$ 来说，命题逻辑的语义结构或真势模态逻辑的语义结构都是不充分的，必须在其语义结构上作必要的扩张，使其包括行为及反映立法者法律意志的制度事实的相关内容。具体来说，$\mathcal{L}\text{ln}$-语义结构必须包含三类对象：

（1）一个关于事态的可能世界的集合，这与模态命题逻辑的情况相同。

（2）一个行为的集合。世界是由事态确定的，事态可以由命题来描述。而行为引起事态的改变，一个行为类似于计算机中的一个程序：从一个初始状态出发，通过执行一个程序，到达另一个状态。从一个可能世界出发，通过实施某个行为，这个可能世界转换为另一个可能世界。因此可以将一个行为定义为可能世界集合的笛卡尔积的一个子集。在描述法律规范这一直观背景下，这里的行为指的是一般性的法律行为。

（3）由对行为予以规范的一部法律所确定的一个行为集的子集。法律规范本身是一种社会现象，规范命题的语义必须根据社会的法律内容来解释。法律通过给行为定性——确定一种行为的法律性质：是否违法、是否应受法律制裁——来调整人的行为。相对于可能世界能谈论事实命题的真值，但是，只有相对于某个法律规范系统（人为的制度性事实）才能有意义地谈论某个法律规范的真值。我们所理解的法律本身的性质（如法律是否包含矛盾），相应地表现为该集合的性质。

四、$\mathcal{L}\mathrm{ln}$-语义

$\mathcal{L}\mathrm{ln}$-框架 $F = \langle W, \{R_x \mid x \in \mathrm{ACT}_0\}, R, S_n \rangle$，赋值函数 V 在 F 上给出语言 $\mathcal{L}\mathrm{ln}$ 的解释。其中：

W 是一个非空的集合，可以将其中的元素理解为可能世界；

ACT_0 是一个非空的集合，可以将其中的元素理解为基本行为。对于任意 $x \in \mathrm{ACT}_0$，$R_x \subseteq W \times W$。基于 ACT_0 定义集合 ACT。首先用 R_x、R_y（$x \in \mathrm{ACT}_0$ 且 $y \in \mathrm{ACT}_0$）定义一组新的 W 上的二元关系，并为其约定记法如下：

$R_{-x} = W \times W - R_x$；

$R_{(x)y} = \{\langle w, w' \rangle \mid$ 存在 $w'' \in W$，$\langle w, w'' \rangle \in R_x$，且 $\langle w'', w' \rangle \in R_y\}$

$R_{(x*y)} = R_x \cap R_y$

$R_{(x\rangle y)} = R_x \cup R_y$

定义 ACT 是满足以下条件的最小集合：

（1） $ACT_0 \subseteq ACT$

（2） 如果 $x \in ACT$，那么 $-x \in ACT$

（3） 如果 $x, y \in ACT$，那么 $x\rangle y \in ACT$

（4） 如果 $x, y \in ACT$，那么 $x * y \in ACT$

（5） 如果 $x, y \in ACT$，那么 $x\rangle\langle y \in ACT$

赋值函数 V 在 ACT 上对 i 类公式给出如下指派：

V（p） = x：$x \in ACT_0$；

V（~A） = -x：V（A） = x，$x \in ACT$

V（A；B） = （x⟩y）：V（A） = x 且 V（B） = y，x、y $\in ACT$

V（A×B） = x*y：V（A） = x 且 V（B） = y，x、y $\in ACT$

V（A+B） = x⟩⟨y：V（A） = x 且 V（B） = y，x、y $\in ACT$

为了下面给出 [A] 的赋值定义，我们定义关系 R 后项的集合，记为：R!。

对于 $x \in ACT_0$，$R_x! = \{w' \mid \langle w, w'\rangle \in R_x\}$

对于 $-x \in ACT$，$R_{-x}! = \{w' \mid \langle w, w'\rangle \in W \times W - R_x\}$

对于（x⟩y）$\in ACT$，$R_{(x\rangle y)}! = \{w' \mid \langle w, w''\rangle \in R_x$ 且 $\langle w'', w'\rangle \in R_y\}$

对于（x*y）$\in ACT$，$R_{(x*y)}! = \{w' \mid \langle w, w'\rangle \in R_x \cap R_y\}$

对于（x⟩⟨y）$\in ACT$，$R_{(x\rangle\langle y)}! = \{w' \mid \langle w, w'\rangle \in R_x \cup R_y\}$

R 是 W 上的道义选择关系，$R \subseteq W \times W$。R 具有持续性。直观理解为，w Rw′ 表示 w′ 是 w 可及的一个法律世界。

Sn 的下标 n 表示相对的一部法律。$Sn \subseteq ACT \times W$。对于一元

第四章 法律规范推理的一个逻辑系统

道义逻辑来说，Sn⊆ACT。Sn 满足以下性质：

（1）法律的一致性原则：如果〈x, w〉∈Sn，则〈-x, w〉∉Sn。

（2）同一行为原则：〈x, w〉∈Sn，当且仅当〈--x, w〉∈Sn。

（3）弱强行为原则：

（3.1）〈x, w〉∈Sn，则〈x∗y, w〉∈Sn；〈x∗y, w〉∈Sn，则〈x, w〉∈Sn 或者〈y, w〉∈Sn。

（3.2）〈x〉〈y, w〉∈Sn，则〈x, w〉∈Sn；〈x, w〉∈Sn 且〈y, w〉∈Sn，则〈x〉〈y, w〉∈Sn。

（4）相继行为原则：

（4.1）〈(x) y, w〉∈Sn 当且仅当〈x, w〉∈Sn 或者〈y, w'〉∈Sn（w'∈Rx!）。

（4.2）〈-(x) y), w〉∈Sn 当且仅当〈-x, w〉∈Sn 并且〈-y, w'〉∈Sn（w'∈Rx!）。

弱强行为原则的直观含义为：（3.1）如果在某种情况下做 x 是违法的，则在这种情况下既做 x 又做 y 也是违法的；如果在某种情况下既做 x 又做 y 是违法的，则在这种情况下或者做 x 是违法的，或者做 y 是违法的。（3.2）如果在某种情况下做 x 或 y 是违法的，则在这种情况下做 x 是违法的，做 y 也是违法的；如果在某种情况下做 x 是违法的、做 y 也是违法的，则在这种情况下做 x 或 y 是违法的。

相继行为原则的直观含义为：（4.1）先做 x 后做 y 是违法的，当且仅当或者先做 x 是违法的，或者做 x 以后所做的 y 是违法的。（4.2）不做先 x 后 y 的行为是违法的，当且仅当不做 x 是违法的，做 x 以后不做 y 也是违法的。

$\mathcal{L}$ln-模型 $M=\langle F, V\rangle$，其中，V 满足（以下用 A、B 作语法记号）：

（1）对于 i 类公式来说，V 即等于上面对 i 类公式给出的指派。

（2）对于 ii 类公式来说：

设 V* 为命题逻辑中的赋值，对于命题逻辑的公式 A 来说，V（A）= V*（A）。此外，需要增加新的 ii 类公式的赋值定义。

V（［A］, w）= 1，当且仅当 $w\in R_{(V(A))}$！

V（OA/α, w）= 1 当且仅当 存在 w′∈W，wR w′且 V（α, w′）= 1，并且，对于任意 w′∈W，如果 wR w′并且 V（α, w′）= 1，则〈V（~A）, w′〉∈Sn；

V（PA/α, w）= 1 当且仅当 存在 w′∈W，wR w′且 V（α, w′）= 1，并且，对于任意 w′∈W，如果 wR w′并且 V（α, w′）= 1，则〈V（A）, w′〉∉Sn。

A、B 为任意两个 ii 类公式，那么：

V（¬A, w）= 1 当且仅当 V（A, w）= 0；
V（A∧B, w）= 1 当且仅当 V（A, w）= 1 且 V（B, w）= 1；
V（A∨B, w）= 1 当且仅当 V（A, w）= 1 或 V（B, w）= 1。

定义 5.3.1 令 $M=\langle W, \{R_x\mid x\in ACT_0\}, R, S_N, V\rangle$ 为任意 $\mathcal{L}$ln-模型，A 为任意 $\mathcal{L}$ln-ii 类公式，对于 w∈W，如果有 V（A, w）= 1，则称 A 在模型 M 的 w 上为真，记作：$M, w\models A$。

定义 5.3.2 令 $M=\langle W, \{R_x\mid x\in ACT_0\}, R, S_n, V\rangle$ 为任意 $\mathcal{L}$ln-模型，A 为任意 $\mathcal{L}$ln-ii 类公式，如果对于任意 w∈W，都有 $M, w\models A$，则称 A 在模型 M 上为真，记作：$M\models A$。

定义5.3.3 令F是任意$\mathcal{L}$ln-框架，如果对于任意V，都有$\langle F, V\rangle \models A$，则称A在框架F上有效，记作：$F \models A$。

定义5.3.4 令$\mathcal{F}$是任意由$\mathcal{L}$ln-框架组成的框架类，如果对于任意$F\in\mathcal{F}$都有$F \models A$，则称A在框架类$\mathcal{F}$上有效，记作：$\mathcal{F} \models A$。

定义5.3.5 任一有穷公式集$\{A_1, A_2\cdots\cdots A_n\}$是不可满足的，如果不存在模型M以及w使得$V(A_1, w)=1$且$V(A_2, w)=1$，……且$V(A_n, w)=1$。

定理5.3.1 任一有穷的规范命题公式集$\{A_1, A_2\cdots\cdots A_n\}$是不可满足的，如果对于任意模型M以及任意$w\in W$，若$V(A_1, w)=1$且$V(A_2, w)=1$，……且$V(A_n, w)=1$，则存在$p_i, w'\in W$、$wRw'$，有$\langle V(p_i), w'\rangle \in S_n$且$\langle V(p_i), w'\rangle \notin S_n$。

证明：由定义5.3.5直接得证。

定理5.3.2 Γ为任意可满足的有穷规范公式集，A为任意规范公式，$\Gamma \models A$当且仅当$\Gamma \cup \{\neg A\}$是不可满足的。

证明：先证明如果$\Gamma \models A$则$\Gamma \cup \{\neg A\}$是不可满足的。

反证。假设$\Gamma \models A$并且$\Gamma \cup \{\neg A\}$是可满足的，因为$\Gamma \cup \{\neg A\}$是可满足的，所以存在模型M以及$w\in W$，使得$M, w \models \neg A$并且$M, w \models \Gamma$。由$\Gamma \models A$和$M, w \models \Gamma$得到$M, w \models A$，与$M, w \models \neg A$矛盾。

再证明如果$\Gamma \cup \{\neg A\}$是不可满足的则$\Gamma \models A$。

由$\Gamma \cup \{\neg A\}$是不可满足的与Γ是可满足的，则对于任意模型M以及任意$w\in W$，如果$M, w \models \Gamma$则并非$M, w \models \neg A$。根据赋值定义，并非$M, w \models \neg A$即$M, w \models A$，所以，如果$M \models$

wΓ 则 $M, w \models A$, 即 $\Gamma \models A$。

在 $\mathcal{L}$ln 语义之下, 规范命题的不一致性包括两种情况:

第一, 如果 Rv (p) ∩Rv (q) = ∅, 则 Op 与 Pq 是不一致的。作为其特殊情况, Op 与 P~p 是不一致的。根据前面的分析, 我们将这种不一致性称为"强不一致性"。

第二, 如果 Rv (p) ∩Rv (q) = ∅, 则 Op 与 Oq 是不一致的。作为其特殊情况, Op 与 O~p 是不一致的。根据前面的分析, 我们将这种不一致性称为"弱不一致性"。

在道义逻辑研究中, 有的学者提出应当建立能包容义务冲突的道义逻辑系统, 因为, 现实的法律体系往往是包含互相冲突的法律规范的, 能包容义务冲突的道义逻辑系统才能反映现实法律的相应特征。在我们看来, 即使建立包容义务冲突的道义逻辑系统, 也只能是包容弱不一致的法律规范, 而不能包含强不一致的法律规范。

第三节 Lln 形式系统

一、Lln 形式系统

Lln-公理:(为简化表述, 约定 G 代表 O 或 P)

A1　PC 重言式

A2　$G\sim\sim p \leftrightarrow Gp$

A3　$Gp/\alpha \wedge Gp/\beta \rightarrow Gp/(\alpha \vee \beta)$

A4　$G(p \times q)/\alpha \leftrightarrow Gp/\alpha \wedge Gq/\alpha$

A5　$G(p+q)/\alpha \leftrightarrow Gp/\alpha \vee Gq/\alpha$

A6　G（p；q）/α↔Gp/α∧Gq/[p]

A7　G~（p；q）/α↔G~p/α∨G~q/[p]

A8　Op/α→¬G~p/α

Lln-初始规则：

1. 分离规则 MP：若 ⊢α 且 ⊢α→β，则 ⊢β；

2. 条件规则 RC：若 ⊢α→β，则 ⊢Gp/β→Gp/α；

3. 代入规则 SB：令 α_1、α_2、…、α_m 是命题变元，φ_1、φ_2、…、φ_m 是任意 ii 类公式，如果 ⊢α，则 ⊢α（α_1/φ_1、α_2/φ_2、…、α_m/φ_m）；

4. 行为公式代入规则 SB＊：令 p_1、p_2、…、p_n 是行为变元，ψ_1、ψ_2、…、ψ_n 是任意 i 类公式，如果 ⊢α 则 ⊢α（p_1/ψ_1、p_2/ψ_2、…、p_n/ψ_n）。

Lln-证明、Lln-推演和 Lln-定理与一般定义相同。

Lln 中的导出规则 RES（等值置换规则）、三段论规则的证明与 Pc-证明相同，故略。

一组 Lln-定理：

Th1　O（p×q）/α↔O（q×p）/α

Th2　P（p×q）/α↔P（q×p）/α

Th3　O（p+q）/α↔O（q+p）/α

Th4　P（p+q）/α↔P（q+p）/α

Th5　O（p+（q×r））/α↔O（(p+q)×(p+r)）/α

Th6　P（p+（q×r））/α↔P（(p+q)×(p+r)）/α

Th7　O（p×（q+r））/α↔O（(p×q)+(p×r)）/α

Th8　P（p×（q+r））/α↔P（(p×q)+(p×r)）/α

Th9　Op→Op/α

Th10 $Pp \to Pp/\alpha$

Th11 $Op/(\alpha \vee \beta) \leftrightarrow Op/\alpha \wedge Op/\beta$

Th12 $O(p+q)/\alpha \wedge O\sim p/\alpha \to Oq/\alpha$

Th13 $P(p+q)/\alpha \wedge O\sim p/\alpha \to Pq/\alpha$

Th14 $O(p\times q)/\alpha \to Op/\alpha$

Th15 $P(p\times q)/\alpha \to Pp/\alpha$

Th16 $Op/\alpha \wedge O\sim p/\alpha \to Oq/\alpha$

Th17 $Op/\alpha \wedge P\sim p/\alpha \to Oq/\alpha$

Th18 $Op/\alpha \to O(p+q)/\alpha$

Th19 $Pp/\alpha \to P(p+q)/\alpha$

Th20 $F(p\times q)/\alpha \leftrightarrow Fp/\alpha \wedge Fq/\alpha$

Th21 $F(p+q)/\alpha \leftrightarrow Fp/\alpha \vee Fq/\alpha$

证明：Th1

[1] $O(p\times q)/\alpha \leftrightarrow Op/\alpha \wedge Oq/\alpha$ A4

[2] $p \wedge q \leftrightarrow q \wedge p$ PC-定理

[3] $Op/\alpha \wedge Oq/\alpha \leftrightarrow Oq/\alpha \wedge Op/\alpha$ SB

[4] $O(q\times p)/\alpha \leftrightarrow Oq/\alpha \wedge Op/\alpha$ A4

[5] $O(p\times q)/\alpha \leftrightarrow Oq/\alpha \wedge Op/\alpha$ RES（等值置换规则）

[6] $O(p\times q)/\alpha \leftrightarrow O(q\times p)/\alpha$ RES

Th2、Th3、Th4 的证明与 Th1 类似。

证明：Th5

[1] $O(p+q)/\alpha \leftrightarrow Op/\alpha \vee Oq/\alpha$ A5

[2] $O(p+(q\times r))/\alpha \leftrightarrow Op/\alpha \vee O(q\times r)/\alpha$ SB

[3] $O(p\times q)/\alpha \leftrightarrow Op/\alpha \wedge Oq/\alpha$ A4

[4] $O(p+(q\times r))/\alpha \leftrightarrow Op/\alpha \vee (Op/\alpha \wedge$

第四章 法律规范推理的一个逻辑系统

　　　　Oq/α　　　　　　　　　　　　　　　RES
[5] p∨（q∧r）↔（p∨q）∧（p∨r）　　PC-定理
[6] Op/α∨（Op/α∧Oq/α）↔（Op/α∨Oq/α）
　　∧（Op/α∨Or/α）　　　　　　　　　RES
[7] O（p+r）/α↔Op/α∨Or/α　　　　　SB
[8] Op/α∨（Op/α∧Oq/α）↔O（p+q）/α∧
　　O（p+r）/α　　　　　　　　　　　　RES
[9] O（(p+q)×(p+r)）/α↔O（p+q）/
　　α∧O（p+r）/α　　　　　　　　　　SB
[10] O（p+（q×r））/α↔O（(p+q)×
　　(p+r)）/α　　　　　　　　　　　　RES

Th6、Th7、Th8 的证明与 Th5 类似。

证明：Th9

[1] α→⊤　　　　　　　　　　　　　　PC-定理
[2] Op→Op/α　　　　　　　　　　　　RC

Th10 的证明与 Th9 类似。

证明：Th11

[1] α→α∨β　　　　　　　　　　　　　PC-定理
[2] Op/（α∨β）→Op/α　　　　　　　RC
[3] β→α∨β　　　　　　　　　　　　　PC-定理
[4] Op/（α∨β）→Op/β　　　　　　　RC
[5]（Op/（α∨β）→Op/α）→
　　（(Op/（α∨β）→Op/β)→
　　（Op/（α∨β）→Op/α∧Op/β))　PC-定理
[6]（Op/（α∨β）→Op/β）→

　　　　（Op/(α∨β) →Op/α∧Op/β）　　　　　　MP

[7]　Op/(α∨β) →Op/α∧Op/β　　　　　　　　MP

[8]　Op/α∧Op/β→Op/(α∨β)　　　　　　　　A3

[9]　Op/(α∨β) ↔Op/α∧Op/β　　　　　　　　↔的定义

证明：Th12

[1]　O~p/α→¬ Op/α　　　　　　　　　　　　A8

[2]　O (p+q) /α∧O~p/α→

　　　O (p+q) /α∧¬ Op/α　　　　　　　　　PC-定理

[3]　O (p+q) /α↔Op/α∨Oq/α　　　　　　　A4

[4]　O (p+q) /α∧O~p/α→ (Op/

　　　α∨Oq/α) ∧¬ Op/α　　　　　　　　　　RES

[5]　(Op/α∨Oq/α) ∧¬ Op/α→

　　　Oq/α　　　　　　　　　　　　　　　　　PC-定理

[6]　O (p+q) /α∧O~p/α → Oq/α　　　　　三段论

Th13 的证明与 Th12 类似。

证明：Th14

[1]　O (p×q) /α↔Op/α∧Oq/α　　　　　　　A4

[2]　p∧q→p　　　　　　　　　　　　　　　　PC-定理

[3]　Op/α∧Oq/α→Op/α　　　　　　　　　　SB

[4]　O (p×q) /α→Op/α　　　　　　　　　　RES

Th15 的证明与 Th14 类似。

证明：Th16

[1]　Op/α→¬ O~p/α　　　　　　　　　　　　A8

[2]　¬ (Op/α∧O~p/α)　　　　　　　　　　　∧的定义

[3]　¬ Oq/α→¬ (Op/α∧O~p/α)　　　　　　PC-定理

[4] Op/α∧O~p/α→Oq/α   假言易位

Th17 的证明与 Th16 类似。

证明：Th18

[1] Op/α∨Oq/α→O（p+q）/α   A5
[2] (p∨q→r) → (p→r)   PC-定理
[3] (Op/α∨Oq/α→O（p+q）/
    α) → (Op/α→O（p+q）/α)   SB
[4] Op/α→O（p+q）/α   MP

Th19 的证明与 Th18 类似。

证明：Th20

[1] O（~p×~q）/α↔O~p/α∧O~q/α   A4
[2] F~（~p×~q）/α↔Fp/α∧Fq/α   F 的定义
[3] F（p+q）/α↔Fp/α∧Fq/α   +的定义

Th21 的证明与 Th20 类似。

二、Lln 的可靠性

如果 Lln-公式 A 在任意 Lln-框架上都是有效的，则称 A 是 Lln-有效的，记为：⊢ A。Lln 的可靠性是指，对于任意 Lln-公式 A，如果 ⊢A，则 ⊢ A，即所有 Lln-定理都是 Lln-有效的。

定理 5.2.3　F 为任意 Lln-框架，如果 Lln-公式 A 和 A→B 在 F 上都是有效的，则 B 在 F 上也是有效的。

证明：用反证法。F 为任意 Lln-框架，设 A 和 A→B 在 F 上都是有效的，而 B 在 F 上是无效的。则存在 F 上的模型 ⟨F, V⟩ 以及 w∈W，使得 V（B, w）= 0。由于 A 在 F 上都是有效的，所以 V（A, w）= 1。根据 V 的定义，则 V（A→B, w）= 0,

这与 A→B 在 F 上有效是矛盾的。

定理 5.2.4　F 为任意 Lln-框架，x_1、x_2、…、x_n 为任意命题变元，φ_1、φ_2、…、φ_n 为任意 ii 类公式。如果 A 在 F 上都是有效的，则 A（x_1/φ_1、x_2/φ_2、…、x_n/φ_n）在 F 上也是有效的。

证明：用反证法。F 为任意 Lln-框架，设 A 在 F 上是有效的，而 A（x_1/φ_1、x_2/φ_2、…、x_n/φ_n）在 F 上是无效的。则存在 F 上的模型〈F，V〉以及 $w \in W$，使得 V（A（x_1/φ_1、x_2/φ_2、…、x_n/φ_n），w）= 0。由此定义另一个赋值 V*，对于任意命题变元 y、任意 $v \in W$，有

$$V*(y,v) = \begin{cases} V(y,v) & v \neq w \\ V(y,v) & v = w; y \neq x_i, i = 1,2,3,\ldots \\ V(x_i,v) & v = w; y = x_i, i = 1,2,3, \end{cases}$$

因为 V（A（x_1/φ_1、x_2/φ_2、…、x_n/φ_n），w）= 0，所以，V*（A，w）= 0，这与 A 在 F 上都有效是矛盾的。

定理 5.2.5　F 为任意 Lln-框架，p_1、p_2、…、p_n 为任意命题变元，ψ_1、ψ_2、…、ψ_n 为任意 i 类公式。如果 A 在 F 上是有效的，则 A（p_1/ψ_1、p_2/ψ_2、…、p_n/ψ_n）在 F 上也是有效的。

证明方法与定理 5.2.4 类似，省略。

定理 5.2.6　F 为任意 Lln-框架，如果 α→β 在 F 上是有效的，则 Gp/β→Gp/α 在 F 上也是有效的。

证明：用反证法。先考虑 G 为 O 的情况。F 为任意 Lln-框架，设 α→β 在 F 上是有效的，而 Op/β→Op/α 在 F 上是无效的。则存在 F 上的模型〈F，V〉以及 $w \in W$，使得 V（Op/β→Op/α，w）= 0。即 V（Op/β，w）= 1 且 V（Op/α，w）= 0。

第四章 法律规范推理的一个逻辑系统

根据 V 对 Op/α 的定义，$V(Op/\alpha, w) = 0$ 则或者不存在 $w' \in W$，$wR\ w'$，$V(\alpha, w') = 1$，或者存在 $w' \in W$，$wR\ w'$，$V(\alpha, w') = 1$ 且 $\langle V(\sim p), w'\rangle \notin S_n$。如果不存在 $w' \in W$，$wR\ w'$，$V(\alpha, w') = 1$，则与 $V(Op/\beta, w) = 1$ 矛盾；如果存在 $w' \in W$，$wR\ w'$，$V(\alpha, w') = 1$ 且 $\langle V(\sim p), w'\rangle \notin S_n$，那么，由于 $\alpha \to \beta$ 在 F 上是有效的，所以，$V(\alpha \to \beta, w') = 1$，则有 $V(\beta, w') = 1$。由于存在 $w' \in W$，$wR\ w'$，$V(\beta, w') = 1$ 且 $\langle V(\sim p), w'\rangle \notin S_n$，所以有 $V(Op/\beta, w) = 0$。这与 $V(Op/\beta, w) = 1$ 矛盾。

G 为 P 的情况是类似的，省略。

定理 5.2.7 公式 $G\sim\sim p \leftrightarrow Gp$ 在 Lln-框架 F 上是有效的。

证明：根据 $R_{-x} = W \times W - R_x$，对于任意 F 上的模型 $\langle F, V\rangle$，$Rv(\sim p) = W \times W - Rv(p)$，则 $Rv(\sim\sim p) = W \times W - (W \times W - Rv(p)) = Rv(p)$。又据 S_n 的同一行为原则，$\langle V(\sim\sim p), w\rangle \in S_n$ 当且仅当 $\langle V(p), w\rangle \in S_n$，所以，对于任意 Lln-模型 M 以及任意 $w \in W$，有 $V(O\sim\sim p/\alpha, w) = 1$ 当且仅当 $V(Op/\alpha, w) = 1$，也有 $V(P\sim\sim p/\alpha, w) = 1$ 当且仅当 $V(Pp/\alpha, w) = 1$。所以，公式 $G\sim\sim p \leftrightarrow Gp$ 在 Lln-框架 F 上是有效的。

定理 5.2.8 公式 $Gp/\alpha \wedge Gp/\beta \to Gp/(\alpha \vee \beta)$ 是 Lln-有效的。

证明：先考虑 G 为 O 的情况。用反证法。设公式 $Op/\alpha \wedge Op/\beta \to Op/(\alpha \vee \beta)$ 不是 Lln-有效的，则存在 Lln-模型 M 以及 $w \in W$，有 $V(Op/\alpha \wedge Op/\beta, w) = 1$ 而 $V(Op/(\alpha \vee \beta), w) = 0$。$V(Op/\alpha \wedge Op/\beta, w) = 1$ 即 $V(Op/\alpha, w) = 1$ 且 $V(Op/$

213

β, w) = 1。由于 V (Op/($\alpha \vee \beta$), w) = 0, 则存在 w' $\in$ W, wR w', V ($\alpha \vee \beta$, w') = 1 且 $\langle$V (~p), w'$\rangle$ $\notin S_n$。V ($\alpha \vee \beta$, w') = 1 即 V (α, w') = 1 或者 V (β, w') = 1。如果 V (α, w') = 1, 由于存在 w' $\in$ W, wR w', V (α, w') = 1 且 $\langle$V (~p), w'$\rangle$ $\notin S_n$, 所以有 V (Op/α, w) = 0, 矛盾；如果 V (β, w') = 1, 由于存在 w' $\in$ W, wR w', V (β, w') = 1 且 $\langle$V (~p), w'$\rangle$ $\notin S_n$, 所以有 V (Op/β, w) = 0, 矛盾。所以假设不成立, 公式 Op/$\alpha \wedge$ Op/$\beta \rightarrow$Op/($\alpha \vee \beta$) 是 Lln-有效的。

G 为 P 的情况是类似的, 省略。

定理 5.2.9　公式 O (p×q) /$\alpha \leftrightarrow$Op/$\alpha \wedge$ Oq/α 是 Lln-有效的。

证明：先证明 O (p×q) /$\alpha \rightarrow$Op/$\alpha \wedge$ Oq/α 是有效的。

用反证法。设公式 O (p×q) /$\alpha \rightarrow$Op/$\alpha \wedge$ Oq/α 不是 Lln-有效的, 则存在 Lln-模型 M 以及 w $\in$ W, 有 V (O (p×q) /α, w) = 1 而 V (Op/$\alpha \wedge$ Oq/α, w) = 0。V (Op/$\alpha \wedge$ Oq/α, w) = 0 即 V (Op/α, w) = 0 或者 V (Oq/α, w) = 0。即存在 w' $\in$ W, wR w', V (α, w') = 1 且 $\langle$V (~p), w'$\rangle$ $\notin S_n$。或者存在 w'' $\in$ W, wR w'', V (α, w'') = 1 且 $\langle$V (~q), w''$\rangle$ $\notin S_n$。令 V (p) = x, V (q) = y. 即 $\langle$-x, w'$\rangle$ $\notin S_n$ 或者 $\langle$-y, w''$\rangle$ $\notin S_n$。根据 V (O (p×q) /α, w) = 1, 则 $\langle$-V (p×q), w'$\rangle$ $\in S_n$ 且 $\langle$-V (p×q), w''$\rangle$ $\in S_n$。根据相应的语义定义, 即 $\langle$-x$\rangle\langle$-y, w'$\rangle$ $\in S_n$ 且 $\langle$-x$\rangle\langle$-y, w''$\rangle$ $\in S_n$。据 S_n 的弱强行为原则 ii, $\langle$-x$\rangle\langle$-y, w'$\rangle$ $\in S_n$ 则 $\langle$-x, w'$\rangle$ $\in S_n$；$\langle$-x$\rangle\langle$-y, w''$\rangle$ $\in S_n$ 则 $\langle$-y, w'$\rangle$ $\in S_n$。这与 $\langle$-x, w'$\rangle$ $\notin S_n$ 或者 $\langle$-y, w''$\rangle$ $\notin S_n$ 矛盾。所以假设不成立, 公式 O (p×q) /$\alpha \rightarrow$

Op/α∧Oq/α 是 Lln-有效的。

再证明 Op/α∧Oq/α→O（p×q）/α 是有效的。

用反证法。设公式 Op/α∧Oq/α→O（p×q）/α 不是 Lln-有效的，则存在 Lln-模型 M 以及 w∈W，有 V（Op/α∧Oq/α, w）=1 而 V（O（p×q）/α, w）=0。V（Op/α∧Oq/α, w）=1 即 V（Op/α, w）=1 且 V（Oq/α, w）=1。因为 V（O（p×q）/α, w）=0，所以存在 w'∈W，wRw'，V（α, w'）=1 且 ⟨-V（p×q）, w'⟩∉S_n。令 V（p）=x，V（q）=y。根据相应的语义定义，⟨-V（p×q）, w'⟩∉S_n 即 ⟨-x⟩⟨-y, w'⟩∉S_n。根据 V（Op/α, w）=1 且 V（Oq/α, w）=1，有 ⟨-x, w'⟩∈S_n 且 ⟨-y, w'⟩∈S_n。据 S_n 的弱强行为原则（3.2），⟨-x, w'⟩∈S_n 且 ⟨-y, w'⟩∈S_n 则 ⟨-x⟩⟨-y, w'⟩∈S_n。这与 ⟨-x⟩⟨-y, w'⟩∉S_n 矛盾。所以假设不成立，公式 Op/α∧Oq/α→O（p×q）/α 是 Lln-有效的。

定理 5.2.10 公式 P（p×q）/α↔Pp/α∧Pq/α 是 Lln-有效的。

证明根据 S_n 的弱强行为原则（3.1），过程与定理 5.2.10 的证明类似，省略。

定理 5.2.11 公式 O（p+q）/α↔Op/α∨Oq/α 是 Lln-有效的。

证明：先证明 O（p+q）/α→Op/α∨Oq/α 是有效的。

用反证法。设公式 O（p+q）/α→Op/α∨Oq/α 不是 Lln-有效的，则存在 Lln-模型 M 以及 w∈W，有 V（O（p+q）/α, w）=1 而 V（Op/α∨Oq/α, w）=0。V（Op/α∨Oq/α, w）=0 即 V（Op/α, w）=0 且 V（Oq/α, w）=0，即存在 w'∈W，

215

wR w', V（α, w'）= 1 且〈V（~p）, w'〉∉ S_n；并且存在 w''
∈ W, wR w'', V（α, w''）= 1 且〈V（~q）, w''〉∉ S_n。令 V
（p）= x, V（q）= y, 即〈-x, w'〉∉ S_n；且〈-y, w''〉∉ S_n。
由于 V（O（p+q）/α, w）= 1, 根据相应的语义定义, 则有
〈-x∗-y, w'〉∈ S_n 且〈-x∗-y, w''〉∈ S_n。根据 S_n 的弱强行
为原则（3.1）,〈-x∗-y, w'〉∈ S_n 则〈-x, w'〉∈ S_n,〈-x
∗-y, w''〉∈ S_n 则〈-y, w''〉∈ S_n。这与〈-x, w'〉∉ S_n；
且〈-y, w''〉∉ S_n 矛盾。所以假设不成立, 公式 Op/α∧Oq/α
→O（p×q）/α 是 Lln-有效的。

再证明 Op/α∨Oq/α→O（p+q）/α 是有效的。

用反证法。设公式 Op/α∨Oq/α→O（p+q）/α 不是 Lln-有效
的, 则存在 Lln-模型 M 以及 w∈W, 有 V（Op/α∨Oq/α, w）=
1 而 V（O（p+q）/α, w）= 0。由于 V（O（p+q）/α, w）=
0, 则存在 w'∈W, wR w', V（α, w'）= 1 且〈-V（p+q）,
w'〉∉ S_n；令 V（p）= x, V（q）= y, 即〈-x∗-y, w'〉∉ S_n。
而由 V（Op/α∨Oq/α, w）= 1 知, V（Op/α, w）= 1 或者 V
（Oq/α, w）= 1, 则有〈-x, w'〉∈ S_n 或者〈-y, w''〉∈ S_n。
根据 S_n 的弱强行为原则（3.1）, 如果〈-x, w'〉∈ S_n 则〈-x
∗-y, w'〉∈ S_n。这与〈-x∗-y, w'〉∉ S_n 矛盾；如果〈-y,
w'〉∈ S_n 则〈-x∗-y, w'〉∈ S_n。也与〈-x∗-y, w'〉∉ S_n 矛
盾。所以假设不成立, 公式 Op/α∨Oq/α→O（p+q）/α 是 Lln-
有效的。

定理 5.2.12　公式 P（p+q）/α↔Pp/α∨Pq/α 是 Lln-有
效的。

证明根据 S_n 的弱强行为原则（3.2）, 过程与定理 5.2.11 的

第四章 法律规范推理的一个逻辑系统

证明类似,省略。

定理 5.2.13 公式 $O(p;q)/\alpha \leftrightarrow Op/\alpha \wedge Oq/[p]$ 是 Lln-有效的。

证明:先证明 $O(p;q)/\alpha \rightarrow Op/\alpha \wedge Oq/[p]$ 是有效的。

用反证法。设公式 $O(p;q)/\alpha \rightarrow Op/\alpha \wedge Oq/[p]$ 不是 Lln-有效的,则存在 Lln-模型 M 以及 $w \in W$,有 $V(O(p;q)/\alpha, w) = 1$ 而 $V(Op/\alpha \wedge Oq/[p], w) = 0$。$V(Op/\alpha \wedge Oq/[p], w) = 0$ 即 $V(Op/\alpha, w) = 0$ 或者 $V(Oq/[p], w) = 0$。则存在 $w' \in W$,wRw',$V(\alpha, w') = 1$ 且 $\langle V(\sim p), w' \rangle \notin S_n$;或者存在 $w'' \in W$,wRw'',$V([p], w'') = 1$ 且 $\langle V(\sim q), w'' \rangle \notin S_n$。令 $V(p) = x$,$V(q) = y$,即 $\langle -x, w' \rangle \notin S_n$;或者 $\langle -y, w'' \rangle \notin S_n$。根据 $V(O(p;q)/\alpha, w) = 1$,有 $\langle -V(p;q), w' \rangle \in S_n$。由相关的语义定义,即 $\langle -(x)y, w' \rangle \in S_n$。根据 S_n 的相继行为原则 (4.2),则有 $\langle -x, w' \rangle \in S_n$ 且对于任意 $w''' \in Rx!$,有 $\langle -y, w''' \rangle \in S_n$。由 $V([p], w'') = 1$ 知道 $w'' \in Rx!$,所以,$\langle -y, w'' \rangle \in S_n$。$\langle -x, w' \rangle \in S_n$ 且 $\langle -y, w'' \rangle \in S_n$ 与 $\langle -x, w' \rangle \notin S_n$;或者 $\langle -y, w'' \rangle \notin S_n$ 矛盾。所以假设不成立,公式 $O(p;q)/\alpha \rightarrow Op/\alpha \wedge Oq/[p]$ 是 Lln-有效的。

再证明 $Op/\alpha \wedge Oq/[p] \rightarrow O(p;q)/\alpha$ 是有效的。

用反证法。设公式 $Op/\alpha \wedge Oq/[p] \rightarrow O(p;q)/\alpha$ 不是 Lln-有效的,则存在 Lln-模型 M 以及 $w \in W$,有 $V(Op/\alpha \wedge Oq/[p], w) = 1$ 而 $V(O(p;q)/\alpha, w) = 0$。$V(O(p;q)/\alpha, w) = 0$ 即存在 $w' \in W$,wRw',$V(\alpha, w') = 1$ 且 $\langle -V(p;q), w' \rangle \notin S_n$。由相关的语义定义,即 $\langle -(x)y, w' \rangle \notin$

217

$S_{n;}$。根据 S_n 的相继行为原则 (4.2)，则有 ⟨-x, w'⟩ ∉ S_n 或者存在 w''∈Rx!，有 ⟨-y, w''⟩ ∉ S_n。由 V (Op/α ∧ Oq/[p], w) = 1，则有 ⟨-x, w'⟩ ∈ S_n 且对于任意 w'''∈Rx!，有 ⟨-y, w'''⟩ ∈ S_n。而由于 w''∈Rx!，所以有 ⟨-y, w''⟩ ∈ S_n。⟨-x, w'⟩ ∈ S_n 且 ⟨-y, w''⟩ ∈ S_n 与 ⟨-x, w'⟩ ∉ S_n 或者 ⟨-y, w''⟩ ∉ S_n 矛盾。所以假设不成立，公式 Op/α ∧ Oq/[p] → O(p;q) /α 是 Lln-有效的。

定理 5.2.14 公式 P (p; q) /α ↔ Pp/α ∧ Pq/[p] 是 Lln-有效的。

证明根据 S_n 的相继行为原则 (4.1)，过程与定理 5.2.13 的证明类似，省略。

定理 5.2.15 公式 O~ (p; q) /α ↔ O~p/α ∨ O~q/[p] 是 Lln-有效的。

证明：先证明 O~ (p; q) /α → O~p/α ∨ O~q/[p] 是有效的。

用反证法。设公式 O~ (p; q) /α → O~p/α ∨ O~q/[p] 不是 Lln-有效的，则存在 Lln-模型 M 以及 w∈W，有 V (O~ (p; q) /α, w) = 1 而 V (O~p/α ∨ O~q/[p], w) = 0。V (O~p/α ∨ O~q/[p], w) = 0 即 V (O~p/α, w) = 0 并且 V (O~q/[p], w) = 0。则存在 w'∈W，wR w'，V (α, w') = 1 且 ⟨-V (~p), w'⟩ ∉ S_n；并且存在 w''∈W，wR w''，V ([p], w'') = 1 且 ⟨-V (~q), w''⟩ ∉ S_n。令 V (p) = x, V (q) = y，即 ⟨x, w'⟩ ∉ S_n；并且 ⟨y, w''⟩ ∉ S_n。根据 V (O~ (p; q) /α, w) = 1，有 ⟨-V~ (p; q), w'⟩ ∈ S_n。由相关的语义定义，即 ⟨x, y, w'⟩ ∈ S_n。根据 S_n 的相继行为原则 (4.1)，则有 ⟨x, w'⟩ ∈ S_n, 或者, 对于任意 w''' ∈ Rx!, 有 ⟨y, w'''⟩ ∈ S_{n_0} 由 V ([p], w'') = 1, 所以, ⟨-y, w''⟩ ∈ S_{n_0} 这与 ⟨-x, w'⟩ ∉ $S_{n;}$ 或者 ⟨-y, w''⟩ ∉ S_n 矛盾。所以假设不成立, 公式 O~ (p; q) /α→O~p/α∨O~q/[p] 是 Lln-有效的。

再证明 O~p/α∨O~q/[p] →O~ (p; q) /α 是有效的。

用反证法。设公式 O~p/α∨O~q/[p] →O~ (p; q) /α 不是 Lln-有效的, 则存在 Lln-模型 M 以及 w∈W, 有 V (O~p/α ∨O~q/[p], w) = 1 而 V (O~ (p; q) /α, w) = 0。V (O~ (p; q) /α, w) = 0 即存在 w'∈W, wR w', V (α, w') = 1 且 ⟨-V~ (p; q), w'⟩ ∉ $S_{n;}$。由相关的语义定义, 即 ⟨x⟩ y, w'⟩ ∉ $S_{n;}$。根据 S_n 的相继行为原则 (4.1), 则有 ⟨x, w'⟩ ∉ S_n 并且存在 w''∈Rx!, 有 ⟨y, w''⟩ ∉ S_{n_0} 由 V (O~p/α∧O~q/[p], w) = 1, 则有 ⟨x, w'⟩ ∈ S_n 或者对于任意 w'''∈Rx!, 有 ⟨y, w'''⟩ ∈ S_{n_0} 而由于 w''∈Rx!, 所以有 ⟨y, w''⟩ ∈ S_{n_0}。⟨x, w'⟩ ∈ S_n 且 ⟨y, w''⟩ ∈ S_n 与 ⟨x, w'⟩ ∉ S_n 或者 ⟨y, w''⟩ ∉ S_n 矛盾。所以假设不成立, 公式 O~p/α∨O~q/[p] → O~ (p; q) /α 是 Lln-有效的。

定理 5.2.16 公式 P~ (p; q) /α↔P~p/α∨P~q/[p] 是 Lln-有效的。

证明根据 S_n 的相继行为原则 (4.1), 过程与定理 5.2.15 的证明类似, 省略。

定理 5.2.17 公式 Op/α→¬O~p/α 是 Lln-有效的。

证明: 用反证法。设公式 Op/α→¬O~p/α 不是 Lln-有效的, 则存在 Lln-模型 M 以及 w∈W, 有 V (Op/α, w) = 1 而 V (¬O~p/α, w) = 0。V (¬O~p/α, w) = 0 即 V (O~p/α, w) =

1。根据 V-O 的赋值定义,存在 w'∈W,wR w',V (α, w') = 1 且 〈V (p), w'〉∈$S_{n;}$。根据 S_n 的一致性原则,有 〈V (~p), w'〉∉$S_{n;}$。由于 V (Op/α, w) = 1,所以 〈V (~p), w'〉∈S_n。矛盾。所以假设不成立,公式 Op/α→¬O~p/α 是 Lln-有效的。

定理 5.2.18　公式 Op/α→¬P~p/α 是 Lln-有效的。

证明:用反证法。设公式 Op/α→¬P~p/α 不是 Lln-有效的,则存在 Lln-模型 M 以及 w∈W,有 V (Op/α, w) = 1 而 V (¬P~p/α, w) = 0。V (¬P~p/α, w) = 0 即 V (P~p/α, w) = 1。由 V (Op/α, w) = 1,存在 w'∈W,wR w',V (α, w') = 1 且 〈V (~p), w'〉∈$S_{n;}$。由于 V (P~p/α, w) = 1,所以 〈V (~p), w'〉∉$S_{n;}$。矛盾。所以假设不成立,公式 Op/α→¬P~p/α 是 Lln-有效的。

定理 5.2.19　Lln 是可靠的。

证明:要证明 Lln 是可靠的,即要证明对于任意 Lln-公式 A,如果 ⊢A,则 ⊨A。

假设 ⊢A,则存在一个对 A 的 Lln-证明:A_1、A_2、⋯、A_n,使得 A=A_n。对证明的长度进行归纳。

(1) 当 n = 1 时,A 只能是 Lln-公理。由定理 5.2.7—5.2.18,如果 A 是公理,则 ⊨A。

(2) 设 n<k 时,定理成立。当 n=k 时,则或者 A 是公理,情况同(1),或者 A 是由证明序列前面的公式运用规则 MP、RC、SB 或 SB∗ 得到的。根据归纳假设和定理 5.2.3—5.2.6,有 ⊨A。

⊢A 则 ⊨A 得证,Lln 是可靠的。

三、Lln 对道义悖论的处理

1. "道义悖论"的三种类型

罗素曾经说:"一个逻辑理论可以通过其处理难题的能力来加以检验。当我们思考逻辑时,在脑子里尽可能多地储存难题是很有好处的,因为这些难题对逻辑理论的检验作用,恰好就像实验对于物理科学所起的检验作用。"[1] 任何一个道义系统也要接受道义悖论的检验。

悖论,本来是指由肯定它真则推出它假、由肯定它假则推出它真的一种自相矛盾的命题。道义逻辑的形式系统都具有一致性,不包含这种悖论。多数道义悖论并不是严格意义上的悖论,而是一类有悖常理的命题。这些命题在关于规范推理的逻辑系统中是有效的,而按照常识性的解读却是反直观的。当然,正如罗素所说,将逻辑定理与其直观解释进行比较以判断一个逻辑系统是否满足该逻辑的目的,是检验逻辑理论的一般方法,并不只是体现在道义逻辑中。但值得注意的是,在其半个多世纪的发展历史中,道义逻辑所受悖论的困扰要比其他模态逻辑分支(如时态逻辑、认知逻辑等)严重地多。一些悖论在道义逻辑的研究文献里一直被谈论,学者们却一直不能达成共识。道义逻辑中最著名的悖论有:

(1) 空规范系统:$O(p \vee \neg p)$

(2) 罗斯悖论:$Op \rightarrow O(p \vee q)$

---

[1] [英]伯特兰·罗素:《逻辑与知识》,苑莉均译,商务印书馆1996年版,第57页。

（3）自由选择的允许悖论：P（p∨q）↔Pp∨Pq

（4）忏悔者悖论：Fp→F（p∧q）

（5）善良的撒玛利顿人悖论：p→q／Op→Oq

（6）弗雷斯特（Forrester）的善良的谋杀者悖论（是善良的撒玛利顿人悖论的一个较为严肃的版本）：Fp∧(p→Oq)∧(q→p)∧p→⊥

（7）齐硕姆悖论：Op∧O(p→q)∧(¬p→O¬q)∧¬p→⊥

（8）义务冲突的排除悖论：¬(Op∧O¬p) 或 Op→Pp

（9）普赖尔悖论（又称派生义务的悖论）：Op→O(q→p)
$$Fp→O（p→q）$$
$$¬p→（p→Oq）$$

（10）道义分离规则：Op∧O(p→q)→Oq

可以看出，标准道义系统覆盖了这张清单的所有条目。

笔者认为，这些道义悖论大致可以归结为三种类型：第一类是伪悖论；第二类是真正的悖论；第三类要视研究对象而定。第一类包括（2）、（3）、（4），第二类包括（1）、（6）、（7）、（10），（8）则属于第三类。对于第一类悖论，通常的态度是作出一定的解释以消除其悖理之处。而对于第二类悖论，一般的反应则是修改旧系统或者提出新的系统。

由于 Lln 的形式语言对道义算子作了限制，使其只出现在行为表达式之前，而行为表达式又不出现联结词"→"，所以，在 Lln 中，（1）、（5）、（6）、（7）、（9）都不是合式的表达形式，更不会成为定理，不会引起相应的悖论。公式（2）、（3）、（4）和（8）在 Lln 中对应的表达形式为：

(2′) $Op/\alpha \to O(p+q)/\alpha$
(3′) $P(p+q)/\alpha \leftrightarrow Pp/\alpha \vee Pq/\alpha$
(4′) $Fp/\alpha \to F(p\times q)/\alpha$
(8′) $Op/\alpha \to \neg O\sim p/\alpha$

下面将要说明，尽管公式（2′）、（3′）、（4′）在 Lln 中是有效的，但并不是真正的道义悖论。（8′）并不绝对悖理，在某些情况下是可以保留在系统中的。由于这些悖论讨论的都是无条件的规范，即规范的条件为⊤，根据 $\mathcal{L}$ln 公式写法的约定，可以等价地写成一元规范命题。公式（2′）、（3′）、（4′）的一元形式为：

(2″) $Op \to O(p+q)$
(3″) $P(p+q) \leftrightarrow Pp \vee Pq$
(4″) $Fp \to F(p\times q)$

可以看出，这与公式（2）、（3）、（4）表达的意思是类似的。为了与罗斯悖论、忏悔者悖论、自由选择的允许悖论的一般讨论更加接近，仍采用这组悖论原来的写法。

2. 对伪悖论的分析

道义悖论指的是在逻辑系统中是定理、而在直观解释之下并不成立的公式。在形式系统中作为定理被肯定，含义是清楚明确的，而在自然语言解释下不成立，却没有一个严格、明确的判断标准，只能依赖直观，难免存在理解上的含混和概念的歧义。针对罗斯悖论这样的问题，卡斯特内德曾经评论说："道义'悖论'是驳斥某些成问题的道义演算的有力武器，也是驳斥对普通的道义语句所作的某种天真解释和分析的有力武器。某些'悖论'——像罗斯悖论——除了基本的混淆之外,就什么也不是。"[1] 如果清除了理解上的含混和歧义,则这些命题并不是悖论,也不会对包含这些命题的逻辑理论构成威胁。但是,对于哪些概念被混淆、以什么方式被混淆了,仍有必要加以分析和梳理。由于忏悔者悖论与罗斯悖论是等价的,这里主要分析罗斯悖论和自由选择的允许悖论。

罗斯悖论是困扰道义逻辑的一系列悖论的开端。该悖论首次出现在丹麦哲学家罗斯(Alf Ross)1941年发表的论文《命令句和逻辑》中,罗斯用"寄出这封信"和"烧掉这封信"分别代入公式

(11) Op→O(p∨q)

中的变元"p"和"q",得到句子"如果应当寄出这封信,那么,应当寄出或烧掉这封信"。这在一般人看来是不能接受的。

罗斯悖论并不仅仅反映自然语言与形式语言的关系问题。认为罗斯悖论确属悖论的另一种理由是,从道义的直观看,O(p∨q)不是Op的逻辑后承。公式(11)表示从Op推出O(p∨q)。由析取附加律所引出的q可以取任意命题为值,如果q的内容与p不相容,即二者在逻辑上不能同时成立,就很难将O(p∨q)视为Op的逻辑后承。用罗斯的例子来说明。罗斯对p和q分别作代入后得到的条件句与结果句分别为:

(ⅰ)应当寄出这封信。

(ⅱ)应当寄出或烧掉这封信。

---

〔1〕 希尔皮南编:《道义逻辑新研究》,转引自周祯祥:《道义逻辑:伦理行为和规范的推理理论》,湖北人民出版社1999年版,第384页。

(ⅱ）所表达的指令含有"烧掉这封信"，与"寄出这封信"不相容，如果一个人真的烧掉了这封信，其行为满足（ⅱ），却使满足（ⅰ）变得不可能。句子（ⅱ）是否是（ⅰ）的逻辑后承，关系到罗斯悖论究竟是真"悖"还是假"悖"。

关于道义语境下的逻辑后承概念，周祯祥研究员提出了两个标准：①"设 A 和 B 是自然语言中表达指令的语句，那么，B 是 A 的逻辑后承，当且仅当遵守 B 的每一种方式都是遵守 A 的方式。"[1] 依此标准，（ⅱ）不是（ⅰ）的逻辑后承，从（ⅰ）推出（ⅱ）不是直观有效的。②"B 是 A 的逻辑后承，当且仅当遵守 A 的每一个方式都是遵守 B 的一个方式。"[2] 依该标准，则（ⅱ）是（ⅰ）的逻辑后承，从（ⅰ）推出（ⅱ）是直观有效的。这反映了人们对于道义语境下逻辑后承关系的认识并不清楚。

关于规范句的推导，往往存在这样的误解，如果有 OA→OB（称 OA 为条件句，表达初始义务，称 OB 为结果句，表达导出义务），那么，履行 OA 就相当于履行 OB，只要满足了 OB 的要求，也就满足了 OA 的要求。反映在罗斯悖论中，即是将"Op→O（p∨q）"理解为，只要某人的行为满足 O（p∨q），也就满足了 Op。正是这种错误的理解才使得句子"应当寄出这封信，所以应当寄出或烧掉这封信"显得相当不自然。由 p→p∨q 知，p∨q 在逻辑上弱于 p，因而 O（p∨q）表达了比 Op 弱的规范。

---

[1] 周祯祥：《道义逻辑：伦理行为和规范的推理理论》，湖北人民出版社 1999 年版，第 385 页。
[2] 周祯祥：《道义逻辑：伦理行为和规范的推理理论》，湖北人民出版社 1999 年版，第 385 页。

考虑 Op→O（p∨¬p）。该结果句要求一个重言式，相当于没有提出任何实质性义务，从 Op 到 O（p∨¬p），是从一个具体的义务过渡到零义务（空义务）。所以，在 OA→OB 式中，结果句削弱了条件句表达的规范，换言之，导出义务丢失或放弃了初始义务的部分甚至全部要求，因此，满足 OB 不意味着满足 OA，满足 OB 仅仅是满足 OA 的一个逻辑上的必要条件，罗斯悖论通过由公式（3）推出的

（12）O（p∧q）→Op

来看，更为清楚。美国哲学家黑尔（R. M. Hare）曾给出公式（11）一个代入例："必须带上降落伞并从飞机上跳下去，所以，必须从飞机上跳下去。"为了满足条件句表达的义务，就要从飞机上跳下去，否则将违反初始义务。但是，不带降落伞就跳下飞机，也不能满足初始义务——尽管这样做满足了导出义务。

之所以存在这样的误解，是因为我们从经典逻辑转向道义逻辑时，没有从认识上调整对"逻辑后承"关系的理解。经典逻辑是关于事实句的真值关系的逻辑，经典逻辑下的推理可以理解为从某些句子的真过渡到其他句子的真。而"真"是没有程度的。如弗雷格所说，我们不能够说一个句子比另一个句子更真。在保真性的推理中，如果前提中的句子为真，则导出句子的真就得到了证明。一旦证明完成了，导出句子的真就是独立存在的事实。规范推理则不然。规范有程度的强弱，从初始规范推出的规范，仅包含初始规范的部分内容。道义逻辑要刻画各种规范词在逻辑意义上的程度关系的规律：从禁止一个较弱的行为可推出禁止一个较强的行为，从一个较强的行为是义务可推出一个较弱的行为也是义务，从允许一个较强的行为可推出允许一个较弱的行

第四章　法律规范推理的一个逻辑系统

为。在这些可推出关系中,初始规范是饱和的,导出规范不饱和。在这种认识下,罗斯悖论并不显得十分悖理。

自由选择的允许悖论是指将 P（p∨q）视为 Pp∨Pq,包括 P（p∨q）蕴涵 Pp∨Pq。仍以罗斯给出的代入例来说明:"如果允许一个人抽烟,那么,允许这个人抽烟或杀人"。其条件句是个全无毛病的规范句,却推出了一个违反道义、违反法律的结果句。我们之所以无法接受"允许这个人抽烟或杀人",是认为这个句子包含着"允许这个人杀人"的意思。在自然语言中,"允许 p 或 q"往往等同于"允许 p 并且允许 q"。为使表述更清楚,假定该规范是相对于某特定的个体 a 给出的。当说出"允许 a 实施行为 p 或 q"时,一般认为,在 p 与 q 之间做出选择的权利就给予了 a,此时,a 实施行为 p 是允许的,实施行为 q 也是允许的,相当于"允许 p"并且"允许 q",翻译成形式语言,即:

(13) P（p∨q）↔Pp∧Pq

但在一般的道义逻辑系统中,(12) 并不是定理。标准道义系统中包含 O-∧、P-∨ 的分配律。根据 P-∨ 分配律,有 P（p∨q）↔Pp∨Pq,如果系统有定理 (12),则会得出 Pp∧Pq 等值于 Pp∨Pq 的荒唐结果。

问题在于,尽管将符号"P"和"∨"分别解释为"允许"和"或者",在道义逻辑的系统中,算子 P 与 ∨ 结合时产生的意义并不等同于语词"允许"与"或者"在自然语言中结合在一起产生的意义（类似的问题还包括算子"¬"与"O"的结合、"¬"与"F"的结合）。包括冯·赖特在内的一些哲学家注意到了自然语言与道义逻辑形式语言的这种不对称性。冯·赖特将等价于"Pp∧Pq"的"P（p∨q）"中的"P"称为"自由选择

227

的允许"。他认为,自由选择的允许与标准道义系统中定义的允许服从不同的逻辑规律,自由选择的允许概念不能在标准系统中形式化。如果真如冯·赖特所言,那么道义逻辑语言的表达力未免太弱了。我们认为,自由选择的允许在道义系统中应表示为"Pp∧Pq",该系统中的 P(p∨q)应严格遵守形式语言的解释,读作"在 p 与 q 中至少实施一种行为,这是允许的"。照此理解,"允许这个人抽烟或杀人"并不包含"允许这个人杀人"的意思。

只要将自然语言中意思为两者都允许的"允许 p 或 q"表示为"Pp∧Pq",同时对于系统中的 P(p∨q)严格遵守形式语言的解释,就不存在所谓自由选择的允许悖论了。

3. 齐硕姆悖论等一组道义悖论的消解

悖论(1)和(9)源于不正确的语法形式。法律规范中的规范词"O"一般不用于命题。根据 Lln 形式语言的语法规定,O 不能出现在命题表达式之前。说一个重言式或蕴涵式是应当的或者是一项法律义务,这是没有意义的。这些表达式在 Lln 中不是合式公式,更不会是系统的定理。(6)之所以是悖论,是因为从 q→p 和 Oq 一起推出的 Op,与另一个前提 Fp 会导出矛盾。(6)是善良的撒玛利顿人悖论的一种表述形式,这一组悖论的共同点是从 p→q 推出 Op→Oq。由于 Lln 的形式语言对道义词作了限制,只能用于行为表达式,而行为表达式中不出现"→",故这一类悖论在 Lln 中都不存在。对于(10),将放在对齐硕姆悖论(7)的讨论中一并说明。

齐硕姆悖论是最具有挑战性的一个道义悖论,其作为悖论也是最没有争议的。如第三章第二节中所谈到的,齐硕姆悖论是指

第四章 法律规范推理的一个逻辑系统

从下列四个命题出发：

（Ch1） Op

（Ch2） O（p→q）

（Ch3） ¬p→O¬q

（Ch4） ¬p

推出矛盾的结论：Op∧¬Op。

矛盾的推出基于以下三点：

（ⅰ）从 Op 和 O（p→q）推出 Oq

（ⅱ）从¬p 和 ¬p→Oq 推出 O¬q

（ⅲ）义务一致性原则：Op→¬O¬p

抛开齐硕姆悖论不谈，义务一致性原则本身就受到许多质疑。如果排除了 Op→¬O¬p，则从（Ch1）—（Ch4）不会导出矛盾。与齐硕姆悖论联系起来看，通过排除义务一致性原则来避开矛盾并不能解决问题，仅仅是将问题掩盖起来了。

帕特里夏·格林斯潘将（ⅰ）称作道义分离规则，将（ⅱ）称作事实分离规则。在保留一致性原则（ⅲ）的前提下，如果像标准道义逻辑 SDL 那样既允许（ⅰ），又允许（ⅱ），则不可避免地会引起悖论。因此，为了消除齐硕姆悖论，人们试图排除道义分离规则或者事实分离规则，使得二者不同时成立。有的道义系统只接受（ⅰ）、而排斥（ⅱ），这样的系统称为道义分离系统；有的道义系统只接受（ⅱ）、不接受（ⅰ），这样的系统称为事实分离系统。还有些系统同时保留（ⅰ）和（ⅱ），但是引入其他的道义参量，如将"O"相对于不同的时间，在这样的分析之下，原本相互冲突的义务 Op 与 O¬p 成了相对于不同时间的 $O_{t1}p$ 与 $O_{t2}¬p$，矛盾消失了。站在法律规范推理的角度看，对于这三类方案来说，道义分离规则是不正确的，依赖引入其他道义参量来解决矛盾是不必要的也是不充分的（有些齐硕姆悖论的版本就不能靠着时间因素来解决），而事实分离规则则是混淆了两种不同类型的推理：规范推理与规范适用的推理。引起齐硕姆悖论的根本原因是没有对规范概念和规范形式作出正确的解释。

二元道义逻辑采取了第一种方案：只接受道义分离原则、而排斥事实分离原则。容易看出为什么 SDL 无法对有条件的义务给出一个充分的表达。在 SDL 语义下，所有的可能世界被分为两类：理想的、合乎规范要求的世界与不理想的、不合乎规范要求的世界。O-句子只描述理想世界的状态。对于反职责义务 Op/q 来讲，q 是违反了一般义务 O¬q 的，因而 q 为真本身属于一种不理想的情况，在 q 真时要求 Op，是表示相对于不理想的 q-情况（q-世界）而言，较为理想的状态是怎样的。可见，为了表达反职责义务，需要一种更为复杂的、能将可能世界按其理想程度划分等级的语义理论。二元道义逻辑的优先语义学正好满足了这一要求。用二元道义逻辑的方法将（Ch2）和（Ch3）分别表示为：

（Ch2′）O（t/h）

（Ch3′）O（¬ t/¬ h）

约定将使 p 为真的世界称为 p-世界。相对 w 来说 p-世界中最为理想的那些世界称为 w 的 p-理想世界，记作 Opt（p, w）。对于无条件的义务 Op 来说，相应地解释为某个 w 的⊤-理想世界。与 SDL 语义框架上 R 的持续性对应，要求对于任何一致的命题 p、任意 w，w 的 p-理想世界是非空集。则有条件的义务 O

第四章 法律规范推理的一个逻辑系统

（q/p）在 w 上为真，当且仅当 q 在所有的 w 的 p-理想世界上为真。如果命题 p 逻辑蕴涵 q，则 p-世界是 q-世界的子集。此时，若 p-世界与 w 的 q-理想世界的交集不空，则 w 的 p-理想世界即是 p-世界与 w 的 q-理想世界的交集。用 |p| 表示 p-世界，相对的道义理想概念服从下列原则：

如果 |p| ⊆ |q|，并且，|p| ∩ Opt（q, w）是非空的，则 Opt（p, w）= |p| ∩ Opt（q, w）

Op 意味着 p 在所有相对的 T-理想世界中为真，即所有的 T-理想世界都是 p-世界；而 O（q/p）意味着 q 在所有相对的 p-理想世界，即 T-理想世界中为真，因而，从 Op 和 O（q/p）可以推出 Oq。这恰好是道义分离原则，但事实分离原则不再是有效的。在二元道义逻辑的优先语义下，齐硕姆悖论被消解了。

尽管避免了齐硕姆悖论，并不由此表明这种逻辑就是可取的。我们将道义分离规则放在法律规范推理的背景下作一个直观的分析。Oq/p 是说，在条件 p 为真时，q 是应当的。Op 成立并不能保证 p 作为条件义务 Oq/p 的条件就是成立的。正如第四章第一节中所作的分析，Op 表示 p 是一项法律义务，在现实生活中，法律义务常常是未被履行的，显然，由 Op 与"p 为真时则 Oq"推出 Oq 是不恰当的。以齐硕姆悖论的故事为例，根据二元道义逻辑的强化前件原则，进而从 Oq 推出 Oq/¬p，其含义为：如果不去帮助邻居，则应当告知邻居将要去帮忙。这显然是不正确的。SDL 语义与优先语义之所以支持道义分离规则，正是由于这两种语义均以 p 的真值来定义 Op 的真。在这两种语义中，O-命题只是在描述理想世界的情况，但我们所处的世界往往并不是理想世界，这种解释对我们来说并没有实际意义。

基于虚拟条件句（counterfactual conditional）理论的道义逻辑采取了第二种方案：只接受事实分离原则、而排斥道义分离原则。齐硕姆悖论揭示的真正问题是有条件义务、特别是反职责义务的表达及与此相关的推理难题。显然，不论是 O（p→q）还是 p→Oq，都不是条件义务"如果 p 则 Oq"的恰当的表达形式。既然实质蕴涵不适于表达条件义务中的条件关系，一些逻辑学家尝试用虚拟条件句（Mott，1973）、相关条件句（Goble，1999）等来替代（Ch2）和（Ch3）中的真值函数条件句。人们长久以来就感到，通常的条件句并不是真值函数关系，并试图寻找一种比实质蕴涵更好的蕴涵理论。20 世纪 70 年代，D. 刘易斯等人发展了条件句的内涵理论。莫特（Mott，1973）等人将刘易斯的虚拟条件句理论用于道义逻辑来解决齐硕姆悖论。在莫特的逻辑系统中，条件义务的条件关系被表示为一种虚拟条件句关系，用 p>q 表示虚拟条件句"假设 p 则有 q"。p>q 的语义解释为：p>q 在一个可能世界 w 中为真，当且仅当存在 q 在其中为真的 p-世界，它比任一 q 在其中为假的 p-世界都更接近于 w。换言之，在最接近于 w 的 p-世界中，q 为真。这样的条件句不同于实质蕴涵条件句，并不由其前件在 w 中为假而使得该条件句为真，即 p→（¬p>q）不再是有效的。

莫特讨论的是由阿奎韦斯特（1967）提出的齐硕姆悖论的另一版本。为使前后叙述一致，我们将莫特的讨论转换为齐硕姆悖论的最初版本。则莫特的表述为：

(ChM1) Op

(ChM2) p>Oq

(ChM3) ¬p→O¬q

(ChM4) ¬ p

这样，虽然由（ChM3）和（ChM4）推出 O¬ q，却不能由（ChM1）和（ChM2）推出 Oq，从而不会导出矛盾来。德西（Decew）和汤姆伯林（Tomberlin）认为（ChM3）表示为虚拟条件句的形式：

(ChM3′) ¬ p>O¬ q

更为合理。由于莫特的系统中有公理：

(p>q) → (p→q)

仍能由（ChM3′）和（ChM4）推出 O¬ q，结果是相同的。

尽管用虚拟条件句表示条件义务中的条件关系能遏制道义分离规则，从而成功地解决齐硕姆悖论，但这种道义理论在排除道义分离规则的同时，也排除了太多仍需要保留的东西，强化前件原件、传递性和条件命题的易位原则（contraposion）对于虚拟条件句都是无效的。

正如麦克阿瑟（McArthur, 1982）[1] 等人所认为的，由齐硕姆悖论中的（Ch1）和（Ch2）推出的 Op 是一般的法律义务，属于 prima facie obligation，而在一定的事实条件下，由（Ch3）和（Ch4）推出的 O¬ p 则是具体的现实法律义务，两个"O"的含义不相同，如果对此不加区别，必然会引起道义逻辑中的悖论。从法律的角度看，一般性的法律义务与现实的法律义务并不是等同的概念，由于存在法律规定的例外、法律规定相互冲突等问题，一般的法律义务并不一定成为某种具体情况下的现实义

---

[1] McArthur, Robert (1982) Defeasible Obligation, Pacific Philosophical Quarterly 63: pp. 157~167.

务。有时，我们承担着什么样的现实义务并不是完全清楚的，这时就需要从一般的法律规定和相关的事实条件出发，运用逻辑推理，推演出关于现实的法律义务的结论。我将这种逻辑推理称作适用法律规范的推理。适用法律规范的推理不同于纯粹的规范推理，纯粹的规范推理描述的是法律规范之间的逻辑关系，其推理过程是从规范到规范，并不介入关于事实情况的命题，而适用法律规范的推理的前提条件既包括法律规范命题，又包括事实命题，所得出的结论中的"O"也要加以区别。事实分离规则正是混淆了 prima facie obligation 和 contextual obligation。事实分离规则前提中的事实命题 q 只是表示一定情境下的偶然事实情况，不能因此由一个条件义务 Op/q，得出 p 在任何情形下都是义务的结论。为了区别 prima facie obligation 和 contextual obligation，约定将 contextual-O 记作 O∗。

之所以对二元规范提出某种分离规则，目的在于得到更为基本的规范形式 Op 或 Pp。实际上，在道义逻辑的二元系统中，Op/q 本身就表达了一个基本的规范，除非 q 是一个重言式，否则就不应当得出 Op 的结论。

齐硕姆悖论的四个命题在 Lln 中的对应表述为：

(ChL1) Op

(ChL2) Oq/[p]

(ChL3) O~q/[~p]

(ChL4) [~p]

如果将命题（ChL1）—（ChL3）视为法律规范，则 Op 是绝对规范，在所有的法律世界里，~p 都是不合法的行为；Oq/[p] 表示，在实施了 p 的那些法律世界中，~q 是不合法的行

第四章 法律规范推理的一个逻辑系统

为;O~q/[~p] 表示,在没有实施 p 的那些法律世界中,q 是不合法的行为;[~p] 表明所考虑的情况下没有实施 p。如果所考虑的情境属于法律世界,则该情境下存在两条法律的义务:O*p、O*~q。其中,O*~q 是由(ChL3)和(ChL4)推出来的,O*p 是由 Lln-定理 Op→Op/[~p] 和(ChL1)推出的 Op/[~p],再与(ChL4)一起推出来的。但这里的推理已经不是法律规范推理,而属于法律规范适用的推理。法律规范适用的推理将在下一章讨论。

第五章 法律规范适用推理

　　第四章所研究的推理属于法律规范推理。这类推理只考虑法律规范命题之间的逻辑关系，并不直接涉及事实问题。本章讨论的推理，其前提中既有法律规范命题又有事实命题，属于法律规范适用推理。根据是否可以直接运用涵摄-三段论得出确定的结论，可以将案件区分为简单案件和复杂案件。复杂案件又包括以下几种情况：一是存在可以适用的法律规则，但基于规则得出的结论是不可接受的，需要创制一个例外；二是法律规则发生冲突；三是没有可以适用的法律规则。前两种情况需要结合案件事实以非单调道义逻辑的方法来解决，因为只有在具体的案件情境中、基于案件的实际情况才可能创制例外或解决规范冲突的问题。第三种情况属于法律漏洞，需要运用类推或反向推论来建构一个法律大前提。

第一节　司法判决推理

一、涵摄-三段论

　　司法三段论小前提的获得包含两个步骤：一是运用证据来确

认发生了什么，二是从法律角度认定所发生的事情属于什么法律性质。为了得出司法判决结论，需要将案件事实涵摄于法律规则的事实构成之下，而这又相当于使用专门的法律语言来描述案件，将案件事实重塑为"法律事实"。一个法律规则的事实构成部分可以是一个法律概念，也可以是一个描述性短语。例如，我国刑法规定"故意犯罪，应当负刑事责任"、"如果是正当防卫，则可以不负刑事责任"，同时又对"故意犯罪"和"正当防卫"这两个法律概念作了明确界定："明知自己的行为会发生危害社会的结果，并且希望或者放任这种结果发生，因而构成犯罪的，是故意犯罪。""为了使国家、公共利益、本人或他人的人身、财产和其他权利免受正在进行的不法侵害，而采取的制止不法侵害的行为，对不法侵害人造成损害的，属于正当防卫。"大量的法律规则的事实构成部分是一个描述性短语。如我国《民法典》第295条规定："不动产权利人挖掘土地、建造建筑物、铺设管线以及安装设备等，不得危及相邻不动产的安全"，其事实构成"不动产权利人挖掘土地、建造建筑物、铺设管线以及安装设备等"描述了一种行为类型。在作为事实构成的描述性短语中，又可能包含若干法律概念，例如这里的"不动产权利人"。首先将案件中人或物的个体分别纳入事实构成中法律概念的外延之内，才能将案件事实涵摄于法律规则的事实构成之下。反向看，这个过程也是法律规则朝向案件事实的具体化。

  法律规范的存在是一个社会事实，法律规范本身的内容则是一个抽象的应然。在 Op/α 中，α 和 p 都是概念化的泛指表达式，并不特指某个已发生的事实和行动。当一个 α-情境出现时，Op/α 可能会向该情境发生"转化"以形成判决理由。抽象规范在实践推理中起作用的方式类似于信念推理中的知识命题。例如在化学实验中有时会使用石蕊试纸测试一种溶液的酸碱性，而为了判断被测试溶液是酸性还是碱性，需要用到一个化学知识："如果试纸变红，则溶液呈酸性。如果试纸变蓝，则溶液呈碱性。"这个知识并不一定能落实在一个实验上、"转化"为判断的理由。假设我正在注目凝视的东西并不是石蕊试纸、尽管看起来非常像，又或者它是石蕊试纸，但由于存放太久已经变质，只会变成蓝色，那么，尽管上述命题还是一个化学真理，但却不能为当下的判断提供理由。同样，一个法律规范要对案件的判决起作用，也应先具体化到案件事实之上，这一过程就是"涵摄"。

法律规范向判决理由转化的第一步是证成规范对待决案件具有可适用性，而可适用性证立的第一个环节则是涵摄，即，将案件事实置于规范的事实构成之下。如果案件事实 α' 属于事实构成 α，则意味着涵摄成功且 α' 是一个 α-情境，此时可以将案件中的对象代入规范表达式 Op/α 得出：Op'/α'，这个公式就是规范 Op/α 在案件情境下的解释。在所有的 α-情境中，有些是典型的、"标准"情况，有些属于不典型的边缘情况。对于标准情况的案件而言，理由的两个规律会产生作用：①理由传递律：如果 A 是 B 的理由且 B 是 C 的理由，那么，A 是 C 的理由。根据这一规律，规范 Op/α 自身的价值理由也构成支配当前案件判决的理由，这个理由体现为 Op'/α' 的要求。②理由分配律：法律作为整体的、系统化的制度设计，其合理、正当的理由体现在每一个具体的法律行为中，成为每一个法律行为的理由。分配在当前案件判决上的理由也体现为 Op'/α' 的要求。因此，如果规范对案件事实涵摄成功且案件情况属于典型的"标准"情况，则法官应依照 Op′/α′的要求对案件事实 α′作出 Op′的判决结果。如果规范对案件事实的涵摄失败，案件事实 α′不是一个 α-情境，则规范显然不适用于、至少是不能直接适用于待决案件。以上说明了法律规范向判决理由转化的第一步，即由涵摄和再评价构成的规范可适用性证立。法律规范向判决理由的转化还会涉及第二步，即将 p′转化为一个可操作的行动指令，例如刑事诉讼中从"判处有期徒刑"转化为"判处有期徒刑 3 年"，或者民事诉讼中确定一个具体的赔偿数额。

对于简单案件，涵摄成功且规范可适用性证立，就可以运用司法三段论直接得出判决结论。

二、例外与法律冲突

法律上真正的难题在于，如果涵摄成功，此时得出了 Op′/α′，但是案件不属于典型的"标准"情况，如果径直运用司法三段论得出判决，此结果明显违背法律意图。按照拉德布鲁赫公式，若实在法违反正义达到不能容忍的程度，它就失去了其之所以为法的"法性"，甚至可以看作是非法的法律。由此，如果法律适用导致不能容忍的判决，这一法律适用应予阻却。就制定法来说，立法者在创制法律时既要根据当时的社会状况，又力求预见将来可能发生的行为，基于有限的预见能力而制定的法律通常是允许例外的。对于一般性的法律规定 Op/α，不排除出现一些特殊情况 β，使得 O~p/(α∧β) 或者 P~p/(α∧β)，而这些例外情况又不可能在法律上作穷尽列举，由此决定了法律规范适用推理具有非单调特征。

当法官依法裁判却得出了不能容忍的结果，他的处境就像拉兹例子里的士兵杰米里一样[1]，基于他自己关于判决的各种理由的权衡最终得出了与 Op' 不同甚至相反的结论，那么，该法官是否也应像杰米里那样放弃自己的判断而服从 Op'/α' 的指令？对此，哈赫的回答是否定的。他认为涵摄成功只构成规范可适用的一个贡献性理由而非决定性理由，如果存在相反的理由且相反理由更强，那么规范仍然不能适用于待决案件。不过对于"反对理由更强"的标准是什么这一重要问题，哈赫并没有讨论。拉兹的立场相对更鲜明一些："我们强调了涉及规范的实践推理的灵活性和复杂性。有规范并不能自动解决实践问题。可能存在着规范并未排除的与之冲突的理由，也可能有影响范围的考虑。"[2]但至于什么是"规范并未排除的与之冲突的理由"、什么是"极少数情况的复杂因素"，仍然是语焉不详。

实际上，将法官与士兵杰米里的处境进行类比并不恰当，因为杰米里上司的命令是在一个具体情境发出的且指向一个具体行动——征用那辆马车，法律规范之于法官却并非如此。法律规范并不是专门针对当前案件设立的，即使当前案件可以涵摄于规范的事实构成，即确认 α' 是一个 α-情境，Op'/α' 仍然可能并不适用于这个案件。这恰好体现了实践推理不同于理论推理的特殊之处。

如果在一个案件中法官自己的判断与规范要求的结果不一致，意味着很可能遇到了一个疑难案件。法官的职责是在每一个案件中实现蕴含在法律规范中的正义和善。当规范要求在案件上

---

[1] [英] 约瑟夫·拉兹：《实践理性与规范》，朱学平译，中国法制出版社2011年版，第31页。
[2] [英] 约瑟夫·拉兹：《实践理性与规范》，朱学平译，中国法制出版社2011年版，第83页。

第五章　法律规范适用推理

反映出来的结果是不正义甚至是恶的，面对这种异常情况，法官会考虑两种选择：一是坚持从法实证主义立场出发，认为规则就是规则，即使偏离规则是有益的，也还是应当依规则裁判。二是从案件具体情况出发，追问规范本身的理由是什么，评估当前案件所有支持与反对 Op′ 的理由的强弱并依胜出的理由作出判决。我们将这个过程称为对案件的"再评价"。法官最终如何选择，当然会受他个人的法律观、他对于规则的态度的影响，但关键的因素还在于依法裁判的结果的不正义是否达到了如此不可接受的程度，以至于法官无法再心安理得地将遵守法律作为借口。如果是这样，他会对所有支持与反对 Op′ 的理由重新评价，判断反对 Op′ 的理由是否足以对抗、胜过支持 Op′ 的理由，并在必要的时候偏离规则，创制一个规则的例外。

支持偏离规则的理由可能会以各种方式提出来，比如：待决案件不具有常规性；规范的价值目标在当前案件中不再可欲；新的价值诉求介入并使原来的各种价值的比例关系发生重大变化。例如，现有规则是老虎作为珍稀动物禁止捕杀，但事实情况是老虎正危及人的生命，此时捕杀老虎应不被禁止。反对偏离规则的理由则至少包括以下几个方面：

（1）规范的价值理由。"任何完整的法律规范都以实现特定的价值观为目的。"[1] 拉兹也说："规则不是终极理由，规则的正当性要基于基本价值被证成。"[2] 规范有其自己的理由，并通

---

[1] ［德］伯恩·魏德士：《法理学》，丁小春、吴越译，法律出版社 2003 年版，第 54 页。

[2] Joseph Raz: Practical Reason and Norms, P76.

过指导人的行为来实现其价值目标。理由传递律以及涵摄成功使得至少有部分证成规范正当性的理由传递到遵循规范的行动的正当性。这构成了支持 Op′ 的理由。

（2）法律适用的形式理由。基于同案同判的公平性、不同时间地点的司法活动的协调一致性、法律的整体稳定性、法律行为结果的相对可预测性以及防止裁判者个人偏见等个性缺陷影响的司法安全性，这些都是无法估量的巨大的社会利益。基于理由分配律，这些利益构成了每一个案件应严格依法裁判的形式理由。

（3）相对于案件的具体情况，Op′ 的其他利益提供的支持 Op′ 的理由。

（4）溢出效果形成的理由。一个案件的判决结果会对其他类似案件造成影响，从而一个不正当的判决的负面效应难以被控制在一个个案上。法官必须考虑偏离规则可能造成的消极影响，对这种可能性加以评估并将其作为支持 Op′ 的理由。

理论上说，法官要为规则创制一个反例必须先获得足以对抗支持 Op′ 的所有理由合力的反对理由。如果不能满足这个要求，则仍然应当依 Op′/α′ 做出判决。裁判者的法律适用权因隐藏在法治中的法律不确定性而变得异常重要。限于法律适用权而非创设法律或改变法律的权力，法官提供的论证理由除了"充分""鲜明"，更要符合权限适当性的要求。因此，权限适当性也成为评价判决理由的一条重要准则。

除了法律规则的例外，还有些复杂案件，其案件事实引起相互冲突的法律规范的适用，从而无法得出单一而确定的结论。例如，一辆急救车欲驶入公园抢救一位突发心脏病的病人。有两条相关的法律规定：

(ⅰ) 禁止交通工具驶入公园；

(ⅱ) 允许抢救病人的急救车驶入公园。

可以将这两条规定表示为：

禁止 x 驶入公园/x 是交通工具；

允许 x 驶入公园/x 是抢救病人的急救车。

该急救车既是交通工具，因而被禁止驶入公园，同时又是抢救病人的急救车，因而被允许驶入公园，出现了两个互相矛盾的结果：O~p 与 Pp。

在司法实践中，这类案例是常见的——同一案件中，相互矛盾的两个主张都有着法律上的依据，两条互相矛盾的法律规范都是可适用的。冲突规范的表达与推理一直是道义逻辑中没有解决的难题。现实的法律体系中不可避免地存在着相互冲突的法律规范，这基本上是一个共识。问题在于，当法律规范发生冲突时如何解决矛盾、展开推理。在实际的司法推理活动中，如果可资适用的法律规范 N_1 与 N_2 相互抵触，一般是运用法律规范的某种优先原则，比如确认 N_1 优先于 N_2、使 N_1 的效力高于 N_2，从而撤销 N_2 在当前情况的适用资格，消除原有的矛盾。法律规范的优先原则并不是抽象的，而是要视案件的具体情况而定，需要涉及具体案件的事实问题。因此，为解决冲突规范问题所提出的非单调推理，属于法律规范适用的推理。

第二节　用非单调逻辑研究法律规范适用推理的必要性

在第四章介绍的逻辑系统 Lln 中，

(1) Op/α ‖ Op/(α∧β) 强化前件原则与

(2) Op/α，Oq/α ‖ O（p∧q）/α 义务合成原则

都是系统的推理规则。任一同时包含这两条原则的逻辑都无法反映推理的非单调性。一个复杂案件可能同时包含两方面的特征 α、β，从而引起两条法律规范的适用：Op/α，O~p/β，根据（1），从这两个公式分别得到 Op/(α∧β) 和 O~p/(α∧β)。根据义务合成原则（2），得到 O（p∧~p）/(α∧β)，这意味着在 α∧β 的情况下，一切行为都是法律义务。这表明，Lln 不能处理冲突的法律规范。要避免从两个冲突的法律规范 Op/α 与 O~p/α 推出 Oq/α，必须使义务合成原则和强化前件原则不再是有效的。

B. 切拉斯（Brian Chellas）[1] 曾经提出过一个使（2）不有效的极小模态系统。直观的想法是，如果 OA 与 OB 中的两个"O"所表达的是不同意义的"应当"，就不能将这两条义务合取起来。我们给这两个"O"加上不同的下标，使其成为 O_1A、O_2B，此时，既不能得到 O_1（A∧B），也不能得到 O_2（A∧B）。从语义角度讲，这就相当于给某个可能世界 w 设立不同的规范标准。在标准道义逻辑的语义框架上，一个可能世界 w 对应一个确定的命题（W 的一个子集），即 w 只有单一的规范标准。切拉斯给出了模型 M=⟨W, N, V⟩，其中 W 与 V 的定义不变，N 是从 W 到 ℘(℘(W)) 的函数，即，对于任意 w∈W，N（w）不再是一个可能世界的集合，而是一个命题的集合，或称是一个可能世界集合的集合。函数 N 满足条件：对任意命题 A、B，如果 A∈N（w）且|A|⊆|B|，则 B∈N（w）。N（w）中的各个命

---

[1] Brian Chellas：*Modal Logic*, Cambridge University Press，1984.

第五章 法律规范适用推理

题表达了 w 的各种不同的规范标准。在这一模型上，O-公式的赋值定义为：

M, w ⊨ OA，当且仅当 | A | ∈ N（w）

刻画该语义有效性的语法系统记作 EM。EM 是在一般的命题演算上增加一条规则：

A→B ∥ OA→OB

得到的。这个系统很弱，公式 OA∧OB→O（A∧B）在 EM 中不是有效式，因此，从 OA 与 O¬ A 推不出 O（A∧¬ A），因而推不出 OB 来。但是，系统 EM 也排除了一些直观上有效、我们原本希望保留的推理形式。我们常常要对不同方面的义务综合考虑，以确定最终应当如何行为。例如，如果在履行合同的过程中发生了争议，则应当提起诉讼或申请仲裁。出于节约时间的考虑，应当不提起诉讼。显然，由此可以得出"应当申请仲裁"的结论。该例子中的两个前提分别表示为：

（3）O（A∨B）

（4）O¬ A

我们希望从（3）与（4）能推出：OB。援引道义继承原则，从（A∨B）∧¬ A→B 可以得到 O（（A∨B）∧¬ A）→OB，而 O（（A∨B）∧¬ A）只能由（3）和（4）根据义务合成原则才能得到，但这在 EM 中恰恰是无效的。

从前面的分析可以看出，公式 OA∧OB→O（A∧B）的有效性对于是否能容忍冲突规范是至关重要的。像 EM 这类使公式 OA∧OB→O（A∧B）无效的逻辑系统，只能将不同意义的"O"分开来考虑，却无法将不同意义的"O"综合起来考虑。可见，绝对地排除义务合成原则的做法并不合适，恰当的做法应当是对于义务合成原则施加一定的限制，比如，当 OA 与 OB 一致时，可以使用合成原则；如果 OA 与 OB 不一致，则不能对其使用义务合成原则。

再来考虑强化前件原则。这涉及条件义务的条件关系的性质，因而涉及条件义务的表达问题。条件义务的表达有三种不同的方式：一是采用实质蕴涵；二是采用 D. 刘易斯的条件句逻辑中的虚拟条件句蕴涵；三是采用二元的规范形式。如果用第一种方法表达有条件的义务，由于实质蕴涵是单调性的，造成的结果是：强化前件原则是有效的。若采用冯·赖特的方法，用 O（A→B）表示有条件的义务，由（A→B）→（A∧C→B），则有 O（A→B）→O（A∧C→B）；若采用普赖尔的方法，用 A→OB 表示有条件的义务，由 A∧C→A，那么，如果 A→OB，则有 A∧C→OB。强化前件原则都是成立的。如果采用虚拟条件句的方法，强化前件原则就是无效的[1]，从 Op/α 推不出 Op/α∧β。但是，使强化前件原则绝对有效或绝对无效的处理都有失妥当。

我们以约翰·哈迪的一个例子来说明这个问题。假定一个人要遵守以下的餐饮习俗：

（ⅰ）禁止用手抓食。

（ⅱ）应当在腿上铺餐巾。

（ⅲ）如果吃龙须菜，则应当用手抓食。

用 f 表示"用手抓食"、n 表示"在腿上铺餐巾"、A 表示"吃龙须菜"。采用二元规范表达式，则以上三个命题组成了义务集 Γ_1＝{O～f/⊤，On/⊤，Of/A}。如果强化前件原则有效，则

---

[1] Lewis. D. K, *CounterΦactuals*, Basil Blackwell, Oxford, 1973.

可以从 O~f/T 推出 O~f/A，这与 Of/A 是冲突的。如果排除强化前件原则，则无法从 On/T 推出 On/A。但是一个人吃龙须菜的时候，仍然需要遵守一般规范"应当在腿上铺餐巾"，此时应当允许对 On/T 使用条件强化原则。要解决这样的问题，任何单调逻辑似乎都是不够的。继续考虑哈迪的例子。在正常情况下，人们会认为 Of/A 优先于 O~f/T，从而在食用龙须菜的情况下以 Of/A 撤销 O~f/T 在当前情况下的效力，从而得出 On/A 且 Of/A 的结论。如果从上面的三个前提去掉（ⅲ），则有一个新的义务集 $\Gamma_2 = \{O\sim f/T, On/T\}$。此时，当某人食用龙须菜时，他要遵守两条规定，O~f/A 与 On/A 都成立。尽管 $\Gamma_2 \subseteq \Gamma_1$，但作为 Γ_2 的结论的 O~f/A 却不应当是 Γ_1 的结论，即前提的增加减少了原有的结论，这种逻辑只能是非单调的。

为了解决冲突规范的问题，有些道义逻辑将强化前件原则或义务合成原则作为无效的公式予以排除。但是，由于这些原则在规范推理中的作用是重要的、显然的，这种做法并不合适。恰当的做法引入非单调逻辑方法是对这些规则施加某种限制。

第三节 非单调道义逻辑的研究现状及主要的研究方法

20 世纪 70 年代以来，在人工智能领域发展了各种非单调逻辑理论。90 年代以来，非单调逻辑方法被应用到道义逻辑中，成为道义逻辑中一个活跃的研究领域。但是，对非单调推理的研究至今未形成一个统一的理论，非单调道义逻辑的研究方法也各种各样，我们将主要的理论概括为以下三种：

一、将规范命题处理成缺省规则，直接运用缺省逻辑的方法来研究规范推理

代表性的有约翰·哈迪和Y.U.刘（Y.U.Ryu）和R.M.李（R.M.Lee）的理论。

缺省逻辑最早是由赖特（Reiter, 1980）提出的。李小五认为缺省逻辑"是迄今最自然、最完善、最成熟的非单调逻辑"。[1]缺省逻辑在经典逻辑的基础上添加一种新的推理规则，这种新的推理规则称为"缺省规则"。缺省规则的形式为：A：B/C。其中，A是规则的前提，C是结论，B是规则的正当化条件。

一个缺省理论 $\Delta = \langle W, D \rangle$，其中W是一个普通公式集，D是一个缺省规则集。可以将一个缺省理论加在某个演绎系统（通常是一阶逻辑）上，从而定义新的推理关系。缺省规则并不总能被运用，赖特采纳定点方法（fixed point approach），引入公式集S作为参量。可以称S为一个相对的语境，只有当缺省规则A：B/C的正当化条件B与S一致时，该规则才能适用。相对于S可以定义缺省理论 Δ 的扩张。一个缺省理论 Δ 可能没有扩张，也可能有多个扩张。根据谨慎的策略，如果公式A属于 Δ 的各扩张的交，则A是 Δ 的逻辑结论；根据鲁莽的策略，如果公式A属于 Δ 的各扩张的并，则A是 Δ 的逻辑结论。

约翰·哈迪（1994, 1997）首先讨论了一元规范命题的非单调推理。令 Γ 是一元规范公式集，将 Γ 处理成一个缺省理论 Δ_Γ，$\Delta_\Gamma = \langle W, D \rangle$，其中，W是空集，D = { (⊤：B/B)：$OB \in \Gamma$ }。

---

[1] 张清宇主编：《逻辑哲学九章》，江苏人民出版社2004年版，第423页。

A为任一一元规范公式，Γ⊢A，当且仅当A属于Γ的某个扩张。

正如哈迪所指出的，规范推理所包含的规范命题一般都是有条件的规范，因此，他进一步将上述理论推广到二元规范命题的推理。他首先定义了"义务情境"、义务的"撤销"及"义务情境的条件扩张"三个概念：

定义1　（义务情境 ought context）一个义务情境是一个结构 $\langle W, \Gamma \rangle$，其中W是一个一致的一阶公式集，Γ是一个条件义务集。

定义2　（义务的撤销 overridden）一个条件义务 OB/A 在语境 $\langle W, \Gamma \rangle$ 下被撤销，如果有 OD/C∈Γ，使得：

(1) $|W| \subseteq |C|$，

(2) $|C| \subseteq |A|$，

(3) W∪{D, B} 是不一致的。

定义3　（义务情境的条件扩张 conditional extensions of an ought context）集合e是义务情境 $\langle W, \Gamma \rangle$ 的一个条件扩张，如果存在集合Φ使得：

Φ={B：OB/A∈Γ，$|W| \subseteq |A|$，OB/A 在 $\langle W, \Gamma \rangle$ 中没有被撤销，¬B∉e}，并且：e = Cn（{W}∪Φ）。

可以证明，任何一个义务情境都有其条件扩张。用 $\vdash_{CH}$ 表示哈迪的条件义务的推演：

定义4　$\langle W, \Gamma \rangle \vdash_{CH}$ OB/A 当且仅当对于义务情境 $\langle W \cup \{A\}, \Gamma \rangle$ 的某个条件扩张e，有B∈e。

定义5　$\Gamma \vdash_{CH}$ OB/A 当且仅当 $\langle \emptyset, \Gamma \rangle \vdash_{CH}$ OB/A

哈迪的理论还有未解决的难题，有待于进一步改进。Y. U. 刘和R. M. 李也把条件规范命题处理为缺省规则，但是对道义理论的扩张采取了另一种定义。这两种理论采用的都是非模态的方法。

二、麦克·莫里欧基于模态方法的"准许推理"

麦克·莫里欧（Michael Morreau）的理论既含有认知命题，也含有道义命题。莫里欧将"你已经答应来接我，所以，你应当来接我"这样的句子称为"原因句"。原因句与条件句类似，但又不同。一个条件句"如果A则B"加上"A"这一事实，就能推出"B"。而原因句没有这么强，A是B的原因，只表明A是使B成立的某种程度上的理由，并不一定是决定性的理由，如果出现了相反的证据，我们会认为并非B。为了借用条件句的研究成果，莫里欧将原因句改写为较弱的条件句形式："如果你已经答应来接我，那么，其他情况相同的话，你应当来接我"。这里所说的"其他情况相同"，是指向"真空""没有摩擦力的表面"那样的理想条件或接近于理想的条件。用符号"…∝…"表示"如果……，那么，其他情况相同的话，……"。在命题逻辑的一个可数语言L上增加符号∝及两个模态算子B、O，并增加相应的新公式，形成一个扩张语言$L_\propto$，B（Φ）表示"相信Φ"，O（Φ）表示"应当Φ"。因为在原因句中，作为原因的成分已被断定，他将上述原因句表示为：Φ & Φ∝Ψ。莫里欧规定了∝的真值条件，并讨论了基于原因句的准许推理。

对于∝来说，分离规则（Φ∝Ψ）→（Φ→Ψ）是不有效的。他借用斯坦内科（Stainaker）和托马森、刘易斯的模态条件句逻辑来解释∝。基本概念是一个可能世界的框架：〈W，R_B，R_O，*〉，W、R_B、R_O的定义不变，R_B、R_O分别用于解释模态算子

B、O、*是一个世界选择函数,用于解释∝,*:W×℘(W)→℘(W)。*具有性质:对于任意w、p,*(w,p)⊆|p|。在上述框架上增加一个解释函数I,就得到模型M=⟨W,R_B,R_O,*,I⟩。在原来的赋值定义之外增加一条:

M,w⊨Φ∝Ψ,当且仅当 *(w,|Φ|_M)⊆|Ψ|_M

|Φ|_M是在M上使Φ为真的可能世界的集合。Φ是公式集Γ的逻辑后承,如果对于任意模型M及M上的任意w,都有:如果M,w⊨Γ,则M,w⊨Φ。该逻辑后承概念有一个既可靠又完全的语法刻画,该语法系统有以下定理和变形规则:

A1　所有L_∝下的重言式。

A2　Φ∝Φ

A3　¬B(⊥)

A4　¬O(⊥)

R1　如果⊢Φ并且⊢Φ→Ψ,则⊢Ψ

R2　如果⊢(Φ_1∧Φ_2⋯∧Φ_n)→Ψ,则⊢(Φ∝Φ_1∧Φ∝Φ_2⋯∧Φ∝Φ_n)→(Φ∝Ψ)

R3　如果⊢(Φ_1∧Φ_2⋯∧Φ_n)→Ψ,则⊢(B(Φ_1)∧B(Φ_2)⋯∧B(Φ_n))→B(Ψ)

R4　如果⊢(Φ_1∧Φ_2⋯∧Φ_n)→Ψ,则⊢(O(Φ_1)∧O(Φ_2)⋯∧O(Φ_n))→O(Ψ)

R5　如果⊢Φ≡Ψ,则⊢X(Φ/Ψ)≡X

莫里欧把从原因句推出关于信念或规范的结论的推理称为"准许推理(allowed consequense)",这种推理是不有效的、可撤销的。刻画"准许推理"的逻辑,是在∝的逻辑的基础上增加一些分离规则,从而分离出"…∝…"的后件来。从技术上讲，只要能与前提保持一致，就假定"其他情况相同"，并在论证的前提部分尽可能多地增加（Φ∝Ψ）→（Φ→Ψ）这样的公式。令 MP 是所有这类公式的集合，莫里欧定义了可以一致地加到论证的前提 Γ 上去的 MP 的极大子集 Ω，对每个一致的 Γ 来说，都存在这样的 Ω，并可能存在多个这样的 Ω。

定义（准许推理 $\vdash_{MP}$）$\Gamma \vdash_{MP} \Phi$，当且仅当存在极大的 Γ-一致集 Ω，Ω 是 MP 的子集，使得 $\Gamma \cup \Omega \vdash_{MP} \Phi$。

"$\vdash_{MP}$"不同于一般的逻辑推理"⊢"。首先，不存在 Γ，使得 $\Gamma \vdash_{MP} \bot$。同时，由于 Ω 不唯一，因而会有 $\vdash_{MP} \Phi$ 且 $\vdash_{MP} \neg\Phi$。准许推理只是将矛盾分拆了，并不能确定矛盾的结论的取舍关系。莫里欧进一步定义了各个原因句之间的优先关系，如果两个原因句导向矛盾的结论，则较弱的原因被撤销。这样，Γ 就有唯一的 Ω，从而有唯一的后承集。莫里欧基于优先语义学，给出了相关的语义。

三、D. 纽特的可废止（defeasible）证明树法

前面提到的方法是先求出一个理论的扩张。但一般来说，或者没有一种运算法则得出一个理论的扩张，或者算法过于复杂。纽特（Donald Nute）采取的是另一种构造性方法，根据这种方法，每个理论有一个逻辑后承集，且无需得到理论的扩张，也可以确定一个公式是否能从该理论推出来。

纽特对语言作了如下限制：原子公式的定义不变。一个符是一个原子公式或原子公式的否定，如果 Φ 是一个符，则 OΦ、~OΦ 是道义公式。PΦ=~O~Φ。所有且仅有符合道义公式是该语言的公式。Φ 与~Φ 互为补，OΦ 与~OΦ 互为补。互为补的公式

构成一个冲突集。规则是不同于公式的另一类表达式，有三种类型：A→Φ，A⇒Φ，A↘Φ。其中，A 是一个公式集，Φ 是公式。这三种表达式分别称为严格规则、可撤销规则、反例。如果 A→Φ 或 A⇒Φ 中的 A 是一个符的集合、Φ 是一个道义公式，则 A→Φ 或 A⇒Φ 是规范。

定义1　一个可修正理论 Th = ⟨F，R，C，<⟩，F 是表示初始事实的公式集。R 是一个规则集。C 是冲突集的集合，对严格规则封闭：如果 R 中有 {Φ，Ψ}→X，则 {Φ，Ψ，~X} 是 C 的元素，如果 {Φ，Ψ} 是 C 的元素，则分别以 Φ、Ψ 为后件的两个可撤销规则或反例就是互相冲突的。< 是 R 上可撤销规则和反例的一个二元关系。

定义2　σ 是一个正断定，如果有可修正理论 Th、公式 Φ，使得 σ = Th ⊨ Φ；σ 是一个负断定，如果有可修正理论 Th、公式 Φ，使得 σ = Th ⊣ Φ。

定义3　T 是一个证明树，如果有可修正理论 Th、公式 Φ，使 T 的每一个节点都有 Th ⊨ Φ 或 Th ⊣ Φ。公式集 A 在 T 的某一个节点 n 上成立，如果 A 的任一元素 Φ 都有 n 的某个子节点作断定 Th ⊨ Φ；公式集 A 在 T 的某个节点 n 上不成立，如果有 A 的元素 Φ，n 的所有子节点作断定 Th ⊣ Φ；可以将此定义推广至 OA。

纽特在构造可修正规范推理时用了两条推理规则：道义继承规则和道义分离规则，在他的语言下分别表示为：Φ→Ψ ∈ R 且 Th ⊨ OΦ，则 Th ⊨ OΨ；Φ ⇒ OΨ ∈ R 且 Th ⊨ OΦ，则 Th ⊨ OΨ。

定义4　T 是一个可修正证明，当且仅当 T 是一个可修正论证树，且对于理论 Th 和 T 的任意节点 n，以下的某一条成立：

(1) 对 n 标记 Th ⊨ Φ，如果：

(1.1) Φ∈F；或者

(1.2) A→Φ∈R 且 A∈F；或者

(1.3) Φ = OΨ，且有 Φ→Ψ∈R，且 OΦ 在节点 n 成立；或者

(1.4) A ⇒Φ∈R，A∈F，并且对于所有与 A ⇒Φ 冲突的规则 B ⇒Ψ（B↘Ψ），或者其前件 B 不成立，或者 A ⇒Φ 优先于 B ⇒Ψ（B↘Ψ）；或者

(1.5) Φ = OΨ，有 A ⇒OΨ∈R 且 Th ⊨ O A，并且对于所有与 A ⇒OΨ 冲突的规则 B ⇒Ψ′（B↘Ψ′），或者其前件 B 不成立，或者 A ⇒OΨ 优先于 B ⇒Ψ′（B↘Ψ′）。

(2) 否则，对 n 标记 Th ⊭ Φ。

如果存在 T，其始点标有 Th ⊨ Φ，则 Th 逻辑推演 Φ。

第四节　非单调的法律规范适用推理

第四章的逻辑系统 Lln 给出的推理是单调的。根据 Lln 的定理，从相互矛盾的规范可以推出一切行为都是应当的。对于有规范冲突的复杂案件来说，Lln 是不充分的。本节基于 D. 纽特的证明树法，提出一种非单调规范适用推理。法律规范本身具有允许例外的特征，这与缺省逻辑的缺省规则非常类似，因此，我们也把法律规范处理成缺省规则。与哈迪的做法不同，我们并不取消其中的模态词，而是保留其原来的结构。为了与前面的单调性规范 OP/α、Pp/α 相区别，将可废止性的规范记为 Op⫽α、Pp⫽

α，表示其效力是可以被撤销的。对于这类规范来说，强化前件原则 Op∥α→Op∥(α∧β) 是无效的。为方便表述，称 α 为前件，称 OP 或 Pp 为后件。

根据对二元规范命题采纳何种分离规则，现有的道义系统可以分为三类，第一类是采用道义分离规则的系统；第二类是采用事实分离规则的系统；第三类是同时保留这两种分离规则的系统。在第四章第三节，我们分析了道义分离规则的不合理性。本节采用的是事实分离规则，但属于受限制的事实分离规则，即，如果有 α、Op∥α 时，在不导致矛盾的情况下，得出结论 Op。

为了解决法律规范之间的冲突，必须引入法律规范集合上的一个二元关系："优先于"关系，记为"<"。在法律实践中，除了像"具体法优于一般法"，"上位法优于下位法"等关于优先关系的一般原则外，更多的优先关系都是在具体案件中通过对具体情况权衡比较确定下来的。因此，我们以一个具体案件作为推理的出发点。一个案件类似于缺省逻辑中的一个缺省理论。

用"C"表示案件，C 中有：

（1）与案件相关的事实。又包括基本案件事实和不相容行为的事实。一般认为，如果两条规范的前件可以同时为真，而后件不能同时成立，二者就是相互冲突的。所谓规范的后件不能同时成立，是指对于两个法律上不相容的行为，规定两者都是义务或一者为义务而另一者为权利。显然 Op∥α 与 P~p∥α 是冲突的，Op∥α 与 O~p∥α 也是冲突的。除此之外，如果 p 与 q 表示两个法律上不相容的行为，如 p 表示"甲把一所房子的所有权转让于乙"，q 表示"甲把同一所房子的所有权转让于丙"，则 Op∥α 与 Oq∥α 也是相冲突的。而两个行为 p、q 是否相容、能否都予以实施，只能由案件情况给出，不能仅凭逻辑判断。

（2）相关法律规范。绝对的、不允许例外的法律规则的形式为 α→β。一般法律规范的形式为 Op∥α 或 Pp∥α。如果公式 α 对 β 具有重言蕴涵关系，我们记作 α⇒β。显然，α⇒β 是不可撤销的，而 α→β、Op∥α 或 Pp∥α 则是可以撤销的，即从 α 与 α→β 不一定能得出 β，从 α 与 Op∥α 不一定能得出 Op。

（3）相关的法律规范的优先关系。

这三者分别用 F、Γ、≪ 表示。其中，F 是一个命题公式集，表示案件的有关事实情况；Γ 是法律规范的集合，表示相关的法律规定；≪ 是 Γ 上的"优先于"关系的集合。

通过对前面介绍的方法作比较，我们采取 D. 纽特的方法：构造性的证明树法。根据这种方法，不需要建立一个理论（案件）的扩张，就能确定一个给定的公式是否能从一个理论（案件）推出来，而且每个理论（案件）都有唯一的逻辑后承集。

首先对于语言略作修改。

在 Lln-形式语言上增加一条 ii 类公式的形成规则：

如果 p、q 是 i 类公式，则 p：q 是 ii 类公式。

相应的赋值定义为：V（p：q, w）= 1 当且仅当 $\{w': \langle w, w' \rangle \in Rv_{(p)}\} \cap \{w'': \langle w, w'' \rangle \in Rv_{(q)}\} = \varnothing$。

p：q 的直观含义为：p 与 q 不能同时实施。增加的新公式用来确定哪些规范是相互冲突的。约定用元语言记号 Φ、ψ 表示形如 Op、Pp 的公式；用 α、β 表示任意命题逻辑公式；p、q 表示任意行为公式。

如果 α⇒β，则 α 与 ¬β 互为补。如果 p：q ∈ F，则 Op 与 Oq、Op 与 Pq 互为补。互为补的两个公式组成一个冲突集 S，所有冲突集组成的集合记作 I,也作为 C 的一个元素。

定义 1　一个案件 C 是一个四元组：C = $\langle$ F, Γ, $\ll$, I $\rangle$,其中

F 描述案件的初始情况,其元素包括两类,一类是命题逻辑公式,一类是形如 p：q 的公式。

$\Gamma = \Gamma_1 \cup \Gamma_2$,$\Gamma_1$ 是由形如 $\alpha \to \beta$ 的表达式组成的规则集,Γ_2 是由形如 Op$\mathbin{/\mkern-5mu/}\alpha$、Pp$\mathbin{/\mkern-5mu/}\alpha$ 的表达式组成的规范集。

$\ll = \ll_1 \cup \ll_2$,$\ll_1$ 是 Γ_1 上的二元关系"<"的集合,$\ll_2$ 是 Γ_2 上的二元关系"<"的集合,$\ll_1$ 与 $\ll_2$ 上的二元关系"<"是传递的、反对称的。

I 是有穷公式集的集合,满足：

（1）若 $\alpha \Rightarrow \beta$,则 $\{\alpha, \neg\beta\} \in I$；

（2）若 p：q$\in$F,则 $\{Op, Oq\} \in I$；

（3）若 p：q$\in$F,则 $\{Op, Pq\} \in I$；

显然有：

$\{Op, O\sim p\} \in I$；

$\{Op, P\sim p\} \in I$。

I 的元素记为"S"。

若两条规则或规范的后件互为补,则称这两条规则或规范是竞争的。为了适用一条规则或规范,有时需要先表明与其竞争的规则或规范的前件不成立,或者说从案件推不出。公式 A 能从 C 推得出,记作 C$\Vdash$A,公式 A 从 C 推不出,记作 C$\dashv$A。C$\dashv$A 比 C$\nVdash$A 所作的断定要强,C$\dashv$A 表明有一个从 C 推不出 A 的证明。

定义 2　T 是一个非单调论证树,当且仅当 T 是一个有穷的

树，并且存在一个 T-案件 C，使得对 T 中的每个节点 n 都有公式 Φ，或者标有 C ⊩ Φ，或者标有 C ⊣∥ Φ。

我们先定义一个规范的前件在论证树的一个节点上被满足与不满足。

定义 3 令 T 是一个非单调的论证树，C 是一个 T-案件，n 是 T 中的一个节点，α 是一个命题逻辑公式

1. α 在 n 上被满足，在 n 点标记 C ⊩ α，如果以下条件成立：

（1.1） $α ∈ F$；或者

（1.2） $β ⇒ α$ 且 β 在 n 的某个后继点上被满足；或者

（1.3） $α = β ∧ γ$，β 在 n 的某个后继点上被满足并且 γ 在 n 的某个后继点上被满足；或者

（1.4） 存在 $β → α ∈ Γ_1$，且 β 在 n 的某个后继点上被满足，并且对于所有 $S ∈ I$，如果 $α ∈ S$，$α' ∈ S - (Φ ∪ \{α\})$，则：

（1.4.1） 对于所有 $γ ⇒ α'$，γ 在 n 的所有后继点上不满足，并且

（1.4.2） 对于所有的 $γ → α'$，或者 γ 在 n 的所有后继点上不满足，或者 $β → α < γ → α' ∈ \ll_1$。

2. 否则，α 在 n 上不满足，在 n 点标记 C ⊣∥ α。

该定义表明，关于法律规范前件的推理所用的法律规则也是非单调的。

关于法律规范推理，应当对系统 Lln 原有的推理规则作出如下限制：

第一，对于强化前件原则 $Op/α ∥ Op/(α ∧ β)$ 来说，只有当不存在与 $Φ/\!/(α ∧ β)$ 竞争且优先于 $Φ/\!/(α ∧ β)$ 的规范，才能

从 Φ∥α 得出 Φ∥(α∧β);

第二,对于后件合成原则 Op/α∧Oq/α∥O(p∧q)/α 来说,只有当 Op 与 Oq 不冲突时,才能从 Op∥α 和 Oq∥α 得出 O(p∧q)∥α;

第三,对事实分离规则 p,Oq∥p∥Oq 来说,只有当不存在与 Oq∥p 竞争且优先于 Oq∥p 的规范,才能从 p 和 Oq∥p 得出 Oq。

定义4 T 是一个非单调规范证明,当且仅当 T 是一个非单调的规范适用的论证树,C 是一个 T-案件,对 T 中的任意节点 n、对于任意公式 Φ,下列 1 或 2 成立(仍然约定 G 代表 O 或 P):

1. 对 n 标记 C⊩Φ,如果以下某些条件成立:

(1.1) 有 Φ∥α∈Γ₂,并且在 n 的某个后继点上 α 被满足,并且,若有 S∈I,Φ∈S,Φ'∈S－{Φ},那么,对所有的 Φ'∥β∈Γ₂,或者 β 在 n 的所有后继点上不满足,或者 Φ∥α<Φ'∥β ∈≪₂。

(1.2) 有 Φ∥α∈Γ₂,并且 α∧β 在 n 的某个后继点上被满足,并且,若有 S∈I,Φ∈S,Φ'∈S－{Φ},那么,对所有的 Φ'∥β∈Γ₂,Φ∥α<Φ'∥β ∈≪₂。

(1.3) Φ=Gp。存在 n 的某个后继点 m_1,m_1⊩G(p×q)。

(1.4) Φ=Gp。存在 n 的某个后继点 m_1,m_1⊩G(p+q) 并且存在 n 的后继点 m_2:m_2⊩O~q。

(1.5) Φ=Gp。存在 n 的某个后继点 m_1,m_1⊩G(p;q)。

(1.6) Φ=Gp。存在 n 的某个后继点 m_1,m_1⊩G(p;q) 并且存在 n 的后继点 m_2 都有:m_2⊩[p]。

(1.7) Φ=ψ_1∧ψ_2。存在 n 的某个后继点 m_1,m_1⊩ψ_1,同

时存在 n 的某个后继点 m_2，$m_2 \Vdash \psi_2$，且 $\{\psi_1, \psi_2\} \not\subseteq S$。

（1.8）存在 n 的后继点 m，$m \Vdash \Phi$。

2. 否则，对 n 标记 $C \dashv \Phi$。

由该定义，前件强化规则的使用受到了一定的限制。如果 $\Phi /\!/ \beta \in \Gamma_2$，并且 $\alpha \Rightarrow \beta$，且 α 在 n 的所有后继点上被满足，又根据前件强化规则，从 $\Phi /\!/ \beta$ 推出 $\Phi /\!/ \alpha$，则应对节点 n 标记 $C \Vdash \Phi$。但是，根据上面的定义（1.2），只有不存在与 $\Phi /\!/ \alpha$ 竞争且优先于 $\Phi /\!/ \alpha$ 的规范 $\Phi' /\!/ \beta$ 时，才能对节点 n 标记 $C \Vdash \Phi$。

定义 5　C 非单调地证明 Φ，记作 $C \Vdash \Phi$，当且仅当 存在一个 C 的非单调证明 T，T 的始点标有 $C \Vdash \Phi$。

定义 6　C 非单调地反驳 Φ，记作 $C \dashv \Phi$，当且仅当 存在一个 C 的非单调证明 T，T 的始点标有 $C \dashv \Phi$。

定理 1 该理论具有一致性：如果 $C \Vdash \Phi$，则 $C \not\dashv \Phi$。

由 $\Vdash$ 和 $\dashv$ 的定义得证。

下面运用这种非单调的法律规范适用推理方法分析一个案例。

【例 1】[1]　费瑟斯通是一个富有的地主。他没有直系亲属，只有两个堂弟和一个私生的孙子。这个孙子从未与费瑟斯通一起生活过，费瑟斯通完全不了解他。由于厌恶两个堂弟的贪婪，费瑟斯通留下遗嘱，将全部财产留给了他的孙子。该遗嘱有费瑟斯通的亲笔签名，是费瑟斯通真实的意思

---

[1] 本案例引自：[美] 史蒂文·J. 伯顿：《法律和法律推理导论》，张志铭、解兴权译，中国政法大学出版社 1998 年版，第 145 页。

表示，并且有两个证人签名作证。就在费瑟斯通留下遗嘱后不久，他发现孙子因沉迷赌场而欠下了一大笔债务。费瑟斯通前去质问孙子，当场被他的孙子用刀子捅死。刑事法庭控告费瑟斯通的孙子犯有谋杀罪并判处15年监禁。费瑟斯通的堂弟在法庭上对遗嘱提出质疑，认为根据任何人都不得从他的违法行为中获益这样一条基本的法律原则，凶手不应继承费瑟斯通的遗产。但是，费瑟斯通的孙子及其律师则根据《遗嘱法》的有关规定，认为他有权继承费瑟斯通的全部财产。这两种意见都有着法律上的依据。后者坚持立法至上的原则，强调财产从一代到下一代的有序过渡，而前者则强调财产从一代到下一代的过渡是公正的。法官认定在本案中，任何人都不得从他的违法行为中获益这条基本的法律原则是更强的法律理由，从而判定费瑟斯通的孙子无权继承费瑟斯通的财产。

与本案相关的法律规定有：

（1）《遗嘱法》规定：如果遗嘱有遗嘱人的亲笔签名，是遗嘱人真实的意思表示，并且有两个证人签名作证，则是有效遗嘱。

（2）《遗嘱法》规定：个人财产应当留给有效遗嘱指定的继承人。

（3）一条基本的法律原则：如果继承人杀害了遗嘱人，则禁止该继承人继承遗嘱人的财产。

约定：

p 表示：费瑟斯通的孙子继承费瑟斯通的全部财产；

α_1 表示：遗嘱有遗嘱人费瑟斯通的亲笔签名；

α_2 表示：遗嘱是遗嘱人费瑟斯通真实的意思表示；

α_3 表示：遗嘱有两个证人签名作证；

α 表示：费瑟斯通的遗嘱是一份有效遗嘱；

β 表示：费瑟斯通的孙子是遗嘱指定的继承人；

γ 表示：继承人费瑟斯通的孙子杀害了遗嘱人费瑟斯通。

另外：

$R = \alpha_1 \wedge \alpha_2 \wedge \alpha_3 \rightarrow \alpha$

$N_1 = Pp /\!/ \alpha \wedge \beta$

$N_2 = O \sim p /\!/ \gamma$

对于该案例来说，$C = \langle F, \Gamma, \ll, I \rangle$ 中：

$F = \{\alpha_1 \wedge \alpha_2 \wedge \alpha_3, \beta, \gamma\}$

$\Gamma_1 = \{R\}$；$\Gamma_2 = \{N_1, N_2\}$

$\ll_1 = \varnothing$；$\ll_2 = \{N_2 < N_1\}$

$I = \{S = \{Pp, O \sim p\}\}$

下面证明 $C \Vdash O \sim p$、$C \dashv\!\Vdash Pp$。n_0 为可废止论证树 T 的始点；n_1 为 n_0 的一个后继点；n_2 为 n_1 的一个后继点；n_3 是 n_2 的一个后继点；⋯以此类推。以下各行右面的一列给出了所得结论的理由。

[1]　$n_3 \Vdash \alpha_1 \wedge \alpha_2 \wedge \alpha_3$　　　$\alpha_1 \wedge \alpha_2 \wedge \alpha_3 \in F$；定义 3 规则（1.1）

[2]　$n_2 \Vdash \alpha$　　　　　　　　[1]、$\alpha_1 \wedge \alpha_2 \wedge \alpha_3 \rightarrow \alpha \in \Gamma_1$ 且 $\ll_1 = \varnothing$；
　　　　　　　　　　　　　　定义 3 规则（1.2）

[3]　$n_2 \Vdash \beta$　　　　　　　　$\beta \in F$；定义 3 规则（1.1）

［4］ $n_1 \Vdash \alpha \wedge \beta$　　　　　　［2］、［3］；定义 3 规则（1.3）

［5］ $n_1 \Vdash \gamma$　　　　　　　　$\gamma \in F$；；定义 3 规则（1.1）

［6］ $n_0 \Vdash O \sim p$　　　　　　$O \sim p /\!/ \gamma \in \Gamma_2$、［5］，$N_2 < N_1 \in \ll_2$；此时，尽管有 $Pp /\!/ \alpha \wedge \beta \in \Gamma_2$ 以及 $n_1 \Vdash \alpha \wedge \beta$，但根据定义 4 的规则（1.2）及 $N_2 < N_1 \in \ll_2$，仍可得出 $n_0 \Vdash O \sim p$

根据定义 5，$C \Vdash O \sim p$。

由于不满足定义 4 的规则（1.1）—（1.8），所以有：$n_0 \dashv\!\Vert Pp$。根据定义 5，$C \dashv\!\Vert Pp$。

值得说明的是，结论中的"O"和"P"表示的是一个具体案件下的"应当"和"允许"，与系统 Lln 中的"O"和"P"有着不同含义。系统 Lln 中的"O"和"P"表示一般的义务和允许（prima facie obligation、prima facie permission）；法律规范适用推理结论中的"O"和"P"表示的则是具体案件中的义务和允许（contextual obligation、contextual permission）。

第六章　类推论证与判例类比论证

类比推理是非常直观、朴素的一种推理方法。类比推理在法律论证中主要有两种应用方式，一是法律规则的类推适用，这种基于法律规则的类比我们称为"类推论证"。另一种是从个案到个案的类比，这种基于判例的类比我们称为"判例类比论证"。麦考密克认为，"类推论辩更多的是判例法而非成文法的一个特征，多数判例法的形成是通过判决的累积，是一项原则的适用，逐渐从一个个案扩展到与之相似的其他个案……但类推论辩在适用和解释制定法过程中的角色也绝不是罕见或者无足轻重的。"[1]

在逻辑学中，类比推理是根据两个或两种事物在某些属性上相同，从而推出它们在其他属性上也相同的非演绎推理。其推理过程是：

a 事物有属性 A_1、A_2、……、A_n、B。

b 事物有属性 A_1、A_2、……、A_n。

所以，b 事物也有属性 B。

---

[1] [英]尼尔·麦考密克：《法律推理与法律理论》，姜峰译，法律出版社 2005 年版，第 188~189 页。

a 和 b 可以是两个事物，也可以是两类事物。判例类比论证中被比较的是两个案件，规则类推则涉及两类事物的等置。我们用 A 表示 $A_1 \wedge A_2 \wedge \cdots \wedge A_n$。在类比推理背后通常隐含着一个原理，即 A 与 B 之间存在相关性。单纯的类比方法在于，即使 A 与 B 的相关性未被人们理解和认识，但基于生活经验仍可能从"a 事物有属性 A 且 B"和"b 事物有属性 A"得出一个初步的或然判断"b 事物也有属性 B"。假如经过研究能够确定 A 与 B 之间强相关，甚至 A 与 B 之间的联系具有规律性、必然性，就能够上升到一条普遍法则"如果某事物有属性 A_1、A_2、$\cdots$、A_n，则该事物有属性 B"。如果属性 A 是一个概念 C 的内涵，从"C 是 B"和"b 是 C"推出"b 是 B"实际上是一个三段论推理。而如果 A 与 B 之间只具有某种程度的相关性，上述类比推理主要基于"同样的事物应同样对待"以及 a 与 b 的本质相似，那么将适用于 a 的处理同样地适用于 b，就是一个规则类推。规则类推意味着建构一个新的事物类型，这个类型是通过将 b 与概念 C 外延中的事物加以等置而得到的。基于等置关系，虽然 b 不是概念 C 之下的一个对象，但它属于扩展后的类型，从而可以类推适用原有的法律规则。这个过程即是基于法律规则的类推论证。

第一节　类推论证

基于法律规则的类推论证需要对事实构成的范围加以扩展，以形成一个新的事物类型。为此我们简单介绍源于德国法学的类型理论。

19 世纪德国法学的主流是概念法学，以古罗马《学说汇纂》

为其理论体系和概念基础，强调对法律概念的分析和法律的体系化，也称为"潘德克顿法学"。随着社会生活的日趋复杂，出现了很多新的法律问题，这些问题有些在法典中找不到答案，有些所显示的答案与法律规定是矛盾的。一些学者开始了对概念涵摄方法的反思和批判。类型理论是阿尔图·考夫曼、卡尔·拉伦茨等德国学者在批判概念法学的过程中提出来的，20世纪末引入我国，对我国法学界产生了一定的影响。类型理论的倡导者认为，法律概念过于抽象，既有的概念方法不能有效应对社会生活的不可预见性和复杂性，他们主张以类型归属、类似推论、类型等置等方法补充乃至替代概念方法。考夫曼认为，立法及所有法规范发现之行为，均致力于当为与实存之彼此适应调和，这项工作不能借逻辑三段论法的方式来完成，毋宁须依类推的方法。下面我们主要按照普珀教授在《法律思维小学堂》中的观点来介绍类型方法。

为了说明什么是类型，我们先引入两个术语。法律条文的事实构成所包含的语义要素可以区分为两种，一种是可以直接以是/否来判断的，本书称为"是/否要素"；另一种是需要从程度上加以考量的，本书称为"程度要素"。例如我国《刑法》第65条规定："被判处有期徒刑以上刑罚的犯罪分子，刑罚执行完毕或者赦免以后，在五年以内再犯应当判处有期徒刑以上刑罚之罪的，是累犯"，其中"被判处有期徒刑以上刑罚的""刑罚执行完毕五年以内""刑罚赦免以后五年以内""再犯应当判处有期徒刑以上刑罚之罪"均属于是/否要素，可以根据事实得出是或不是的判断。《刑法》第13条规定"一切危害国家主权、领土完整和安全……依照法律应当受刑罚处罚的，都是犯罪。但是情节显著轻微危害不大的，不认为是犯罪"，其中"不认为是犯罪"的条件包含"情节显著轻微""危害不大"两个要素，这两个要素都是程度要素，需要根据事实情况加以衡量，以判断涉案情节是否"显著轻微"、所造成的危害是否"不大"。对于程度要素，在法律中也应根据需要做出是或否的结论，只不过这个结论必须依赖主观上的决断。

一个概念的所有要素结合起来构成涵摄的充要条件。以包含两个要素的概念为例，概念 F 包含两个要素 F_1 和 F_2，表示为 $F=F_1 * F_2$，那么以下两个关系成立：

（1）如果 a 是 F_1 且 a 是 F_2，那么，a 是 F；
（2）如果 a 不是 F_1 或 a 不是 F_2，那么 a 不是 F。

换言之，a 是 F 当且仅当 a 是 F_1 且 a 是 F_2。在这个判断的过程中，a 是否满足 $F_{i(i=1,2)}$ 要独立地加以判断，并且不需要考虑 a 在什么程度上满足 F_i。

一个类型的要素是程度要素，并且各要素之间形成互补关系。以包含两个要素的类型为例，类型 G 包含两个要素 G_1 和 G_2，表示为 $G=G_1 * G_2$，判断一个对象 a 是否归属于 G，需要从程度上考虑 a 满足 G_1 和 G_2 两方面的情况，权衡之后做出综合判断。

【例1】法律上的"占有"包含两个要素，一是"占有"的物理意义，即主体对某物的实际支配情况，另一个是"占有"的社会意义，即他人对主体处分该物权利的认可。这两个要素都有程度上的强弱。当一个人持有某物或者某物处于他控制下的排他性物理空间时，他对该物的实际支配力最强；如果该物暂时脱离了他的控制范围，但他知道该物所处的位置且随时可以取得，则他对该物的实际支配力变得较弱一些；如果该物处于公共空间，而且他不知道该物实际所处的位置，他的实际支配力更弱。另一方面，根据主体取得该物的方式以及占有时间的长短，社会公众对他权利的认可度也有高低的不同。这两个方面是可以连接起来综合考量的，对某种情况能否被认定为"占有"，一个要素的实现程度越强，则对另一个要素实现程度的要求就相应地变弱。

【例2】我国《刑法》第14条规定，"明知自己的行为会发生危害社会的结果，并且希望或者放任这种结果发生，因而构成犯罪的，是故意犯罪"，这一条文中的"故意"也是一个类型。因为"故意"所包含的认知方面的"明知"和意志方面的"希望或者放任"都是有程度的，且这两方面形成互补关系。造成"明知"程度差别的，一是主体认知的确定性程度不同，可能是明确地知道危害结果必然发生，也可能只是模糊地感觉结果可能发生。二是裁判者依据证据对行为人明知的认定也存在程度上的强弱差别，最弱的情况是推断其"应当知道"。从意志方面说，行为主体对行为造成的危害结果从"强烈希望"到"希望"，再到"不介意、不关心"再到"消极容忍"，其程度依次递减。要判断是否成立"故意"，一个要素的程度越强，则对另一要素的要求可以相对减弱。德国曾发生过这样一起案件，被告人帮朋友照料15个月大的男孩，在吃晚饭的时候，孩子开始哭闹，被惹恼的被告将小孩的头推去撞桌子，孩子因此受到轻微的创伤。之后被告又喂男孩吃了香蕉，帮他清理、洗澡，当男孩再次哭闹时，被告用手刀攻击他的太阳穴造成了孩子的死亡。被告学过空手道，知道用这种方式攻击别人的头部，即使对方是成年人，也有致死的可能。下级法院认定被告人的行为构成故意杀人罪。联邦最高法院则基于被告人照料小孩的态度举止以及尝试对小孩施救的事实，认定其致死的意志要素非常微弱，且认知方面也不足以强到弥补意志的程度，因而认定行为人不构成故意。

关于类型和概念方法之间的关系，学界有三种不同的主张：
1. 以类型方法替代概念方法

这种观点以考夫曼为代表。他认为抽象概念是固定的、封闭的，概念思维是一种非此即彼的、主客体分离的僵化思维，无法满足法律的规范目的，概念涵摄这种形式逻辑的方法在法学领域根本没有适用的余地。考夫曼是从广义上理解类型的，他认为任何思维都是一种类型思维。规范的法律意义不是隐藏在空泛的、孤立的法律概念中，而是蕴含在具体生活事实的"本质"之中。法律适用是在规范与事实之间、当为与存在之间进行调试，基本方法就是类似推论。规范与具体事物的对应，依简单的概念涵摄方法是不可能完成的。法律的获取、裁判的得出都具有类推的性质。

2. 以类型方法补充概念方法

这种观点以拉伦茨为代表。他认为概念方法有一定的价值，还是可以被接受的，类型归属与概念涵摄这两种法律适用模式可以并行不悖。类型归属不同于概念涵摄，个体能否归于一个类型不取决于孤立特征的全部符合，而取决于是否符合类型的整体形象。归类的边界不是完全确定的，法官必须依整体评价进行归类。"静态"的法律概念有助于维持法律的稳定性，"动态"的法律类型则可以增强法律的适应性。对于单义而明确的描述性事实构成要件，可以直接进行概念涵摄。对于需诉诸价值判断的规范性构成要件，则需进行类型归属。对于法律适用和法学研究而言，类型方法是更为重要的。

3. 概念方法具有一般性，类型是一种特殊的概念

波恩大学的英格博格·普珀教授就持有这种观点。在《法律思维小学堂》一书中，他把一般概念称为"分类概念"，把"类型"称为"类型概念"，把给概念下定义看作法律中的重要方法。在这本书的序言中，普珀说："尽管在课堂上听到种种对于概念法学的宣战与抨击，但我们在每个涵摄的过程中，仍然是在用概念法学的方式工作并且论证"[1]。

我们认为，以考夫曼为代表的第一种观点试图以类型方法替代概念方法解决涵摄难题，是不可取的。这种观点假设概念与类型有着本质的不同，法律概念的外延是封闭的、固化的，类型更接近客观事物，较概念更为具体。只有这些假设成立，以类型方法替代概念方法解决概念涵摄难题才是可以理解的。但是，概念与类型并没有本质的不同，它们都是基于对事物的某种相似性的认识而建立起来的。设 a 和 b 为两个被比较的对象，F 是一个一元谓词，表示事物的某种性质。如果将"a"和"b"分别代入"……是 F"所得到的两个句子都为真或者都为假，则称 a 和 b

---

[1] [德]英格博格·普珀:《法律思维小学堂:法律人的6堂思维训练课》，蔡圣伟译，北京大学出版社2011年版，第2页。

第六章　类推论证与判例类比论证

相对于 F 是相同的。"相对于 F 相同"是事物之间的一种等价关系。F 既可以是一个语词，也可以是一个描述性短语，等价关系必须借助于语言才能被确定。如果 F 是一个语词，则 F 可能表达了一个概念。如果 F 是一个描述性短语，则 F 表示一个事物类型。如前文所述，法律规则中的事实构成可能是一个语词表达的法律概念，也可能是一个描述短语所描述的事物类型。概念是对于事物认识的理性抽象，概念的外延不一定是封闭的。法律中有很多评价性概念，其外延都不是封闭的。如果以外延是否封闭来判断是不是概念，就失去了概念作为对于事物理性认识的意义。此外，类型是由若干事物组成的一个类，概念的外延也是由若干事物组成的一个类，类型比概念更接近客观事物、较概念更为具体的说法也是不成立的。

以类型方法替代概念方法的观点无法成立，还在于这样一个事实——概念方法不能解决的那些问题，类型方法也同样不能解决。替代说认为概念思维是非此即彼的、而类型则不是这么绝对。但是任何一个法律问题的解决，都需要以"是"或"否"明确回答，比如一个案件事实是否归属于法律规则的事实构成之下、一个对象是否归属于一个类，所认为的类型边界开放的优势并没有实际意义。

现实的法律几乎总是不完善的，制定法会存在法律漏洞。如果作为事实构成的法律概念的外延过宽，则需要创制规则的例外。如果作为事实构成的法律概念的外延过窄，当人们认为对于不属于概念 C 的外延但类似于 C 的一些事实也应当引起 B 的法律后果，这时就需要根据法律的价值判断或法律原则对这条法律规则的适用范围进行合目的地拓宽延展，从概念 C 的外延扩展到包含 C 在内的一个类型。恩吉施曾借用这样一个例子来说明类推论证：根据罗马《12 铜表法》的一个规定，"四足动物的所有者对动物因其野性造成的损害负有责任"，现在提出了非洲鸵鸟所造成的损害的责任问题。所有者对于非洲鸵鸟这样的两足动物造成的损害是否承担责任？按照法律原文的字面解释，鸵鸟这种两足动物显然不能被说成是"四足动物"。但从法律意图来讲，应当运用类比将四足动物的损害责任及于非洲鸵鸟所造成的损害。这意味着，法律原来的用语"四足动物"并未充分反映法律规定的意图，而从"动物因其野性造成的损害"这一判断标准看，鸵鸟与法律条文中的"四足动物"具有等价性，可以归入同一个事物类型。为了建构一个新的事物类型，需要先确定某个等价关系，其方法与判例类比的等价关系本质是相同的，可以参看下一节。

第二节　判例类比论证

在英美法系国家，作为审案依据的法律主要有两类：一是立法机关或行政机构制定的法律，另一类是法官在其权限范围内通过对案件做出判决所造就的判例法。与后一种法律渊源相对应，司法判决所运用的推理是基于判例的类比推理。判例类比是判例法制度中法律推理的基本模式。判例类比最重要的环节是判断两个案件的同异关系。

如果法官所面对的待决案件的争议点与某个判例中的问题相同，并且这两个案件的事实充分相似，法官就应当援引判例的裁决来解决当前案件中的问题。史蒂文·伯顿在《法律和法律推理导论》一书中指出，支撑判例类比推理的核心原则是遵循先例："曾经在一个正当的案件中得到裁决的法律点或法律问题，不应在包含同样问题并属于同一管辖权的其他案件中重新加以考虑（除非情况有某种变更，证明改变法律为正当）。因此，既决的法律点通常是有约束力或有权威的，并且被称为法定依据。"[1] 判例类比推理与一般的类比推理没有本质的不同，只是前者在形式上更为规整、严格，因而也更便于分析。

判例类比推理是普通法最重要的一种推理模式。"在大多数法律人看来，法律推理的中心是类比推理"[2]。"法律推理的基本类型是例推法，就是从个案到个案的推理"[3]。判例类比推理的地位和作用不仅在英美法系极为突出，在大陆法系也日益重要。在德国，法官的判决普遍援引判例作为判决理由。在我国，司法判例制度的起步较晚。2010年最高人民法院发布《关于案例指导工作的规定》，确立了指导性案例的参照义务，标志着司法判例制度的正式建立，也推动了判例论证及类比推理的理论研究。推理符合逻辑是证成判决的必要条件，人们自然要问：一个实际做出的判例类比推理是正确的还是不正确的？判例类比推理的正当性标准是什么？

判例类比推理的逻辑合理性问题，乃是法学对逻辑学提出的一个应当给予明确回答的问题。经典的逻辑学以演绎推理为研究

---

[1] [美]史蒂文·J.伯顿：《法律和法律推理导论》，张志铭、解兴权译，中国政法大学出版社1998年版，第31页。
[2] [美]理查德·A.波斯纳：《法理学问题》，苏力译，中国政法大学出版社2002年版，第109页。
[3] [美]艾德华·H.列维：《法律推理引论》，庄重译，中国政法大学出版社2002年版，第2页。

对象，它通过对前提与结论句法结构的分析来确认推理的有效性。一个基于制定法规则的演绎推理，不论其推理过程多么复杂，总可以借助演绎逻辑的方法加以分析和判定。判例类比推理是基于案件的推理，而案件并无句法结构可循。逻辑学家很少对包括判例类比推理在内的类比推理方法进行深入研究，普通人亦满足于类比推理的简单和直观。然而，看似十分自然、朴素的判例类比推理却又是司法实践中一个难以破解的谜题：堕胎与谋杀是否一样？取走ATM机多吐出的钱的行为与偷窃是否一样？根据什么标准判断两个案件是否足够相似、进而决定援引判例还是区别判例？案件事实的相似又如何从逻辑上推出相同的裁决结果？基于类比推理的法律论证方法是一种理性的方法吗？由于这些问题没有得到清楚的回答，判例类比推理往往被认为是过度依赖直觉、缺乏客观的理论基础的推理方法。

一、判例类比推理的悖论

根据判例法的遵循先例原则，只要法官认定本案与某个先前案件是充分相似的，本案的判决就可以说得以确定。因此，判断案件事实是否充分相似就成为运用判例类比推理最为关键的一个环节。问题在于，一方面，每个案件都是独一无二的个别事件，可以用针对特定时空特定人物的语言加以描述；另一方面，案件之间又存在某些共性，可以用涵盖不同时空的一般性语言加以描述。在这个意义上说，任何两个案件都不会完全相同，也不会完全不同。那么，两个案件之间存在的各种差异，哪些是实质性的、相关的，哪些是非实质性的、不相关的——将两个不同的案件认定为相似，抑或将两个具有某些共同点的案件认定为不相似，其标准是什么？

史蒂文·伯顿把判例类比推理分为三个步骤：

（1）识别一个适当的基点案件；

（2）在基点案件与当前案件之间识别事实上的相同点和不同点；

（3）判断重要程度。如果两个案件的相同点更重要，则遵循判例，如果两个案件的不同点更重要，则区别判例。[1]

他认为，判例类比推理采取的前两个步骤即基点案件的选取和案件事实的相同点与不同点的识别，大体上是受法律制约的。但是，"严格的类比推理并没有使对重要程度的关键性判断——决定是事实的相同点还是不同点应控制结果——受到法律制约，它仍然听凭人们任意决定。"[2] "类比推理使关键性的第三个步骤——判断重要程度——处于完全不受约束的状态。"[3] 一方面，伯顿肯定判例是有约束力的；另一方面，如果判断两个案件是否相似的关键的一步却听凭人们任意决定，那他又等于承认判例实际上是没有什么约束力的。

伯顿把可类比的案件之间的关系比喻为"案件的家族式关系"，这种比喻同样令人感到困惑。他认为，法律推理模式与科

---

[1] 对先前案件的了解主要通过判决书。普通法的审判需要在判决书中区分裁决（holding）和法官的附随意见（dictum）。具有约束力的是裁决部分。裁决概括了案件事实，并规定了由这些事实所引起的法律后果，为以后的类比推理提供了比较的基点和依据。

[2] ［美］史蒂文·J. 伯顿：《法律和法律推理导论》，张志铭、解兴权译，中国政法大学出版社1998年版，第32页。

[3] ［美］史蒂文·J. 伯顿：《法律和法律推理导论》，张志铭、解兴权译，中国政法大学出版社1998年版，第48页。

学推理模式的根本差异在于，按照一般科学模式的要求，仅当对象具有共同的重要事实时，才可以把它们归为一类；但是在判例类比推理中，"一些法律案件即使没有所有共同的实质性事实，也能归入同一法律类别。"[1] 他以合同当事人在达成协议后又改变主意并试图解除合同、因而都被法官认定为因非善意履行而违约的两个案件为例，其中，瓦纳迪姆案涉及在亚利桑那州购买采矿权的合同，弗赖伊案涉及在加利福尼亚州购买住房的合同。"显然，没有单一的重大经验事实是瓦纳迪姆案和弗赖伊案都共同具有的，并标示它们的合适分类即违反合同。如果把每个买方达成协议后又改变主意，并因该原因而试图解除合同也视为一个事实，那么寻找共同的可观察事实就将是没有止境的。"[2] 既然如此，究竟是什么因素使得案件的分类是有意义的呢？伯顿认为，归入同一个法律类别的案件之间的相似正如一个家庭成员之间的相似，父亲与母亲通常没有任何共同特征标示他们隶属同一家庭，但他们所生的孩子可能与父亲和母亲分别有一些共同的特征，因此承认他们是一家。"家族式关系可以如下模型化：甲与乙有共同特征，乙与丙有共同特征，甲与丙无任何显著的共同特征。甲与丙可属同一类。"[3]

如果在较长时期历史地观察和解释普通法的演变发展，判例类比推理的家族式比喻是具有启发性的。但作为一种操作意义上

---

[1] [美] 史蒂文·J. 伯顿：《法律和法律推理导论》，张志铭、解兴权译，中国政法大学出版社1998年版，第103页。

[2] [美] 史蒂文·J. 伯顿：《法律和法律推理导论》，张志铭、解兴权译，中国政法大学出版社1998年版，第105页。

[3] [美] 史蒂文·J. 伯顿：《法律和法律推理导论》，张志铭、解兴权译，中国政法大学出版社1998年版，第106页。

第六章 类推论证与判例类比论证

的法律推理方法而言，很难理解如何能把没有任何显著的共同特征的案件归于一类。因为正如伯顿所说："遵循先例原则要求法官依照相似的判例，同样也要求他们区别不相似的判例。"[1] 同样案件应当同样判决，这一理念也意味着不同的案件应该有不同的判决。如果案件1与案件2具有某些共同特征，案件2与案件3具有另外一些共同特征，但案件1与案件3没有任何显著的共同特征，那么根据伯顿的主张，在案件1与案件3之间，似乎既应当援引判例，又应当区别判例。

艾德华·H. 列维也强调判断案件事实的异同是判例类比推理的关键步骤。但是，"一旦我们将目光转向异同的确定时，则新的问题又接踵而至。法律所提出的问题是：将不同的案件视如相同，在什么情况下是正当的？对此，泛泛地说，似乎可以认为一个实际运作的法律体系自会挑出事实间关键的相似之处并由此而推出共同的分类标准。而既然存在某些相同的事实，那么一般法则也就得以产生了。……可是实际上，这样一个先于推理的确定规则并不存在"，[2] 只有在比较事实异同的过程中，规则才被创造出来。在此明显地存在着逻辑的循环：确定案件事实的异同要求助于一般法则的指导，而一般法则又在确定案件事实异同的过程中得以产生。因此，"用判断一个体系能否自圆其说的通常标准来看，可以说这（判例类比推理）是一个有瑕疵的推理过程。"[3]

---

[1] [美] 史蒂文·J. 伯顿：《法律和法律推理导论》，张志铭、解兴权译，中国政法大学出版社1998年版，第48页。
[2] [美] 艾德华·H. 列维：《法律推理引论》，庄重译，中国政法大学出版社2002年版，第6页。
[3] [美] 艾德华·H. 列维：《法律推理引论》，庄重译，中国政法大学出版社2002年版，第7页。"（判例类比推理）"为本书作者加注。

对于案件异同判断这一判例类比推理的关键问题，史蒂文·J. 伯顿和艾德华·H. 列维并没有给出令人满意的回答。对此，我们试图用逻辑模型的理论给出一个严格的解释。

二、案件异同比较的标准

泛泛地问两个对象相同还是不同，是没有意义的。同或异总是相对于某些确定的方面、某些确定的性质而言。比如，一头牛和一辆奔驰车，看起来完全不同，但对一个法官来说，二者都是财产。他可以把这种情况表述为两个真句子："此牛是财产"，"此奔驰车是财产"。对一个打算买辆二手车的人来说，这辆奥拓显然不同于那辆奔驰，但一个正在执勤的交通警察可能会说，"此奥拓是违章车辆"，"此奔驰是违章车辆"。"牛"、"财产"、"违章车辆"都是表达概念的语词。概念是对世界上极其丰富、庞杂的个体对象进行类别化组织的思维形式，一个概念用一个语词浓缩、固定一组性质，并据此"认领"属于自己的个体对象。概念形成的标志是相应语词用法的确认。因此，我们给出一个判断对象异同的语言标准。设 a 和 b 为两个被比较的对象，F 是一个一元谓词，表示事物的某种性质。将"a"代入"……是 F"这个句子模式所得到的句子"a 是 F"为真，当且仅当 a 具有性质 F。如果将"a"和"b"分别代入"……是 F"所得到的两个句子都为真或者都为假，则称 a 和 b 相对于 F 是相同的，否则，称 a 和 b 相对于 F 是不相同的。"相同"是事物之间的一种等价关系，记为 ≈。在逻辑学上，等价关系 ≈ 是相对于一个确定的句子模式的集合来定义的。以 Γ 表示一个句子模式集，则以 Γ 为参照标准的等价关系记为 $\approx_\Gamma$。$a \approx_\Gamma b$ 表示，以 Γ 为参照标准来看，

a 和 b 是等同的，所有能表达 a 与 b 的不同性质的语词都不出现在Γ中，Γ无法说出 a 与 b 的任何不同之处。等价关系 $\approx_\Gamma$ 生成以Γ为参照标准的一个划分，使所有等价的对象归于同一个类。自然语言是表达力最丰富的语言，如果以自然语言为参照标准，则所定义的等价关系只有一个，即自身等同关系。以自身等同关系为分类标准，则世界上有多少个体，就会有多少个种类，这样的划分当然没有任何意义。所以，任何有价值的分类都必然以一个经过限制的、具有某种抽象程度的语言为标准。"求同"即是"舍异"，要把同异比较所不需考量的因素予以排除，使表达相应概念的语词不出现于Γ中。

法律概念旨在从法律角度对个体或事件加以类别化组织，分类是以直接或间接关涉法律权利义务的分配、且一般是在对事物已有的自然分类的基础上做出的。日常概念的分类一经法律程序确认，便被吸纳为一个法律概念，表达此概念的语词于是成为一个法律的专业术语。"如果社会已经发现了某些重要的相似性或差异性，那么这种比较就会体现为一个字汇，而当这个字汇最终被接收时，它就成了一个法律的概念，并且它的含义仍然会不断地演变。"[1] 法律概念具有较高的抽象程度，不具有共同经验事实的两个事件可以归属于同一个法律概念，从而表现出法律评价上的"相同"。显然，如果 F 表达一个法律概念，那么 a、b 相对于 F 的异同就具有了法律上的意义。

在判例类比推理中，法官关于案件的异同比较不是随意做出

---

[1] ［美］艾德华·H. 列维：《法律推理引论》，庄重译，中国政法大学出版社 2002 年版，第 7 页。

的，而必须依据法律做出判断。因此，我们的目标之一就是设定一个包含所要考虑的法律概念的语言，将该语言用作两个案件异同比较的参照标准，用基于该语言的等价关系来判断案件的异同。

这样的语言标准是判断案件异同的良好标准吗？

我们可能要面对的第一个质疑是：判断案件异同的语言标准将导致法律的形式主义，因为它企图把法律问题转化为语言问题。波斯纳曾经说："逻辑就像数学一样，它探讨的是概念间的关系而不是概念与事实的对应关系。而法律制度不能不关心经验真理的问题。"[1] 那么类似地，可能会有人说，法律关心的是现实社会的事实问题、价值问题，而不是语词问题。然而，法律对于现实社会的事实和价值问题的一切认识和判断最终都以、且只能以法律概念的形式并借助于相应的语词加以表达，法律上所有的分类标准及其变化都在法律语言中得到相应的反映。美国的侵权责任法从一般的"产品"概念中逐步区分出"危险品""本质危险的危险品"和"因瑕疵引起的危险品"这一系列概念的过程就是很好的例证。美国19世纪早期的普通法曾经有这样一条原则："销售商所售产品对第三人造成损害的，销售商不承担赔偿责任。"甲卖给乙的割草机，乙的邻居拿去用的时候把自己弄伤了，甲对此不需要承担法律责任。否则，法律加给销售商的责任就过重了。后来经由一系列判例，这一原则受到了限制，法律从一般产品中区分出了危险品，如果销售的是枪支、炸药这样的

---

[1]［美］理查德·A. 波斯纳：《法理学问题》，苏力译，中国政法大学出版社2002年版，第69页。

危险品，就应当对第三人伤害承担责任。再后来，法律又进一步区分了"本性危险"的危险品和"由瑕疵引起危险的产品"。对于后者，只有销售商明知其瑕疵存在时才需要承担责任。[1] 可以说，普通法正是通过不断吸纳法外的新词汇，淘汰过时的旧词汇，来接受一般社会认识和评价对它的影响，从而保持着与社会文化与主流意识大致同步的发展。在法律推理的具体操作中，也常常会出现这样的情形，即根据实际需要将种类的不同视为程度的不同，将两个概念概括到一个上位概念，用一个更宽泛的语词取代两个虽然不同但又不必加以区别的语词。上述分析表明，所谓案件异同的语言标准，实质上是法律语词所表达的法律思想、法律概念的标准。

自然语言固有的语义含混的特性也会导致对语言标准缺乏信赖。如果刑法规定夜间入室盗窃比白天入室盗窃的处罚更为严厉，或者法律规定宗教组织免交地产税，那么，"白天""黑夜""宗教组织"这些法律语词的确切内涵是什么？在多数情况下，与其说这些语词是含混的，不如说是人们试图用这些语词传达的思想本身是含混的、不确定的。原则上说，只要思想是清晰的，总可以借助各种语言手段达到表述的清晰。艾德华·H. 列维曾说，我们看到，法院在创制法律概念的阶段会绞尽脑汁地搜寻一种恰当的书面表达，以防止不当的字汇误导人的思维。

判断案件异同的语言标准不是尽善尽美的，但却是唯一确凿可以依靠的。因为根据列维的看法，事先并不存在据以判定案件

---

[1] 参看［美］艾德华·H·列维：《法律推理引论》，庄重译，中国政法大学出版社2002年版，第20页。

异同的"总括式法则"。同样，我们也不能寄希望于史蒂文·J.伯顿的"天平"，令人纠结的正是那些案件并不明显相同或相异的情况。在这种时候，毕竟谁也拿不出那么一个天平，来称量一下案件的相同点与不同点孰轻孰重。

三、案件与语言的分析

进行判例类比推理，需要从基点案件的判决书中提炼三个方面的内容：

（1）案件的基本事实；
（2）描述案件所用的法律语词；
（3）案件的裁决结论。

就判例类比推理而言，判决书对案件事实的概括通常是充分的。其中既包含用普通语言描述的案件基本事实——实际上发生了什么，也包含用法律专业语言对案件事实的描述——从法律的立场看，这属于什么性质。例如："张三在某时撬开李四家的门偷走了一万元钱"，属于普通语言描述的基本事实。所发生的事用法律语言描述为"盗窃"。一方面，透过描述案件的普通语言把握事实，法官获得了一个认识意义上的案件对象，另一方面，他又会紧紧抓住描述案件的法律语词，通过先前法官使用的语词把握前任对案件性质的理解以及做出裁决的根据，透过前人的视野解读法律。普通语言和法律语言的区分至关重要。在普通语言描述的层面上，任何一个案件都是独一无二的，任何两个案件都不会有重复的经验事实。所谓案件的异同比较，是将案件对象置于法律语言的层面上进行的。

在对案件作异同比较之前，需要对被比较的对象和比较所参照的语言标准予以说明和界定：什么是案件？如何构造所需要的语言？

（一）案件

可以简单地把案件理解为提交到法院的一组事实。案件事实的要素包括：案件的主体对象，即两个或两个以上的当事方；案件的客体对象，通常为物；这些对象具有的法律性质以及对象之间曾经发生的具有法律意义的关系。现代逻辑把事物的性质看作一元关系，即一个对象与其自身的关系。因此，可以很自然地把一个案件看成一个关系结构。关系结构是模型论的一个基本概念，定义为：

定义1. 一个集合及该集合上的一组关系即是一个关系结构。

A 表示一个集合，用 $R_{i(i \in I)}$ 表示集合 A 中的元素之间的一组关系。每个 R_i 或者是 A 上的一元关系（性质）符号、或者是二元关系符号、或者是 n 元关系符号（n 为正整数）。由此得到的关系结构记作 $\langle A, R_{i(i \in I)} \rangle$。

（二）描述案件所用的法律语言

我们以一阶逻辑的形式语言为基础构造一个简单的法律语言。一阶逻辑形式语言的逻辑符号有个体变元、句子联结词、量词和括号。此外还包含若干作为非逻辑符号的谓词符号 $\{R_{i(i \in I)}\}$。由于一阶逻辑语言的逻辑符号是通用的，因此以这种方式得到的语言就记为 $\mathscr{L} = \{R_{i(i \in I)}\}$。

从判决书中提取所有表达法律概念的语词，并将这组语词作为表示性质或关系的谓词符号添加到一阶逻辑语言的基础部分上。例如：在涉及买卖合同的案件中，谓词符号有"……是出卖人""……是买受人""……是标的物""……属于……所有""……交付……与……",等等。

生成句子的语法规则如通常所定义。

在语言$\mathcal{L}$中,使用个体变元给出表达对象的性质或对象之间关系的句子模式,如"x是出卖人""y属于x所有",等等。

在判决书中,法官用语言$\mathcal{L}$描述了案件,反过来看,相应的案件、也即关系结构,就提供了$\mathcal{L}$的一个解释,成为语言$\mathcal{L}$的一个模型。

下面给出两个案例的具体分析。

【案例1】马车商怀特卖给邮局一辆马车,马车夫威廉在一次驾驶这辆马车的途中,马车因为某种潜在的瑕疵突然断裂,将威廉从车上抛出以致终身残疾。马车夫威廉起诉怀特要求赔偿。法院判决不支持威廉的请求。

本案的基本事实涉及的人和物有怀特、该邮局、威廉、该马车;在这些人和物之间发生了一定的联系:怀特卖该马车给该邮局、该马车由于有瑕疵的危险品、该马车造成威廉损害……

该案的基本事实可以看成是如下的一个关系结构,记为 M_1:
$M_1 = \langle A1, \{R_i\}\ i \in I\rangle$。其中

$A_1 = \{$怀特, 该邮局, 威廉, 该马车$\}$

$\{R_i\} = \{R_1 = \{$怀特$\}$; $R_2 = \{$该邮局$\}$; $R_3 = \{$威廉$\}$; $R_4 = \{$该马车$\}$; $R_5 = \{\langle$怀特, 该马车, 该邮局$\rangle\}$; $R_6 = \{\langle$该马车, 威廉$\rangle\}$。在这个案件中,这些简单的集合解释了相应的法律语词。

从判决书提取到的法律语词有：销售商；购买人；产品；第三人；有瑕疵的危险品；……把……售于……；造成……的损害。将这组谓词加在一阶语言的基础部分上得到的语言记为 $\mathcal{L}_0$，则 $\mathcal{L}_0$ = {……是销售商；……是购买人；……是产品；……是第三人；……是有瑕疵的危险品；……把……售于……；造成……的损害}。

M_1 是 $\mathcal{L}_0$ 的一个模型，$\mathcal{L}_0$ 中的每一个 n 元谓词在 M_1 上解释为一个 n 元关系，具体解释为：

……是销售商	……是购买人	……是产品	……是第三人	……把……售于……	……是有瑕疵的危险品	……造成……的损害
R_1 = {怀特}	R_2 = {该邮局}	R_4 = {该马车}	R_3 = {威廉}	R_5 = {〈怀特，该马车，该邮局〉}	R_4 = {该马车}	R_6 = {〈该马车，威廉〉}

基于上述解释，"怀特是销售商"是真句子，而"威廉是销售商"是假句子。"怀特把该马车售与该邮局"为真，而"怀特把该马车售与威廉"为假。

为了方便下面作比较，我们把案例1作为基点案例，再引入一个新的案例作为比较的待决案例。

【案例2】朗梅德先生从杂货店主郝莱迪那里买了一盏灯。这种灯是郝莱迪让别人用他购买的零件组装而成的，并名其为"郝莱迪专利灯"。在朗梅德夫人准备开灯时，灯突然爆炸，溅出的石脑油将她烧伤。朗梅德夫人向郝莱迪提出索赔的要求。法院如何判决？

本案的基本事实涉及的人和物有：郝莱迪、朗梅德先生、朗梅德先生购买的那盏灯、朗梅德夫人；在这些人和物之间发生了一定的联系：郝莱迪卖该灯给朗梅德先生、该灯是有瑕疵的危险品、该灯造成朗梅德夫人损害……

该案的基本事实可以看成是如下的一个关系结构，记为 M_2：
$M_2 = \langle A_2, \{R'_j\}\ j \in J \rangle$。其中

$A_2 = \{$郝莱迪，朗梅德先生，朗梅德夫人，该灯$\}$

$\{R'_j\} = \{R'_1 = \{$郝莱迪$\}$；$R'_2 = \{$朗梅德先生$\}$；$R'_3 = \{$朗梅德夫人$\}$；$R'_4 = \{$该灯$\}$；$R'_5 = \{\langle$郝莱迪，该灯，朗梅德先生$\rangle\}$；$R'_6 = \{\langle$该灯，朗梅德夫人$\rangle\}$

新的案件非常可能涉及一些新的法律概念，这些概念常常由诉讼双方提出。法官必须认真考虑这些新的论点与案件的争点是否相关，如果确实有影响，就需要把新提出的法律概念补充到 $\mathcal{L}_0$ 上去，扩充后的语言记为 $\mathcal{L}$。

现在假定诉讼过程中未能提出新的法律概念，或虽提出却未被法官采纳。此时，M_2 作为 $\mathcal{L}$ 的一个模型，$\mathcal{L}$ 中的每一个 n 元谓词在 M_2 上解释为一个 n 元关系，具体解释为：

……是销售商	……是购买人	……是产品	……是第三人	……把……售于……	……是有瑕疵的危险品	……造成……的损害
$R'_1 = \{$郝莱迪$\}$	$R'_2 = \{$朗梅德先生$\}$	$R'_4 = \{$该灯$\}$	$R'_3 = \{$朗梅德夫人$\}$	$R'_5 = \{\langle$郝莱迪，该灯，朗梅德先生$\rangle\}$	$R'_4 = \{$该灯$\}$	$R'_6 = \{\langle$该灯，朗梅德夫人$\rangle\}$

四、判断两个案件是否相同并推出判决结论

下面基于模型之间的同构关系来判定两个案件相对于给定的语言$\mathcal{L}$是否相同。

定义2(模型的同构)$\mathcal{L}$是(不含个体常元和函数词的)一阶语言,$M_1 = \langle A_1, \{R_i\}\ i \in I \rangle$、$M_2 = \langle A_2, \{R'_j\}\ j \in J \rangle$是$\mathcal{L}$的两个模型。如果存在一个$A_1$到$A_2$的一一映射f,使得对任意$\mathcal{L}$的n元谓词R、对任意$a_1, a_2, \cdots a_n \in A_1$,$R_i(a_1, a_2, \cdots a_n)$成立,当且仅当$R'_j(f(a_1), f(a_2), \cdots f(a_n))$成立。($R_i$和$R'_j$分别是R在模型$M_1$和$M_2$中的解释)

根据上述定义,$\mathcal{L}$中的任一句子模式在这两个模型上的对应解释或者都为真,或者都为假。

现在考虑上述案件1和案件2相对于给出的语言$\mathcal{L}$的异同。通过反复执行以下两个程序来判断案件1与案件2是否相同:

(1)(检查M_2是否保持M_1的全部信息)是否存在映射f:$A_1 \rightarrow A_2$,使得对于$\mathcal{L}$的任意n元谓词R及任意A_1中的元素$a_1, a_2, \cdots a_n$,如果$R_i(a_1, a_2, \cdots a_n)$在$M_1$上为真,那么$R'_j(f(a_1), f(a_2), \cdots f(a_n))$在$M_2$上为真。

(2)(检查M_1是否保持M_2的全部信息)f是不是A_1到A_2的一一映射,且是否有:如果$R'_j(f(a_1), f(a_2), \cdots f(a_n))$在$M_2$上为真,那么$R_i(a_1, a_2, \cdots a_n)$在$M_1$上为真。($R_i$和$R'_j$分别是R在模型$M_1$和$M_2$中的解释)

现在定义f是A_1到A_2映射:f(怀特)=郝莱迪,f(该邮局)=朗梅德先生,f(该马车)=该灯,f(威廉)=朗梅德夫人,则条件(1)和(2)均成立,因此,案件1和案件2相对

于语言$\mathcal{L}$是相同的。

这是一个简化了的例子，实际的判例类比推理会复杂得多。任何一个判例的援引都要经受彼此对抗的辩论的考验。法官听取并充分考虑诉讼双方提出的论点，判断这些论点是否实质相关，如果具有实质相关性，则将表达此论点的法律概念纳入语言$\mathcal{L}$。所谓"反复"执行上面两个程序，就是想说明这是一个比过来、比过去的反复比较的过程，这个过程伴随着对案件事实的不断的修剪或补充，如果最终的状态能同时满足（1）和（2），那么M_1和M_2就是同构模型，两个案件就是相同的。

如何由案件事实相同推出同样的判决结论？判例类比推理思维的基本特征是，对特定案件的判断具有原则上的一致性，而这个一致性的法律原则是在不断参考特例的过程中形成的。法官概括了案件事实，并规定了由这些事实所引起的法律后果，这相当于确立了一个一般性的法律原则："当有 X 情况时，则应当……"根据同构模型的基本性质，如果M_1和M_2是$\mathcal{L}$的两个模型且M_1和M_2是同构的，则对于任意$\mathcal{L}$的句子模式φ来说，M_1使φ为真当且仅当M_2使φ为真。这意味着，就$\mathcal{L}$的语言表达力而言，它无法说出M_1和M_2有任何区别。在对案件 1 与案件 2 进行类比时，表达事实情况的 X 属于语言$\mathcal{L}$，因此，X 在M_1上成立，当且仅当 X 在M_2上成立。由于 X 所属的$\mathcal{L}$是一个法律语言，这意味着，从法律角度看，两个案件的事实（法律意义上的事实即法律性质）是相同的，一般性的法律原则"当有 X 情况时，则应当……"所要求的条件 X 在案件 2 中同样被满足，因此在案件 2 中引起相同的法律后果。对上述例子来说，在案件 1 中法院判决不支持威廉的请求，那么，在案件 2 中，法院也应当判决不支持

第六章 类推论证与判例类比论证

朗梅德夫人的请求。

同构是一种等价关系,同构的模型组成一个等价类。基于同构模型的等价类,与模型相对的案件组成了一个法律上的等价类,这个类里的所有案件适用相同的法律原则。这是一个理想化了的逻辑模型,事实上,法律总是不断变化的,当沿着从案件 1 到案件 2 再到案件 n 的路线不断前进的时候,原先的法律原则在新的案例中不断经受检验,在反复适用中得到巩固、修正,也许最终被淘汰。但是,每当法官对一个案件做出判决时,法律原则便会以确定的方式发挥作用。

判例类比推理作为法律领域的重要的推理方法,其正当性标准是多元的。本书所探讨的是其逻辑的正当性。对任何一个实际的判例类比推理来说,还必须满足程序的正当性,即要从程序上保证所有指向相反结论的理由都已被刻意强调过、被充分考虑过。当然,最为重要的是法官对于案件诸事实因素的相关性的判断以及每个法律语词内涵的确定,这属于判例类比推理的实质正当性。

第七章 反向论证

反向论证也称"反面推论",是法律论证中的一种重要形式。反面推论与类比推论并列为法律论证的典型方法,又被称为"反向推理""反对解释"等。[1]法律方法论的文献对此多有论述。法律方法论的核心问题是为待决案件寻找可资适用的法律规则。可资适用的法律规则并非总是以正面推论的方式直接用于案件裁判,如果案件事实仅仅是相似于法律规则的事实类型,就可能需要进行类比推论。如果制定法对待决案件所属的事实类型未作规定,但对于相反的事实情况有明确规定,则可能需要依据规则进行反面推论。比如,法律规定了"如果某个事实是 M,则该事实引起法律后果 P",法官确认案件事实不是 M(是非 M)且该案件属于法律调整的范围,但是制定法没有规定对不是 M 的情况应当如何处理,法官就可能运用反面推论据此得出"如果某个事实不是 M,则该事实引起法律后果非 P"。如梁慧星先生所

---

〔1〕 梁慧星先生在《裁判的方法》中称之为"反对解释",郑永流教授在《法律方法阶梯》一书中称为"反向推论",舒国滢教授在《法律论证理论——作为法律证立理论的理性论辩理论》中将其译为"反面论述",雷磊在《法律逻辑》中译为"反向论证"或"反向推理"。

说："各地法院在一些案件的审理中，总是自觉不自觉地运用反对解释方法。"[1] 由于反面推论发生于法无规定的情形中，一些学者如卡尔·恩吉施、[2]郑永流教授明确地将其作为法律漏洞填补或法律续造的推论方法。

关于反向论证存在着很多似是而非的论述。反向论证究竟属于法律解释还是法律推论？[3]如果属于推论，这一推论过程在逻辑上是有效的吗？克鲁格在《法律逻辑》中将反面推论解释为逻辑有效的推论形式，这种观点影响了一批学者，在一定程度上造成了关于反面推论认识的混乱。本章通过对反面推论的前提、模式、原理等问题重新加以阐释，说明反面推论不是逻辑有效的推论形式，而是基于法律默认的一种可废止性推论。

一方面，反向论证在实践和理论中得到了普遍认可；另一方面，关于反向论证的很多论述却令人感觉似是而非、难以自洽，甚至于论者本人也存犹疑。在《裁判的方法》中，梁慧星先生认为反对解释的逻辑是：若 M→P，则非 M→非 P。他对此作了一个很长的脚注，说有人从形式逻辑的角度对此提出了质疑，但是他所谈反对解释均是参考了其他学者的论述，如学者杨仁寿的《法学方法论》，"我认为，法学方法论虽从形式逻辑借鉴而来，但其运用又与逻辑学有所不同，应不奇怪。"[4]相同的脚注也出现在《民法解释学》谈及反对解释的地方。[5]由此推测梁先生

---

[1] 梁慧星：《裁判的方法》，法律出版社 2003 年版，第 169 页。
[2] [德] 卡尔·恩吉施：《法律思维导论》，郑永流译，法律出版社 2004 年版，第 183 页。
[3] 为了和学界表达一致，以下使用"反面推论"一词。
[4] 梁慧星：《裁判的方法》，法律出版社 2003 年版，第 170 页。
[5] 梁慧星：《民法解释学》，中国政法大学出版社 2000 年版，第 272 页。

在这个问题上是存有疑惑的,且在两书出版相隔的几年中,始终未解除这个疑惑。再以郑永流教授的教材《法律方法阶梯》为例:"法律条文多以命题形式存在,从结构上可为'事实构成 M+法律结果 P',这是一个如果-那么的假言命题,即有 M 则有 P 或'M→P'。……进行反向推论,所得命题当然应是原命题的否命题,即'非 M→非 P',这是反向推论的逻辑结构,也是反向推论的规则。"[1]在接下来的"反向推论的适用条件"部分,作者却又指出:"对某一法律规范可否作反向推论,应视事实构成与法律结果间之逻辑关系加以决定":当 M 为 P 的充分条件时,不能进行反向推论。这与前面关于法律条文之结构为如果-那么的假言命题、进行反向推论可从原命题"M→P"得出"非 M→非 P"的说法是不一致的。而且,若反向推论以法律条文为前提,则不应认为制定法于此存在漏洞。因为依常理而言,制定法的漏洞只能用制定法以外的材料如自然法、习惯法等加以填补。

反向论证的相关理论可追溯至德国法学。鉴于相关理论所产生的持续而广泛的影响,有必要对反向论证的概念、模式、原理等问题重新加以阐释,以形成对相关法律思维及方法的正确认识。

第一节　反向论证的逻辑

制定法是借助于语句表达的,准确理解法律条文的逻辑结构

---

[1] 郑永流:《法律方法阶梯》,北京大学出版社 2008 年版,第 213 页。

是正确理解法律的前提。依据通说，陈述行为规则或裁判规则的法律条文由事实构成（用 M 表示）和法律结果（用 P 表示）两部分组成，前者与后者之间具有蕴涵关系，记为：M →P。正是这种形式的命题充当了反向论证的前提。为了澄清反向论证，有必要先对作为其前提的法律条文进行分析：法律条文的一般形式是假言命题吗？

逻辑上的假言命题是对自然语言中诸如"如果 A 则 B""只要 A 就 B"一类语句的逻辑抽象，其形式为 A →B，A 和 B 分别称为假言命题的前件和后件。按照弗雷格在现代逻辑的奠基之作《概念文字》中的表述，只有当"A 和 B 意谓可判断的内容"且都有真值时，它们才有资格充当假言命题的前件和后件。假言命题的真值则由其前后件的真值确定。在《思想结构》一文中，弗雷格强调说，并不是每一个具有"如果 A 则 B"形式的句子都表达一个假言命题。若 A 或 B 不是表达完整思想的独立的句子，则"如果 A 则 B"就没有表达一个假言命题，而是属于另一种结构。关于"另一种结构"的情形他举了这样一个例子："如果某人是凶手，那么他是罪犯"。这个句子的两个分句"某人是凶手"和"他是罪犯"分别包含着非特定指称的指示词："某人""他"，因此这两个分句都不能独立表达一个完整的思想。一旦脱离了整个句子，就无法判断"某人是凶手"和"他是罪犯"确切表达了什么意思，也无从判断它们是真的还是假的。尽管如此，整个句子"如果某人是凶手，那么他是罪犯"表达了一个完整的思想，这依赖于"某人"与"他"在整个句子中具有的相互参照关系，以及"如果…那么…"所起的联结作用。在一个假言命题"如果 A 则 B"中，总共出现了三个命题："A"

"B""如果 A 则 B"。而如果是"另一种结构",就只有"如果 A 则 B"这一个命题。弗雷格阐述假言命题时所举的例子如"如果月亮位于方照,那么月亮呈半圆形""如果 2 大于 3,那么 4 是一个素数"等,均不出现相互参照的非特定指示词。他指出,自然语言句子表层语法结构背后还有其深层语法结构,这种深层语法结构就是句子的逻辑形式或逻辑结构。具有相同表层形式的句子并不一定对应同一种逻辑结构,例如"苏格拉底是哲学家"与"伦理学家是哲学家"都是系词结构的主谓句,但两者的逻辑形式却截然不同。对于具有"如果 A 则 B"形式的句子来说,区别两种不同的逻辑结构是至关重要的。[1]

与假言命题相对的"另一种结构"是什么?如何从形式上表示具有相互参照关系的指示词?这就涉及弗雷格在《概念文字》中讲到的"普遍性",即现代逻辑中的量词公式。用字母 x 代表不确定的指示词"某人",同样用 x 替代"他"在句子中的出现,以表示两者总指示同一个对象,整个句子的形式可表示为:∀x(如果 x 是凶手,那么 x 是罪犯),其中∀是全称量词符号,∀x 读作"任一 x"。

弗雷格从逻辑上区分的普遍性命题和假言命题,分别对应着法律中的一般规范命题和法律适用语境下指向特定对象的具体命题。弗雷格强调对"如果 A 则 B"这类句子的两种不同逻辑结构加以区分具有重要意义,同样,区分一般性的法律规范命题与适用情境下的具体规范命题也具有十分重要的意义。哈特曾说:法

---

〔1〕 〔德〕弗雷格:《弗雷格哲学论著选辑》,王路译,商务印书馆 1994 年版,第 172 页。

律的标准方式是一种普遍性的行为指示:"这种普遍性并不会指出特定人,也不会只对特定人发出,更不会指出特定的行为。"[1]恩吉施则指出:"一个条件式的法律命令由前句和后句组成,因而,'事实构成'和'法律结果'作为法律规范的要素,不允许与具体的生活的事实构成和具体的法律结果(当它依法律规范作出时)相混淆。"[2]法律条文作为一般性的规定,其逻辑形式必然是携带变元的,因而并不是一个假言命题。只有当法律规则适用于某个具体情况,特定的主体、客体等对象的名称被带入到变元的位置上时,句子表达才会具有假言命题形式,例如"如果张三是凶手,那么张三是罪犯"。

如果混淆了法律命题的两种不同形式和思维层次,将法律条文视为假言命题,就会掩盖一些重要的问题。例如,只有将一个法律规则的逻辑形式表示为$\forall x(M(x) \rightarrow P(x))$,我们才可能提出这样的问题:变元 x 的论域是什么?换言之,这个法律规则所适用的对象范围是什么?用来约束变元 x 的一定是全称量词吗?如果使用全称量词,法律规则的例外情形又当如何表示?这些都是法律逻辑中至关重要的问题。以量词为例,20 世纪 70 年代兴起的概称句逻辑就提供了另一种处理手段。根据概称句逻辑,省略量词的句子可能是一个全称句,如"偶数是能被 2 整除的",也可能是一个概称句,如"鸟会飞"。"鸟会飞"并不是说所有的鸟都会飞,而是说一般的鸟或典型的鸟会飞。概称句及其

---

[1] [英]哈特:《法律的概念》,许家馨、李冠宜译,法律出版社 2011 年版,第 20 页。
[2] [德]卡尔·恩吉施:《法律思维导论》,郑永流译,法律出版社 2004 年版,第 34 页。

推理适于用内涵逻辑的方法加以研究。法律条文中有一些是全称句，还有大量的属于概称句，需要用概称句逻辑来表达、处理其中的推论。基于这个考虑，以下将全称量词∀x改写为（x），(x)(M(x)→P(x))可以解释为全称命题或者概称命题。

第二节 反向论证的图式

以下将标准法律条文的逻辑形式表示为 (x)(M(x)→P(x))。为简便起见，下面只分析该公式量词辖域中的部分：M(x)→P(x)，并且不严格地称 M(x) 是 P(x) 的充分条件。公式¬M(x)→¬P(x) 读作"如果 x 不是 M，则 x 不是 P"，或者"仅当 x 是 M，x 才是 P"，同样不严格地称公式¬M(x)→¬P(x) 表示 M(x) 是 P(x) 的必要条件。大致可以认为梁慧星先生和郑永流教授所描述的反向论证图式为：从法律规定的 M(x)→P(x) 推出¬M(x)→¬P(x)。但是，公式 M(x)→P(x) 在逻辑上并不蕴涵¬M(x)→¬P(x)，从"A 是 B 的充分条件"推不出"A 是 B 的必要条件"。尽管两人都举了一些支持反面推论的例子，但正如他们所意识到的，实践中也存在大量不支持反面推论的例子。可以说，上面的图式在逻辑上不正确，在法律实践中亦非普遍有效。那么，反向论证何以被广为接受？这很可能是由于受到了某种看似自圆其说的理论的影响。

克卢格在《法律逻辑》一书中对反向论证做了比较细致的论述。鉴于此书在法律逻辑领域产生的深远影响，本文将主要针对克卢格的图式加以分析。克卢格观察到法律实践中有很多反向论证的典型例子，而从法哲学角度看，凯尔森的"消极规范"

理论恰好为实践中这一通行的做法提供了理论依据。因此,他将反向论证列为法律逻辑的一种特殊论证形式。"在法律学科中,通过反向论证进行的推理大多数时候都是依照如下图式来进行的:

前提:如果某个事实满足了制定法前提 V_1,V_2,V_m,那么它就会引发法律后果 R_1,R_2,R_n。

结论:如果某个事实未满足制定法前提 V_1,V_2,V_m,那么它就不会引发法律后果 R_1,R_2,R_n。"[1]

为了统一表述,将上述图式改写为:

图式1 前提:如果某个事实满足了制定法前提 M,那么它就会引发法律后果 P。

结论:如果某个事实未满足制定法前提 M,那么它就不会引发法律后果 P。

尽管从经验和法理两方面看,克卢格都对反向论证抱有相当的信心,但由于他的图式与梁慧星先生、郑永流教授描述的图式一样,均属于逻辑无效的假言推理否定前件式,因此他必须设法回应来自逻辑学的质疑。正是在克卢格试图对反向论证做出逻辑证明的过程中,反向论证突然偏离了原来的方向,变得面目全非。在用直言命题逻辑做了一番不成功的"证明"后,克卢格转而求助于谓词逻辑。"一旦用希尔伯特-阿克曼的一阶谓词演算公式来翻译其前提,就马上可以说明,它并没有得到清晰的表述。"[2]他认为,从作为前提的法律条文本身无法看出其中发生的是充分条

---

[1] [德]乌尔里希·克卢格:《法律逻辑》,雷磊译,法律出版社2016年版,第186页。

[2] [德]乌尔里希·克卢格:《法律逻辑》,雷磊译,法律出版社2016年版,第190页。

件、必要条件还是充要条件关系，而这恰恰决定着是否允许作反向论证。克卢格接着分别就这三种情形讨论了反向论证，其结果可以视为主图式2之下的三个子图式（其中"…←…"读作"只有……才……"，"…↔…"读作"……当且仅当……"，"…∧…"读作"……且……"）：

图式 2-1　前提：(x)(M(x)→P(x))
此时不能作反面推论。

图式 2-2　前提：(x)(M(x)←P(x))（此公式等值于(x)(¬M(x)→¬P(x))）
结论：(x)(¬M(x)→¬P(x))

图式 2-3　前提：(x)(M(x)↔P(x))（此公式等值于(x)(M(x)→P(x)∧¬M(x)→¬P(x))
结论：(x)(¬M(x)→¬P(x))

以上三个图式统称为图式2。在图式2-3中，前提所包含的断定充分条件的部分M(x)→P(x)是不起作用的，推论仅依赖于其中断定必要条件的¬M(x)→¬P(x)，因此图式2-3实际上是图式2-2的一个特例，因此，不必再将图式2.3单列为一种情形。这三个子图式可以概括为：反向论证是从"A是B的必要条件"推出"A是B的必要条件"的有效推理。图式2说明的是在前提各种可能的解释之间如何选择，而图式1反映的是从前提到结论的过渡，是一个推论过程，图式2与图式1定义的反向论证是不同的。为了区别于图式1，以下将三个子图式所定义的推论称为"基于必要条件的反面推论"。

在具体运用时，图式2-2的前提与结论的表述方式当有所不同，因而表面上看不会是简单的同语反复。克卢格解释说，图式

2-2 说的是:"'如果对于所有 x 而言,只有当 x 是一个满足前提 M 的事实时,x 才是一个引发法律后果 P 的事实,那么,对于所有的 x 而言,只要当 x 是一个不满足前提 M 的事实,x 就是一个不引发法律后果 P 的事实。'或者简言之,'如果只有当前提 M 被满足时法律后果 P 才会发生,那么,只要前提 M 不被满足法律后果 P 就不会发生。'"[1]对任何一种自然语言来说,这个解释都不具有太大的实际意义,因为陈述必要条件关系的法律条文不一定采纳包括"只有…才…"在内的某一种表述形式,例如"法律没有明文规定为犯罪行为的,不得定罪处罚"、"未经人民法院依法判决,对任何人不得确定有罪"都是陈述必要条件关系的法律条文。由于"只有 A 才 B"与"如果非 A 则非 B"逻辑等值且可以表示为相同的逻辑形式,图式 2-2 只不过是在简单地重复前提的内容,构不成一个有意义的推论,更算不上是作为法律论证重要形式的反向论证。"所谓反对解释,是将一个法律条文反过来运用的法律漏洞补充方法"。[2]"反向推论是对法条反面意思的阐述"。[3]图式 2-2 显然并不具有一般所理解的反向论证的特征。如果真要从前提 (x)(¬ M (x)→¬ P (x))出发进行反向论证,通过否定前件来否定后件,所得结论应为:(x)(¬ M (x)→¬ P (x)),即 (x)(M (x)→P (x))。例如从"法律没有明文规定为犯罪行为的,不得定罪处罚"推出"法律明文规定为犯罪行为的,得定罪处罚"。又如,法律规定"只有

---

〔1〕 〔德〕乌尔里希·克卢格:《法律逻辑》,雷磊译,法律出版社 2016 年版,第 192 页。
〔2〕 梁慧星:《裁判的方法》,法律出版社 2003 年版,第 168 页。
〔3〕 郑永流:《法律方法阶梯》,北京大学出版社 2008 年版,第 214 页。

主管机关依法查阅船舶文书时船长才应将文书送检",做反向论证得出的结论为"只要主管机关依法查阅船舶文书,船长即应将文书送检"。

以上分析表明"基于必要条件的反面推论"是不能成立的。然而,也许有人会提出这样的质疑:反面推论之"反面"难道不可以理解为针对命题"只有 A 才 B"中的"A"和"B"所作的否定吗?从"只有 A 才 B"推出"如果¬A 则¬B"这一过程至少形式上符合"对法条反面意思的阐述"。这个提问要求我们重新审视将要做出何种选择:法律里的反面推论,究竟是图式 1 所定义的基于充分条件的推论、还是图式 2 所定义的基于必要条件的推论?下面从四个方面进一步论证"基于必要条件的反面推论"是不成立的,法律里的反向论证实际上是图式 1 所定义的基于充分条件的推论。

第一,"基于必要条件的反面推论"与推论的实际操作不符。检视反向论证的实例,就会发现其前提很难理解为陈述必要条件关系的命题。例如"依法禁止出版、传播的作品,不受《著作权法》的保护"、"……违禁品和供犯罪所用的本人财物,应当予以没收"、"故意或重大过失之责任,不得预先免除",均应理解为"如果……则……"的关系、而非"只有……才……"的关系。

第二,"基于必要条件的反面推论"与对法条的一般认识不符。图式 2 之所以区分三种情况,克卢格给出的理由是"法条没有得到清晰的表述",从法条本身看不出是充分条件、必要条件还是充要条件关系。事实上,学界关于法条结构是有共识的,即认为法条陈述的是充分条件关系。恩吉施在论法律规范的结构时说:法律规范是一个条件式的关系,依据这种关系,"事实满足了法律规范的抽象事实构成,将变成判断法律结果的现实性的充分理由"。[1]拉伦茨指出,法条"是一种假言语句,此意指:只要具体案件事实 S 实现构成要件 T,对于该案件事实即应适用法效果 R,简言之,每个 T 的事例都适用 R。"[2]这些说法并未否认陈述必要条件或充要条件的法条的存在,而是说,绝大多数法条都是充分条件关系的,并且少数必要条件或充要条件的法条也能统一到充分条件关系的一般形式之下。例如,"法律没有明文规定为犯罪行为的,不得定罪处罚"相当于"如果法律没有明文规定为犯罪行为,则不得定罪处罚","只有主管机关依法查阅船舶文书时船长才应将文书送检"相当于"如果主管机关不依法查阅船舶文书,则船长不应将文书送检"。充要条件则相当于同时肯定了两个充分条件关系。

第三,"基于必要条件的反面推论"与关于反向论证的其他理论不一致。阿图尔·考夫曼、乌尔弗里德·诺依曼等很多学者认为反向论证是对类推论证的排除。"类比与反向论证之逻辑关系的问题对于法律逻辑而言意义重大,因为大量关于制定法适用的法律争议都被尖锐化为这样一个二选一的问题,即在相关情形中是应该进行类比推理还是进行反向推理。"[3]在面对法律对其未做出明确规定的案件事实时,既可能运用类比推论得出肯定的结果,也可能运用反面推论得出否定的结果。仍以古罗马《十二

---

[1] [德] 卡尔·恩吉施:《法律思维导论》,郑永流译,法律出版社 2004 年版,第 41 页。
[2] [德] 卡尔·恩吉施:《法律思维导论》,郑永流译,法律出版社 2004 年版,第 137 页。
[3] [德] 乌尔里希·克卢格:《法律逻辑》,雷磊译,法律出版社 2016 年版,第 194 页。

铜表法》的"四足动物的所有者对动物因其野性造成的损害负有责任"为例：这条规定是否适用于鸵鸟？如果运用类比推论，就有："四足动物因其野性所致损害应由其所有权人承担损害赔偿责任。鸵鸟与四足动物具有类似的危险性和侵害性。所以鸵鸟所致损害应由其所有权人负损害赔偿责任。"如果运用反面推论，则有："四足动物因其野性所致损害应由其所有权人承担损害赔偿责任。鸵鸟不是四足动物。所以鸵鸟所致损害不应由其所有权人负损害赔偿责任。"这意味着，当人们考虑应该选择作类比推论还是作反向推论时，他所面对的是同一个法律前提。根据对类比推论的理解，作为其前提的命题并不是必要条件、而是充分条件关系的命题。[1]这同时也意味着，不论是类比推论还是反面推论，都不是逻辑有效的，否则相对的另一种推论就是不可能的。而基于必要条件的反面推论是逻辑有效的，因此，必要条件的反面推论不是对于反向论证的正确解释。

第四，图式2本身是悖谬的。任何一个必要条件关系都等价于一个充分条件关系。一个依图式2.2进行的反面推论，若将其前提"只有A才B"转换为"如果非A则非B"，其形式又符合了图式2.1，但是根据图式2.1，对此命题不能进行反面推论。这意味着对于同一个命题，既可以、又不可以进行反面推论。

在《法与实践理性》一书中，颜厥安列出了反面推论的两种形式。第一种是"一般而言"的逻辑形式：

---

[1] 从前提 (x)(M(x)→P(x))出发作反面推论包括两种情形，一种是依矛盾关系的反面推论，得出的结论是：对于任一x，如果x是非M（即x不是M），则x是非P。另一种是依反对关系的反面推论，得出的结论是：对于任一x，如果x是N（N与M是反对关系），则x是非P。依反对关系的反面推论会与类比推论形成竞争关系。

(1)（x）（Fx →OGx）

(2)（x）（¬ Fx →¬ OGx）

但由于从（1）推出（2）在逻辑上是一个错误的推论，又有法逻辑学家将反面推论表示为另一种"正确的"逻辑形式：

(1)（x）（ OGx →Fx）

(2)（x）（¬ Fx →¬ OGx）

实际上这正是克卢格所主张的基于必要条件的反面推论。颜厥安认为，要在法律适用中找到逻辑上正确的反面推论似乎不太容易，也就是说，后面这种形式尽管在逻辑上是正确的，但并不符合法律适用实践中真正运用的反面推论。

就其本身而言，"基于必要条件的反面推论"所描述的推论过程无论在逻辑上还是在法律上都是不存在任何问题的——如果法律陈述了"只有某个事实满足了 M，才会引发法律后果 P"，当然可以据此推断说："如果某个事实未满足 M，那么它就不会引发法律后果 P。"但是，这个过程并不是反向论证。"基于必要条件的反面推论"太过平庸，不能为从事反向论证的法官提供任何所需的帮助。图式 1 才是对反向论证的正确描述。克卢格本人有着很好的逻辑素养，但是，当他把法律中的反向论证阐释为一种演绎有效的推论形式时，就未免在偏离的方向上走得太远了。[1]

---

[1] 罗伯特·阿列克西受克卢格影响，也认为反面推论是逻辑上有效的推论。不过他又说："假如特殊的法律论述形式仅仅不过是把普遍有效逻辑推论形式应用于法律论证过程的话，那么它们几乎不会成为这么多人讨论的对象。但事实上并非如此，而这正是为什么它们令人感兴趣。"参见［德］罗伯特·阿列克西：《法律论证理论》，舒国滢译，中国法制出版社 2002 年版，第 345 页。

第三节　反向论证的法律原理

从规则 r 出发进行类比推论或反面推论所得出的结论都与 r 相容，但也都不为 r 所逻辑蕴涵。类比推论除了依据规则 r，还要求案件事实与规则的事实构成（上例中的"鸵鸟"和"四足动物"）在法律相关方面具有足够的相似性。既然反向论证的理据不在于逻辑的演绎有效性，那么，支撑反向论证的依据、道理究竟是什么？郑永流教授认为其依据的原则是"相同的情况相同对待，不同的情况不同处理"。这句话的前一半是关于正面推论和类比推论的，后一半则是关于反向论证的，简称"区别原则"。"区别原则"是否意指不同的情况必定不会引起同样的法律结果？显然不是。正如恩吉施所言："每一个外行都知道，人们可能出于许多原因而合法或不法。"[1] 法律中存在很多同样结果可由多种事实引起的情况。一个买卖合同可以因违背善良风俗而无效，也可以因违反法律规定而无效，还可以因恶意欺诈而无效。依据刑法的规定，人们可能由于各种不同的犯罪行为而被判处相同的刑罚。所谓"不同的情况不同处理"或许只是想强调，相对于法律条文 r 规定的"如果某个事实满足 M，那么它引发法律后果 P"，对任一不同于 M 的事实 c 均不能援引 r 进而得出 P(c) 的结论，换言之，r 不适用于 c。但这不意味着这一事实所引起的法律结果一定不是 P。在关于反向论证的各种论述中，我

---

[1]〔德〕卡尔·恩吉施：《法律思维导论》，郑永流译，法律出版社 2004 年版，第 39 页。

第七章　反向论证

们几乎都能发现隐含在"区别原则"中的一个逻辑的跳跃，即，从"不能肯定 P（c）"一下跳到了"能肯定¬P（c）"，也可以说，从"规则 r 不适用于 c"一下跳到了"规则 r 的法律结果 P 不适于 c"。为了破解反向论证的理论困局，必须对"跳跃"造成的逻辑断裂加以修补。

由于意识到反向论证不总是行之有效的，学者一般会特别提出一些适用条件以限制反向论证的运用。修补上述逻辑断裂的工作不妨从学者针对反向论证所提出的适用条件切入，看看这些适用条件提供了哪些保障。梁慧星先生认为："可以作反对解释的法律条文，其适用范围必须是封闭的。……这有两种情形，一种是法律条文采取定义的方式，明确规定了构成要件。……另一种情形是法律条文采取了完全列举的方法。"[1] 对概念 P 下定义一般采取条件句形式："如果满足条件 M，则是 P"。根据对 M 与 P 外延相称的定义规则要求，这个条件句还有一层言外之意："如果不满足条件 M，则不是 P"，因此定义属于充要条件关系。所谓采取完全列举的方法，如"如果是 M_1 或 M_2 或 M_3，则是 P"，作为一个完全列举，它也有一层言外之意，即："如果不满足条件 M_1 或 M_2 或 M_3，则不是 P"。因此完全列举也属于充要条件关系。克卢格通过三个子图式说明了反向论证的适用条件是必要条件关系（充要条件包含必要条件），然后又补充说："在德国理论中尤其存在这样的建议：例外条款要进行反向推理。"[2]

---

[1] 梁慧星：《裁判的方法》，法律出版社 2003 年版，第 170 页。
[2] ［德］乌尔里希·克卢格：《法律逻辑》，雷磊译，法律出版社 2016 年版，第 193 页。

针对克卢格的必要条件关系的适用条件，霍尔维茨进一步解释说："当一个法律条文采取了否定的形式，或者是作为主规则之例外的辅助性规则，又或者是包含'仅当'这类表达，则可认定该法律条文陈述了必要条件关系"，[1]从这个法律条文出发就可以有效地进行反向论证。

可以看出，在反向论证的适用条件中反复出现的关键词除了前面讨论过的"必要条件关系"外，还有"完全列举""例外"。尚不十分清楚的是，"列举"是在什么范围内进行的？"完全"是相对于什么标准的"完全"？"例外"又是相对于什么而言？下面结合反向论证的两个例子具体展开分析。

【例1】《著作权法》第5条规定："本法不适用于（一）法律、法规，……及其官方正式译本。（二）时事新闻。（三）历法、通用数表、通用表格和公式。"做反面推论得出：不属于本条款所列范围的，适用《著作权法》。

【例2】《刑法》第49条第1款规定："犯罪的时候不满十八周岁的人和审判的时候怀孕的妇女，不适用死刑。"做反面推论得出：犯罪时已满十八周岁且非审判时怀孕妇女的人，适用死刑（可以依法判处死刑）。

法律条文的事实构成部分都可以视为对情况或对象的列举，有些条文列举多项，有些条文仅列举一项。将这些法律条文的逻

---

〔1〕 ［Israel］Joseph Horovitz: Law and Logic: A Critical Account of Legal Argument, Springer-Verlag Wien New York, 1972, pp. 44~45.

辑形式表示为 (x)(M(x)→P(x)),列举所相对的范围即是变元 x 的论域,记为 X。相对于前提所给的列举,反向论证的结论将覆盖 X 中的全部剩余对象或某些剩余对象。有些条文从本身的表述即可发现它所相对的范围,如例 2 是相对于一般犯罪人而言的。有些条文则必须结合上下文才能找出它所相对的范围,如例 1,根据《著作权法》第 2、3 条可知,它的相对范围是中国人和符合条件的外国人创作的文学、艺术、自然科学、社会科学、工程技术等作品。

一旦找到一个法律规则 r 所相对的范围 X,就可以进一步考虑对于 X 中的一般对象而言法律是否默认了与 r 的规定相反的法律结果。法律的一般性默认是指对于一定范围内的对象在一般情况下默认某种法律结果。如果一个法律条文 (x)(M(x)→P(x)) 是一般性默认的例外,则相当于说,法律默认对其论域 X 中的一般对象 x,有 ¬P(x)。对于例 1 来说,法律默认中国人和符合条件的外国人创作的文学、艺术、自然科学、社会科学、工程技术等作品适用《著作权法》,作品适用《著作权法》是常态,不适用《著作权法》是非常态,在此意义上说,《著作权法》第 5 条就是一个例外。对例 2 来说,法律默认一般的犯罪人是可以适用死刑的(可以依法判处死刑)。犯罪人适用死刑是常态,不适用死刑是非常态,在此意义上说,《刑法》第 49 条就是一个例外。法律予以默认的这些情况是如此自明且不存争议,制定法不会、也无须将其明确地表达出来。在进行反向论证时,它们作为背景信息发挥作用、参与推论,正是由于这个原因,反向论证又被称为"诉诸沉默的论证"。

为了保证反向论证结论的正确性,还要求作为前提的法律条文对情况或对象的列举是完全的、穷尽的。如果法条的事实构成部分使用了"等""其他"这类未尽性表述，则由法条本身即可看出列举实质上是不完全的。但一般情况下，要判断列举是否完全、穷尽，则必须参照其他法律条文所做的规定。由于《刑法》第 49 条第 2 款又规定："审判的时候已满七十五周岁的人，不适用死刑，但以特别残忍手段致人死亡的除外"，可知《刑法》第 49 条第 1 款关于死刑适用对象的排除是不完全的，因此，运用反向论证得出"如果是犯罪时已满十八周岁且非审判时怀孕妇女的人，则适用死刑"是不正确的。

不论是确认法律条文中变元解释的相对范围，还是确认其是否属一般性法律默认的例外，还是判断其是否作了完全列举，都不能只看单个法律条文本身，还需要参照其他条文乃至法律整体。从其适用条件涉及问题的广度看，反向论证显然属于霍尔维茨所说的"相对适用"的推论。霍尔维茨区分了法律规则的绝对适用和相对适用：只依赖于规则 r 本身、无须参考其他法律规定的适用为"绝对适用"。除了规则 r 本身、还要参考其他法律规定的适用为"相对适用"。他认为，直接运用规则 r 进行正面推论以及基于规则 r 作类比推论，都是无条件的、绝对的，规则 r 本身就为其适用或类比适用提供了充分的理由。与之不同，基于规则 r 作反向论证则是有条件的、相对的。如果法律明确规定了规则 r："对于事实 M 应当 P"，而我们面对的是不同于 M 的事实情况 N，那么究竟该得出"对于 N 应当¬P"抑或"对于 N 应当 P"的结论，霍尔维茨认为："即使无法通过类比涵摄于给定的规则 r 之下，所假设的规则 r′（指"对于 N 应当 P"）也仍然可能因其他的一些法律规定而

第七章 反向论证

得到辩护。因此，除非有充分的理由表明规则 r′ 不能得到其他法律的辩护，否则，对规则 r 作反向论证所得到的、与规则 r′ 相反的规则（指"对于 N 应当¬P"）就不能认为是可适用的。总之，经由反向论证所建立的法律结论是否成立，这总是相对的。"[1]因此，依据规则 r 所作的反向论证，除了其前提规则 r，还要考虑其他相关的法律规定乃至法律整体。这正体现了法律适用的整体性要求，一部法律并不是法律条文的偶然集合，所有法律条文共同形成了具有某种统一性的规范体系。恩吉施转述法哲学家施塔姆勒引证的一句话："一旦有人适用一部法典的一个条文，他就是在适用整个法典。"[2]立法技术越复杂，对法律条文碎片加以整合的要求就越高。霍尔维茨认为反向论证本质上是元法律层面的，其推论形式必须理解为省略了某些东西。他又具体解释说，如果对规则 r 作反向论证得出结论"某个 M 不是 P"，则应当认为规则 r 既未明确规定、也未类比式地蕴涵"所有 M 都是 P"。而如果对规则 r 作反向论证得出结论"所有 M 都是 P"，则应当认为规则 r 既未明确规定、也未类比式地蕴涵"有某个 M 不是 P"。霍尔维茨正确地揭示了反向论证作为相对推论的省略性特征，但是关于反向论证究竟省略了什么，我认为，并不像他说的那样仅涉及规则 r 所规定或蕴涵的内容，而是涉及规则 r 背后的法律的一般性默认。

---

〔1〕 ［Israel］Joseph Horovitz: Law and Logic: A Critical Account of Legal Argument, Springer-Verlag Wien New York, 1972, p46.

〔2〕 ［德］卡尔·恩吉施：《法律思维导论》，郑永流译，法律出版社 2004 年版，第 73 页。

第四节　可废止的反向论证

在法律实践中，反向论证并不总是行之有效的。因此，问题的关键在于对任一给定的法律规则需要判断能否进行反向论证。找到能进行反向论证的一般规律，就等于发现了反向论证的原理。在笔者看来，这个规律并不是作为前提的法律规则陈述了必要条件关系，而是该法律规则是法律一般性默认的一个例外。

"反向推理只能据此来命名：根据被法律规则规定和未被规定这一对立关系，来赋予它们不同的法律后果。"[1]制定法规定什么、不规定什么？在立法功能良好的前提下，大致可以说，如果一个事项是立法者认为需要在法律中加以规定的，那么立法就会对此加以规定。这一说法的反向等值表述是：如果法律对一个事项未作规定，则该事项被认为是法律不需要规定的。这些相对的、未规定的情况形成了法律的一般性默认，而一般性默认正是法律表达的一个基本特征。以刑法为例，制定刑法是为了确认犯罪、施加惩罚，同时又要防范乱扣罪名、滥施刑罚，以保护公民使其免受国家权力的侵害。因此，刑法只对有必要规定的犯罪、责任和刑罚作出规定，且由罪刑法定原则确保：只有明确规定为犯罪的才是犯罪，未作规定的不是犯罪，只有明确规定应处以刑罚的才能处罚，未作规定的不能处以刑罚。基于刑法条文的这一语用特征，刑法条文的规定整体上就可以理解为相对于未规定

---

[1] 雷磊：《类比法律论证——以德国学说为出发点》，中国政法大学出版社2011年版，第276页。

的、一般性默认的例外。正如拉丁法谚所说:"例外恰恰确证了非例外的规则情形。"当然,并不是所有条文都属于这种用法,如"醉酒的人犯罪,应当负刑事责任"就是一个旨在对犯罪中的某一类型加以特别提示的强调性规则,而不是例外规则。

判断对法律规则 r 能不能作反面推论,首先要从整个法律体系的内在逻辑出发,看就其性质而言 r 是不是属于一般性法律默认的例外,其次要看它的事实构成部分是否作了完全列举。如果这两个条件都满足,就可以直接对 r 作反面推论。具体步骤为:

图示 3　步骤 1　确认 r:(x)(M(x)→P(x))是一般性法律默认的例外。

步骤 2　检查是否存在与 r 平行的、蕴涵相同法律结果的其他规定。

2.1 如果不存在与 r 平行的其他规定,则径行对 r:(x)(M(x)→P(x))作反面推论得出:(x)(¬M(x)→¬P(x))。

2.2 如果存在与 r 平行的其他规定如 r':(x)(N(x)→P(x)),则将 r 和 r'整合为:(x)(M(x)∨N(x)→P(x)),然后作反面推论得出:(x)(¬M(x)∧¬N(x)→¬P(x))。

【例 3】《刑法》第 18 条第 4 款规定:"醉酒的人犯罪,应当负刑事责任。"其中事实构成"醉酒的人犯罪"相对的范围是(一般的)犯罪,而刑法默认(一般的)犯罪是应当负刑事责任的,故此条款不是一般性法律默认的例外,不能进行反面推论。

【例 4】《刑法》第 49 条第 1 款规定:"犯罪的时候不满

十八周岁的人和审判的时候怀孕的妇女，不适用死刑。"第一步：其事实构成相对的范围是（一般的）犯罪人，而刑法默认（一般的）犯罪人适用死刑（可以依法判处死刑），故此条款是一般性法律默认的例外。第二步：由于第49条第2款规定："审判的时候已满七十五周岁的人，不适用死刑，但以特别残忍手段致人死亡的除外"，因此将这两款整合为："犯罪时不满十八周岁的人或审判的时候怀孕的妇女，或者是审判的时候已满七十五周岁且不是以特别残忍手段致人死亡的，不适用死刑。"然后作反面推论得出："如果不是犯罪时不满十八周岁的，也不是审判的时候怀孕的妇女，又不是审判的时候已满七十五周岁且不是以特别残忍手段致人死亡的，则适用死刑。"

图示3所定义的反向论证基本可以保证结论的正确性，从形式上能够转化为"必然得出"的有效逻辑推论。但是，这个反向论证的概念涉及两个问题：一是该定义实际上预设了法律的完备性。事实上法律永远不会是完备的，面对现实生活中可能出现的各种疑难案件，法律会有冲突、有漏洞，法律体系实际上总是保持着一定的开放性。二是按步骤2.2进行的法条整合有可能极其复杂，甚至在理论或操作上是不可实现的，比如当与前提平行的法律规定数目庞大的时候。问题在于，要保证结论的正确性，又必须使前提对事实类型的列举是完全的、穷尽的，尽管在法律实践中这些平行规定并不需要一一地加以考量。要解决这两个问题，还需要对上述反向论证的概念和图式予以修正。

在司法论证过程中，需要对两种不同层面的推论加以区分，

第七章 反向论证

一种是从法律规则推出法律规则的过程，如从（x）（M（x）∨ N（x）→P（x））推出（x）（M（x）→P（x）），本书将这种类型称为"法律推论"。另一种是"裁判推论"，是从法律规则和事实推出裁判结论的过程，如从（x）（M（x）→P（x））和 M（c）推出 P（c）。一个尚未被充分考虑的问题是，反向论证究竟属于"法律推论"还是"裁判推论"？前面所引学者们对反向论证的说明显然都是将其视为法律推论。雷磊就此做出特别说明："必须注意到是，由于反向推理是对相似性 1 的一般化排除方式，因此其论述形式本身不包含对待决案件的描述（c 是一个 x）。也就是说，它排除了一切¬c_j（事实构成¬T）的案件情形具有法律后果 R 的可能，而不仅仅针对待决案件 c。"[1] 如是观之，反向论证是法律适用之前的预备工作，即先运用反向论证从一般性前提推出一般性结论，再将该一般性结论适用于待决案件。应当指出，将反向论证视为纯粹"法律推论"并不是理论上必须的。实际上，反向论证只会发生在为待决案件找法的过程中，因而总是和具体案件事实相联系着的。像类比推论一样，我们可以将其视为一种个案情境下的、具有裁判属性的"法律推论"。如果法律对案件事实 c 未作规定，但对于相反的情况有明确规定，则可考虑就关于相反情况的规则 r 进行反向论证。其具体步骤为：

图示 4 步骤 1 确认法律规则 r：（x）（M（x）→P（x））是一般性法律默认的例外。

步骤 2 根据待决案件 c 的事实特征，确认¬M（c）。

---

[1] 雷磊：《类比法律论证——以德国学说为出发点》，中国政法大学出版社 2011 年版，第 280 页。

步骤 3　从 r 推出 r′：(x)(¬M (x) →¬P (x))。

步骤 4　将 r′适用于 c，得出结论¬P (c)。

如果说图式 3 描述的是理论上的反向论证，那么，图式 4 定义的则是个案情境下的实际运用的反向论证。这样处理最大的好处是只需考虑与待决案件事实相关的法律规定，从而大大降低了推论的复杂度。例如，如果犯罪人是个年轻人，对于是否适用死刑，显然不必涉及《刑法》第 49 条第 2 款关于 75 岁以上犯罪人之规定，在此个案情况下，该条款根本不会被提及。同时，由于认可法律的开放性以及不再要求前提 r 对事实类型作完全列举，作反向论证得出的结论¬P (c) 是暂时性的、可辩论的。反向论证不再是演绎有效的推论，而是有说服力的推论。如果用于反驳其结论的法律理由或其他实质性理由被提出且被证立，那么，已经得出的结论¬P (c) 就可能被撤销。

细心的读者可能已经注意到图式 1、图式 2 与图式 3、图式 4 之间的不同，图式 1 和 2 描述的是推论的静态结构，而图式 3 和 4 描述的是推论的动态过程。后者反映了近年逻辑学动态转向以来对于推理的新的理解与处理方式。由于受计算机理论的影响，逻辑学的重要分支模态逻辑将信息结构与信息动态变化作为自己研究的主题。在经典逻辑中，推理反映的是前提与结论基于形式结构的真值关系，相应地，句子的意义是其成真条件。在 K. 赛格伯的论文"作为动态信念逻辑的缺省逻辑"中，[1] 语义理论的这一口号被更改为："句子的意义是其信息对主体信念的改

---

[1] Segerberg K：Default Logic as Dynamic Doxastic Logic，Erkenntnis，50：333—352.1999.

变。"推理不再被视为纯粹句子之间的关系,而被视为作为主体信念的句子集合的变化过程。基于这样的认识,逻辑学可以研究多主体间的信息互动推理。一旦不再把反向论证看作演绎有效的推论形式,就能将其置于辩论程序中加以研究,并由此引出一些有意思的问题,比如反向论证的辩论策略。如果运用反向论证的一方不希望遭到反驳,他可能会更谨慎地考察法律规定、案件事实及其相关性。在这种情况下,步骤1中的法律规则可能不是一个简单的法律条文,而是由多个条文整合得到的一个法律规则。而如果运用反向论证的一方认为不太可能招致反驳,他会倾向于直接就某个法律条文作反向论证,只是在对方提出某个反驳意见时,才根据需要针对反驳意见来补强前面的推论。从这种意义上说,反向论证是具有一种可废止性质的推论,应当运用非单调逻辑加以研究。

对未来研究的展望

20世纪80年代以来，现代逻辑与计算机理论、人工智能结合催生了一批非经典逻辑，包括以"常识推理"为研究对象的非单调逻辑、多主体认知逻辑（不再把推理视为纯粹句子之间的关系，而视为作为主体信念的句子集合的变化过程），研究计算机程序的模态逻辑提供了动态地刻画主体之间信息交流与推理乃至博弈类型的目标取向互动过程的逻辑工具，其中的一些方法与道义逻辑结合，产生了缺省道义逻辑等新的分支。近年逻辑研究领域的拓宽与技术方面的进展表明，形式逻辑能够处理非确定性推理，也能够处理对话过程中的主体互动。但正如弗雷格所说，必须在纯逻辑之上增加新的逻辑常项和变项才能发展出适用于某一特殊领域的应用逻辑。法律论证逻辑也必然要以这种方式由纯逻辑扩展而来，比如为表达法律规则之间的效力优先关系而添加优先关系词。如此建立的法律论证逻辑将不同于菲特丽丝在"逻辑方法"中列出的任何一种逻辑（三段论、命题逻辑、谓词逻辑、道义逻辑）。

100多年来法律与司法性质观念的变化呼唤新的法律论证逻辑，而100多年来发展起来的现代形式逻辑则为这种新逻辑提供了理论基础。但理论界还存在一些制约这种发展的因素，如割裂

对未来研究的展望

裁判证立中逻辑与其他论证要素之间的联系,排斥形式化的研究方法等。这些问题表明,法律认证与逻辑学特别是现代逻辑的交叉研究还需要学者付出努力,同时也反映出法律论证逻辑具有良好的理论发展前景,这种努力是值得的。

参考文献

1. 王路:《逻辑的观念》,商务印书馆 2000 年版。
2. 雍琦主编:《法律适用中的逻辑》,中国政法大学出版社 2002 年版。
3. 张清宇主编:《逻辑哲学九章》,江苏人民出版社 2004 年版。
4. 张清宇:《弗协调逻辑》,中国社会出版社 2003 年版。
5. 周北海:《模态逻辑导论》,北京大学出版社 1997 年版。
6. 舒国滢:《法学的知识谱系》,商务印书馆 2021 年版。
7. 陈波:《逻辑哲学研究》,中国人民大学出版社 2013 年版。
8. 王洪:《司法判决与法律推理》,时事出版社 2002 年版。
9. 周祯祥:《道义逻辑:伦理行为和规范的推理理论》,湖北人民出版社 1999 年版。
10. 陈锐:《规范逻辑和法律科学》,天津人民出版社 2002 年版。
11. [美] K·B·马库斯等:《可能世界的逻辑》,康宏逵编译,上海译文出版社 1993 年版。
12. 余俊伟:《道义逻辑研究》,中国社会科学出版社 2005

年版。

13. 黄茂荣：《法学方法与现代民法》，中国政法大学出版社2001年版。

14. 雷磊：《类比法律论证——以德国学说为出发点》，中国政法大学出版社2011年版。

15. 王洪主编：《逻辑导论》，中国政法大学出版社2010年版。

16. 王泽鉴：《民法思维：请求权基础理论体系》，北京大学出版社2009年版。

17. 陶景侃：《法律规范逻辑》，甘肃人民出版社2000年版。

18. 金韬：《理由与权威：约瑟夫·拉兹的法律规范性理论》，法律出版社2021年版。

19. ［美］史蒂文·J. 伯顿：《法律和法律推理导论》，张志铭、解兴权译，中国政法大学出版社1998年版。

20. ［美］理查德·A. 波斯纳：《法理学问题》，苏力译，中国政法大学出版社2002年版。

21. ［美］E. 博登海默：《法理学：法律哲学与法律方法》，邓正来译，中国政法大学出版社1999年版。

22. ［德］乌尔弗里德·诺伊曼：《法律论证学》，张青波译，法律出版社2014年版。

23. ［德］齐佩利乌斯：《法学方法论》，金振豹译，法律出版社2009年版。

24. ［德］托马斯·F. 戈登：《诉答博弈——程序性公正的人工智能模型》，周志荣译，中国政法大学出版社2018年版。

25. ［美］沃德·法恩斯沃思：《高手——解决法律难题的

31种思维技巧》,丁芝华译,法律出版社2009年版。

26. [瑞典]亚历山大·佩策尼克:《论法律与理性》,陈曦译,中国政法大学出版社2015年版。

27. [荷]伊芙琳·T. 菲特利丝:《法律论证原理——司法裁决之证立理论概览》,张其山、焦宝乾、夏贞鹏译,商务印书馆2005年版。

28. [德]英格博格·普珀:《法学思维小学堂:法律人的6堂思维训练课》,蔡圣伟译,北京大学出版社2011年版。

29. [英]尼尔·麦考密克:《法律推理与法律理论》,姜峰译,法律出版社2005年版。

30. [英]哈特:《法律的概念》,张文显等译,中国大百科全书出版社1996年版。

31. [美]凯斯·R·孙斯坦:《法律推理与政治冲突》,金朝武、胡爱平、高建勋译,法律出版社2004年版。

32. [德]阿图尔·考夫曼、温弗里德·哈斯默尔主编:《当代法哲学和法律理论导论》,郑永流译,法律出版社2002年版。

33. [德]阿图尔·考夫曼:《法律哲学》,刘幸义等译,法律出版社2004年版。

34. [德]卡尔·恩吉施:《法律思维导论》,郑永流译,法律出版社2004年版。

35. [德]卡尔·拉伦茨:《法学方法论》,陈爱娥译,商务印书馆2003年版。

36. [德]罗伯特·阿列克西:《法律论证理论——作为法律证立理论的理性论辩理论》,舒国滢译,中国法制出版社2003年版。

37. ［德］哈贝马斯：《在事实与规范之间：关于法律和民主法治国的商谈理论》，童世骏译，生活·读书·新知三联书店2003年版。

38. ［奥］维特根斯坦：《哲学研究》，李步楼译，商务印书馆1996年版。

39. ［荷］亨利·帕肯：《建模法律论证的逻辑工具：法律可废止推理研究》，熊明辉译，中国政法大学出版社2015年版。

40. ［美］詹姆斯·B. 弗里曼：《论证结构：表达和理论》，王建芳译，中国政法大学出版社2014年版。

41. ［英］约瑟夫·拉兹：《实践理性与规范》，朱学平译，中国法制出版社2011年版。

42. ［美］艾德华·H. 列维：《法律推理引论》，庄重译，中国政法大学出版社2002年版。

43. B. F. Chellas：*Modal Logic，An Introduction*，Cambridge University，1980.

44. Ch. Meyer：*Deontic Logic in Computer Science*，John Wiley & Sons，1993.

45. David Harel：*Dynamic logic*，The MIT Press，2000.

46. Donald Nute：*Defeasible Deontic Logic*，Kluwer Academic Publishers，1997.

47. Gerhard Schurz：*The Is-ought Problem：An Investigation in Philosophical Logic*，Kluwer Academic Publishers，1997.

48. Grigoris Antoniou：*Nonmonotonic Reasoning*，The MIT Press，1997.

49. Henry Prakken：*Logical Tools for Modelling Legal Argument*，

Oxford University Press, 1997.

50. Hilpinen Risto: *Introdutory and Systematic Readings*, Riedel, 1971.

51. Hilpinen Risto: *New Studies in Deontic Logic*, Dordrecht,1981.

52. Jaap Hage: *Reasoning With Rules*, Kluwer Academic Pblishers, 1997.

53. Lennart Aqvist: Deontic Logic, in Handbook of Philosophical Logic Vol. 2, Gabbay and F. Guenthner, D. Reidel Pub. Co, 1984.

54. Lewis. D. K: *Counterfactuals*, Blackwell, Oxford, 1973.

55. Lou Goble: *Guide to Philosophical Logic*, Blackwell Publishers Ltd, 2001.

56. Mark A. Brown: *Deontic Logic, Agency and Normative Systems*, British Computer Society, 1996.

57. Patric Blackurn, Maarten de Rijke, Yde Venema: Modal Logic, 2000.

58. P. McNamar and H. Prakken: Norms, Logics and Information Systems: *New Studies on Deontic Logic and Computer Science*, IOS Press, 1999.

59. S. O. Hansson: *The Structure of Values and Norms*, Cambridge, 2001.

60. Yu Xiaochang: *Deontic Logic with Defeasible Detachment*, UMI Company, 1995.